Über dieses Buch

Der bahnbrechende Beitrag des Schweizer Psychologen Piaget zur Erhellung der geistigen Entwicklung des Kindes ist unbestritten. Seine Schriften gehören seit langem zur Pflichtlektüre all derer, die sich aus beruflichen oder sonstigen Gründen mit Pädagogik und Entwicklungspsychologie zu befassen haben.

Das Buch bietet eine leicht lesbare Übersicht über alle wichtigen Forschungsergebnisse Piagets, dessen wissenschaftliches Werk in 50jähriger Arbeit außerordentlich umfangreich ist und zum Teil weit verstreut vorliegt. Ins Deutsche übersetzt wurden bereits 27 seiner Monographien.

In dem vorliegenden Band gibt die Autorin einen Überblick über den theoretischen Hintergrund von Piagets Werk und erläutert seine fundamentalen Entwicklungsprinzipien. Nach einer kurzen Zusammenfassung der Entwicklungsstadien des Intelligenzwachstums vom Säuglingsalter bis zur Adoleszenz folgen Einführungen in Piagets Forschungen auf anderen Gebieten (etwa Studien über Zeit, Geschwindigkeit und Wahrnehmung). Der Band schließt ab mit der Darstellung von Piagets Ansichten über das Erziehungswesen und die Lehrerbildung. Insgesamt entsteht ein plastisches Bild von der Arbeit des großen Schweizer Psychologen.

Die Autorin

Dr. Mary Ann Pulaski wurde 1916 in New York geboren und wuchs in Süd-Japan auf. Sie studierte in Nord-Amerika Psychologie. Nachdem sie in verschiedenen Berufen Erfahrungen gesammelt hatte, schrieb sie sich erneut ein, um Pädagogik zu studieren. Dabei spezialisierte sie sich auf den Bereich der Kinder-Psychologie. Derzeit ist sie als Schulpsychologin tätig und lebt in Port Washington/Long Island.

Mary Ann S. Pulaski

Piaget

Eine Einführung in seine Theorien und sein Werk

Aus dem Amerikanischen von
Wolfgang Schmidbauer

Fischer
Taschenbuch
Verlag

Fischer Taschenbuch Verlag
Januar 1978
Ungekürzte Ausgabe
Umschlaggestaltung: Jan Buchholz/Reni Hinsch
Die Originalausgabe erschien unter dem Titel
›Understanding Piaget. An Introduction to
Children's Cognitive Developement‹
bei Harper & Row, Publishers, Inc., New York

Fischer Taschenbuch Verlag GmbH, Frankfurt am Main
Lizenzausgabe mit freundlicher Genehmigung des
Otto Maier Verlages, Ravensburg

Gesamtherstellung: Hanseatische Druckanstalt GmbH, Hamburg
Printed in Germany
680-ISBN-3-596-26370-0

Inhalt

Einleitung 7
1 Piaget: ein Porträt 11
2 Anpassung: die Grundlage des Verhaltens 15
3 Die Anfänge der Intelligenz 21
4 Übersicht über die Entwicklungsstadien 30
5 Erhaltung 33
6 Das präoperationale Kind 40
7 Konkrete Operationen 51
8 Formale Operationen 62
9 Moralität 71
10 Emotionale Entwicklung 81
11 Spiel und Nachahmung 87
12 Vorstellung 105
13 Zahlen 110
14 Räumliche Geometrie 123
15 Wahrnehmung und Lernen 131
16 Zeit 141
17 Bewegung und Geschwindigkeit 154
18 Erziehungswesen 164
Umriß von Piagets Perioden der kognitiven Entwicklung 177
Erklärung der Fachausdrücke 179
Literaturnachweis 185
Verzeichnis der Werke Piagets in deutscher Übersetzung 187

Einleitung

Warum sollte jemand ein Buch über die psychologischen Theorien Jean Piagets lesen wollen? Weil er einer der einflußreichsten lebenden Denker ist. Seine Ideen über die kognitive Entwicklung des Kindes wirken auf Forschung, Lehrplangestaltung, Vorschulprogramme und viele andere Gebiete der heutigen Psychologie und Erziehung. Wie Freud uns die Augen für das emotionale Wachstum der Kinder öffnete, so wirft Piaget neues Licht auf unser Verständnis ihres intellektuellen Wachstums. Denken, wissen, wahrnehmen, erinnern, erkennen, abstrahieren, verallgemeinern – alle diese Prozesse sind mit dem Terminus »Kognition« bezeichnet, der sich auf alle geistigen Aktivitäten bezieht. Piagets Studien der kognitiven Entwicklung lehren uns, was wir von Kindern erwarten können, wie sie auf verschiedenen Wachstumsstufen ihre Umwelt wahrnehmen und warum sie Fragen stellen und Informationen auf eine Weise verarbeiten, die Erwachsenen seltsam erscheint.

Piaget ist ein Schweizer Psychologe, der seit einem halben Jahrhundert mit Kindern arbeitet. Er interessiert sich dafür, wie Kinder lernen zu wissen, wie sie ihr Denken ordnen. Wie kommt ein Baby dazu, seine Mutter wiederzuerkennen und zu wissen, welche Menschen Fremde sind? Wann und auf welchem Weg kommt das Kind dazu, Zahlen zu addieren und mit ihnen umzugehen? Wie entwickelt sich seine Sprache? Welche Beziehung besteht zwischen Reifung und Lernen? Dies sind die Fragen, die Piaget zu beantworten versuchte, und seine Ergebnisse hatten einen wachsenden Einfluß auf die gegenwärtige Psychologie. Seine frühen Werke, die in den zwanziger Jahren ins Englische übersetzt wurden, trafen auf Erstaunen und Unglauben. Sie riefen heftige Kritik hervor wegen der kleinen Zahl der untersuchten Testpersonen und der fehlenden statistischen Bestätigung; in seinen frühen Werken ignorierte Piaget vielfach die anerkannten Methoden wissenschaftlicher Forschung. So wurden seine Beiträge oft nicht zur Kenntnis genommen, aber seit etwa 1950 hat das Interesse an seinem Werk in erstaunlichem Maße zugenommen. Seine zahlreichen Bücher wurden zum größten Teil in Englisch veröffentlicht, und seine Entdekkungen bilden die Grundlage vieler weiterführender Untersuchungen.

Wenn Piagets Denken so wichtig ist, liest man seine Werke dann nicht besser im Original? Piaget publiziert seit seinem zehnten Lebensjahr, und es ist eine wahrhafte Mammutaufgabe, mit seiner Produktion auf dem laufenden zu bleiben. Allein auf dem Gebiet der kindlichen Entwicklung ist er Autor von mehr als dreißig Büchern und zahllosen Aufsätzen. Außerdem sind seine Ideen, wie die Freuds, mit den Jahren gewachsen und haben sich gewandelt, so daß seine späteren Theorien differenzierter sind oder andere Aspekte nachdrücklicher betonen als die früheren. Außerdem schreibt Piaget französisch, und seine Termini werden zum Teil von verschiedenen Wissenschaftlern verschieden übersetzt. Dies macht es schwierig, sein Denken von einem Buch zum anderen zu verfolgen.

Selbst wenn alle Werke Piagets in einem Band und von einem Übersetzer zu haben wären, hätte der Uneingeweihte Schwierigkeiten mit dem Verständnis. Piaget verwendet sehr schwierige Spezialausdrücke, etwa *reziproke Assimilation* oder *genetische Epistemologie*. Dann gebraucht er bekannte Wörter, wie »Erhaltung« und »Egozentrismus« mit Schattierungen der Bedeutung, die sich von ihrem gewöhnlichen Sinn unterscheiden. Ich versuchte, in diesem Buch diese Terminologie soweit wie möglich zu vermeiden, um möglichst vielen, die sich für Kinder interessieren, Piagets Denken und Forschen verständlich zu machen. Ich hoffe, die Leser werden mein Vergnügen an seiner tiefen Einsicht, seiner warmen Sympathie für Kinder und seinem untergründigen Sinn für Humor teilen. Ein Gradmesser für Piagets Größe ist, daß seine Ideen so fruchtbar sind, so viel Interesse hervorgerufen und andere Forscher zu so intensiven Untersuchungen angeregt haben. Er hat jungfräulichen Boden beackert und eine reiche wissenschaftliche Ernte eingebracht. Die Überzeugung, daß Piaget einmal so bekannt werden wird wie Freud, ist weit verbreitet; schon ist sein Einfluß so tief, daß es sich kein gebildeter Mensch mehr leisten kann, von seinen Ideen nichts zu wissen.

Piagets Forschungen sind so umfassend und detailliert, daß eine Einführung in sie nötig ist; dieses Buch soll sie bieten. Es gibt zuerst einen Überblick über den theoretischen Hintergrund seines Werkes und erläutert seine fundamentalen Entwicklungsprinzipien. Dann folgt eine kurze Zusammenfassung der Entwicklungsstadien des Intelligenzwachstums vom Säuglingsalter bis zur Adoleszenz. Als nächstes folgt eine mehr in die Einzelheiten gehende Darstellung von Piagets Werk auf vielen verschiedenen Gebieten, einschließlich seiner Studien über Zeit, Geschwindigkeit und Wahrnehmung. Piagets Ansichten über das Erziehungswesen und die Lehrerbildung sollen die Wirkung seines Denkens auf die Kinderpsychologie unserer Tage abrunden und zusammenfassen.

Für jene, die das Studium Piagets eingehender betreiben wollen, folgt eine Spezialbibliographie, die verschiedene Bücher über Piaget und Forschungsberichte auf der Grundlage seiner Theorien enthält. Diese erscheinen laufend in den Zeitschriften für kindliche Entwicklung und genetische Psychologie; die Autorin kann nicht beanspruchen, mit ihnen Schritt zu halten. Doch sind mehrere Sammelbände aufgeführt.

Für jene, die Piagets Werke selbst lesen möchten, ist eine Liste aller deutschsprachigen Ausgaben der Werke Piagets beigefügt, wobei angesichts der geänderten Situation die auf die englischen Übersetzungen bezogene Chronologie nicht beibehalten werden konnte, was allerdings wünschenswert wäre, da die Übersetzungen weder zeitlich noch in der Reihenfolge mit den Originalen korrespondieren. In seinen frühen Werken interessiert sich Piaget für die Gespräche, die Fragen und das Denken der Vorschulkinder, die er im Maison de Petits sah. Wir könnten dies die präoperationale Periode nennen. Zur zweiten Periode gehören drei Bücher mit Studien über seine eigenen Kinder. Sie untersuchen die allerersten Anfänge der Intelligenz bei Babys und zeigen, wie Kinder ihre frühesten Vorstellungen von Zeit, Raum, Kausalität und Objektkonstanz während der sensomotorischen Periode entwickeln. Seit etwa 1940 arbeitete Piaget seine Theorien über die Gruppierung und den logischen Ausdruck kognitiver Strukturen aus. Seine Werke über Logik, Wahrnehmung, Zeit, Geschwindigkeit und Zahl sind alle durch diese logisch-mathematischen Formulierungen charakterisiert; wir können dies seine operationale Periode nennen.

Diese späteren Werke habe ich mitberücksichtigt und auch die meisten früheren Bücher, welche besser bekannt und leichter zu lesen sind. Zusätzlich gebe ich auch Artikel an, die in Zeitschriften oder in Sammelwerken erschienen sind. Manche davon, etwa »Childrens Philosophies«, sind eine köstliche Lektüre. Doch muß der Leser die zeitliche Sequenz von Piagets Werk beachten. In einem neueren Beitrag (zu Mussen, Hg., *Carmichaels Manual of Child Psychology*) erklärt er selbst, daß er seine Theorie nie abgeschlossen hat und daß er sich selbst als einen »Hauptrevisionisten Piagets« betrachtet.

Wenn man Piagets Werke in ihrer zeitlichen Reihenfolge liest, stellt man einen bedeutsamen Wandel fest. Anstatt der früheren ziemlich mechanischen Formulierung von Stadien und Substadien berücksichtigt er immer mehr die komplexen Wechselwirkungen, die zwischen Kind und Umwelt stattfinden. In dieser Wechselwirkung entfalten sich die Denkstrukturen, jede reicher, komplexer, umfassender als die vorhergehende. Diese Rekapitulation der intellektuellen Entwicklung in jedem nachfolgenden Stadium ist ein faszinierender Aspekt des kognitiven Wachstums.

Beim Schreiben dieser Einführung in Piagets Werk erfuhr ich vielseitige Hilfe. Vor allem bin ich dem umfassenden wissenschaftlichen Werk Dr. John Flavells, *Developmental Psychology of Jean Piaget*, meiner ersten wissenschaftlichen Begegnung mit Piaget, verpflichtet. Auch stehe ich in der Schuld Dr. David Elkinds für seine köstlichen klaren Essays über Piaget. Dr. Wayne Dennis vom Brooklyn-College (jetzt im Ruhestand) war der Professor, der mein Interesse auf Piaget lenkte; ich bin ihm dankbar für dauernde Unterstützung und die Korrektur des Manuskripts. Andere Korrektoren, die sehr nützliche Vorschläge machten, sind Dr. Deanna Kuhn von der Columbia University und Dr. Doreen Berman von der City University of New York. Mrs. Harriet Carlin und Mrs. Josephine Pearce haben mir gezeigt, wie Piagets Theorien im Unterricht praktische Anwendung finden. Meine Betreuerin beim Verlag, Mrs. Ann Harris, glättete alle Wege; es war ein Vergnügen, mit ihr zu arbeiten. Mrs. Margit Breakiron stellte ihre Kinderportraits zurück, um die Illustrationen für dieses Buch zu zeichnen. Miss Catherine E. Sandy und die Angestellten der Port Washington Public Library halfen mir, die entlegensten Zitate zu lokalisieren. Endlich wäre das Manuskript nie veröffentlicht worden, hätte Mrs. Aline Smith es nicht sorgfältig und sachgerecht abgetippt. Ihnen allen und besonders meinem verständnisvollen Gatten danke ich herzlich.

1 Piaget: ein Porträt

Jean Piaget wurde am 9. August 1896 in Neuchâtel in der Schweiz geboren. Sein Vater war Fachgelehrter für mittelalterliche Geschichte, »ein Mann von gewissenhafter und kritischer Geisteshaltung«.[1] Von ihm übernahm Piaget die Gewohnheit, bis ins letzte Detail systematisch zu denken, die in allen seinen Schriften so auffällig hervortritt. Seine Mutter war sehr intelligent und hingebend fromm. Piaget erwähnt in seiner Autobiographie, daß ihre ziemlich neurotische Gemütsart das Familienleben einigermaßen schwierig gestaltete.[2] Infolge der gespannten Atmosphäre in der Familie wurde Piaget, wie er erzählt, schon früh ein ernsthafter kleiner Bursche, der sich für Technik, Vögel, Fossilien und Muscheln interessierte. Mit zehn Jahren veröffentlichte er seinen ersten Artikel über einen Sperlingsalbino, den er im Park beobachtet hatte. Bald darauf fragte er den Direktor des naturhistorischen Museums in Neuchâtel, ob er ihm nach der Schule assistieren dürfe. Der liebenswürdige Mann ließ den Jungen seine reichhaltige Muschelsammlung beschriften. Dieser Direktor, ein Spezialist für Mollusken, lehrte den wißbegierigen Jungen viel und schenkte ihm seltene Exemplare für seine eigene Kollektion.

Die Zusammenarbeit dauerte vier Jahre, dann starb der Direktor. Aber Piaget hatte so viel gelernt, daß er damit beginnen konnte, Arbeiten aus dem Bereich der Malakologie – jenem Zweig der Zoologie, der sich mit Mollusken befaßt – in zoologischen Fachzeitschriften zu veröffentlichen. Dies führte zu dem Ergebnis, daß ihm die Stellung eines Kurators für die Molluskensammlung am naturhistorischen Museum von Genf angeboten wurde; doch er mußte ablehnen, da er noch zur Schule ging. Er studierte dann Naturwissenschaften an der Universität Neuchâtel und promovierte 1918 mit einer malakologischen Arbeit. Seine kindliche Freude an Mollusken hatte sich zum bleibenden Interesse für Biologie gewandelt; es sollte Piagets Denken lebenslang beeinflussen.

Während seiner Jugendjahre las Piaget ausgiebig über Philosophie, Religion, Soziologie und Psychologie. Sein Pate führte ihn in Henri Bergsons Philosophie der schöpferischen Evolution ein, und Piaget berichtet: »Die Identifikation von Gott mit dem Leben an sich war eine Idee, die mich fast bis zur Ekstase aufwühlte, weil ich nun in der

Lage war, in der Biologie die Erklärung für alle Dinge und für den Geist selbst zu suchen.«[3] Der junge Wissenschaftler entschied sich in diesem Augenblick, sein Leben der biologischen Erklärung des Wissens zu widmen. Das Problem des Wissens – das erkenntnistheoretische Problem der Aneignung von Wissen und der Wissensstoffe – hat die Philosophen seit Urzeiten herausgefordert. Aber zwischen diesem philosophischen Problem und seinem biologischen Substrat gab es ein fehlendes Glied: den menschlichen Geist. Dieser, fand Piaget später, konnte nur durch Psychologie verstanden werden. Denn es ist der Geist, der Wissen erwirbt, und der Geist hängt vom Körper ab und ist den Gesetzen der Vererbung unterworfen. So formulierte Piaget den Begriff der genetischen Erkenntnistheorie – *l'épistémologie génétique* –, um seine Vorstellung auszudrücken, daß die intellektuelle Entwicklung mit der biologischen, wie das Beiwort »genetisch« besagt, innigst verflochten ist. Bis zum heutigen Tage betrachtet Piaget sich nicht als Psychologe, sondern als Genetiker, dessen Hauptinteresse der Entwicklung des Erkenntnisvermögens gilt.

Wegen der psychischen Krankheit seiner Mutter befaßte sich Piaget auch intensiv mit Psychopathologie und den Theorien Freuds. Nach seiner Promotion arbeitete er ein Jahr an der psychiatrischen Klinik Eugen Bleulers in Zürich; dort bildete er sich in der Kunst des klinischen Interviews aus, die ihm später bei den Befragungen kleiner Kinder gute Dienste leistete. Dann ging er nach Paris, um zwei Jahre an der Sorbonne zu studieren. Dort machte er die Bekanntschaft Théophile Simons, der als Ko-Autor mit Alfred Binet den ersten Intelligenztest entwickelte. Dr. Simon forderte Piaget auf, Cyril Burts Denktests, die einen Teil der Binetschen Skala bildeten, mit Pariser Kindern zu standardisieren.

Diese Tests bestehen aus Fragen, bei denen es um die Beziehung zwischen Teil und Ganzem geht: »Unter meinen Blumen sind einige Butterblumen. Enthält mein Strauß (1) nur gelbe Blumen, (2) einige gelbe Blumen, (3) keine gelben Blumen?« Piaget entdeckte, daß diese Fragen für Kinder unter 11–12 Jahren sehr schwierig waren, weil es ihnen Mühe machte, die Beziehung des Teils (der Butterblumen) zum Ganzen (dem Strauß) zu verstehen. Er merkte, daß ihn die Gründe für das Versagen der Kinder bei solchen Tests mehr interessierten als die Aufstellung von Erfolgsnormen. Auf welchen Wegen kamen die Kinder zu ihren Antworten? Welche Denkprozesse führten sie in die Irre? Welche Faktoren konnten sie bei ihrer Suche nach der richtigen Lösung nicht erfassen? Um diese Fragen zu klären, begann Piaget, das kindliche Denken zu studieren. Er konfrontierte die Kinder mit Fragen nach Beziehungen oder dem Verhältnis von Ursache und Wirkung. Die Ergebnisse veröffentlichte er in einer Reihe von Aufsätzen.

Einer dieser Artikel erregte die Aufmerksamkeit Edouard Claparédes, des Direktors des Instituts Jean Jaques Rousseau in Genf, einer Schule für wissenschaftliche Studien an Kindern, an der auch Lehrer ausgebildet wurden. Claparéde bot Piaget die Stellung eines Forschungsdirektors an diesem Institut an. Er nahm an, und 1921, mit 25 Jahren, begann der junge, nun zum Psychologen gewordene Biologe mit den Untersuchungen, die sein Lebenswerk werden sollten.

Im Lauf der folgenden zehn Jahre publizierte Piaget in fünf Büchern seine Forschungsergebnisse mit Kindern am Maison des Petits, der Vorschule des Instituts Jean Jaques Rousseau. Er errang damit weltweite Aufmerksamkeit und wurde berühmt noch bevor er dreißig wurde. Er heiratete eine Studentin des Instituts und bekam mit ihr drei Kinder, Jaqueline, Lucienne und Laurent. Mit Hilfe seiner Frau studierte Piaget die kognitive Entwicklung der gemeinsamen Kinder sorgfältig bis ins Detail; auf diesen Beobachtungen bauen seine späteren Bücher über die Entwicklung der Intelligenz im Säuglings- und Kleinkindalter auf.

Als Frucht weiterer Studien über Kindheit und Jugend entstanden in Zusammenarbeit mit anderen Forschern, vor allem Alina Szeminska und Bärbel Inhelder, Werke über die Entwicklung des logischen Denkens in Zusammenhang mit Zahlen, Geometrie, Raum, Zeit und Quantität. Piaget hegte auch großes Interesse für die Entwicklung der Wahrnehmung bei Kindern und veröffentlichte eine Reihe von Artikeln über dieses Thema.

Während dieser Zeit lehrte Piaget am Institut und an den Universitäten Genf, Neuchâtel und Lausanne Philosophie, Psychologie und Soziologie. 1929 erhielt er die Ernennung zum Direktor des International Board of Education. Nach dem Krieg widmete er der UNESCO viel Zeit und wurde Mitglied des Exekutivrats. Er hat viele Ehrungen erhalten, mehr als ein Dutzend Universitäten vieler Länder ernannten ihn zum Ehrendoktor. Heute ist Piaget Direktor seines eigenen Forschungsinstituts, des Internationalen Zentrums für genetische Epistemologie, sowie Ko-Direktor des Instituts für Erziehungswissenschaften. Aus aller Welt kommen Studenten nach Genf, um bei ihm zu studieren. 1950 publizierte er seine Einführung in die genetische Epistemologie (deutsche Übersetzung: Die Entwicklung des Erkennens, Stuttgart 1973), die in drei Bänden sein Lebenswerk zusammenfaßt. Noch jetzt, mit über achtzig Jahren, leistet er aktive Denk- und Forschungsarbeit.

Der Psychologe Dr. David Elkind, der ein Jahr bei Piaget arbeitete, beschreibt seinen Tagesplan wie folgt:

Piagets Leben ist großartig diszipliniert. Er steht jeden Morgen früh auf, manchmal schon um vier Uhr, und schreibt in einer kleinen, gleichmäßigen Handschrift vier oder mehr druckreife Seiten auf quadratische Blätter weißen Papiers. Später am Morgen lehrt er oder besucht Sitzungen. An den Nachmittagen macht er lange Spaziergänge, wobei er die Probleme, mit denen er ständig konfrontiert wird, durchdenkt. Er sagt: »Ich denke immer gern über ein Problem nach, bevor ich etwas darüber lese.« An den Abenden liest er und zieht sich bald zurück. Auch auf seinen internationalen Reisen hält sich Piaget an diesen Tagesplan.[4]

Während des Sommers zieht Piaget sich laut Elkind mit all seinen Materialien in ein einsam gelegenes Bauernhaus in den Alpen zurück, wo er viel spazierengeht, denkt und schreibt. Im Herbst verläßt er diese abgeschiedene Klause und kehrt in die Welt der Forschung, der Lehre und der öffentlichen Aufgaben zurück. Mit einem Käppchen auf den weißen Haaren, der Pfeife im Mund und den funkelnden Augen ist er eine bekannte Figur in den Straßen von Genf. Und in demselben Maße, in dem die Forschung seine Theorien mehr und mehr bestätigt, werden seine Ideen Gemeingut in der ganzen Welt.

Anmerkungen

1 J. Piaget: Autobiography, in: E. G. Boring: History of Psychology in Autobiography, Bd. 4. Clark University Press, Worcester/Mass. 1952, S. 237 (Übers.).
2 Ebda., S. 238.
3 Ebda., S. 240.
4 D. Elkind: Giant in the Nursery – Jean Piaget, aus: *The New York Times Magazine*, Mai 1968, S. 25 ff (Übers.).

2 Anpassung: die Grundlage des Verhaltens

Adaptation, Anpassung, ist für Piaget das Wesen der intellektuellen wie auch der biologischen Tätigkeit. Der Begriff der Adaptation im Sinne Darwins, das »Überleben des Bestangepaßten«, ist uns vertraut; aber Piaget denkt dabei weniger an Überleben als an die aktive Umgestaltung unserer Umwelt zu unserem eigenen Nutzen. Wesentlicher Teil unserer biologischen Erbschaft ist, wie er glaubt, ein Modus intellektueller Tätigkeit, der während unseres ganzen Lebens konstant bleibt. Diese Tätigkeit ist gekennzeichnet durch die Fähigkeit, die zahllosen Empfindungen und Erfahrungen, denen wir begegnen, in eine bestimmte Ordnung einzufügen und uns selbst unserer Umgebung anzupassen.

Die Höhlenmenschen, die sich vor dem Feuer entsetzten, liefen vor ihm davon und versteckten sich; so überlebten sie. Später lernten sie, es zu beherrschen, so daß es sie wärmte, ihr Essen kochte und sie vor wilden Tieren schützte. Indem sie es für sich arbeiten ließen, bewiesen sie intelligente adaptive Fähigkeiten. Diese Fähigkeiten sind nach Piaget für lebende Organismen aller Stufen charakteristisch; sie sind Teil unseres biologischen Erbes.

Adaptation geschieht stets doppelt; zwei Prozesse laufen in allen Lebewesen beständig nebeneinander her. *Assimilation* ist der auf das Individuum gerichtete Prozeß, ob es sich nun um Empfindung, Ernährung oder Erfahrung handelt. Durch Assimilation gliedern wir Dinge, Menschen, Ideen, Gewohnheiten, Neigungen ein und nehmen sie in unsere eigenen Aktivitäten auf. So lernt ein Kind, wenn es die Leute um sich sprechen hört, die Modulation, die Ausdrucksweise und den Sinn des Gesprochenen kennen, lange bevor es selbst sprechen kann. Es assimiliert das Gehörte und nimmt es allmählich in Besitz.

Der Assimilation hält beständig die *Akkomodation* die Waage, der nach außen gerichtete Prozeß, der in die Umwelt hinausgreift. So beginnt das lauschende Kind in Reaktion auf die Unterhaltung um sich herum zu plappern und nähert sich allmählich den Wörtern, die es assimiliert hat. Mehr und mehr akkomodiert es die anfänglich unverständlichen Laute an das, was es hört, bis aus seiner Babysprache deutliche Rede geworden ist. Es hat sich den sprachlichen

Anforderungen seiner Umwelt angepaßt.

Diese zwei Prozesse, die gleichzeitig auf allen biologischen und intellektuellen Ebenen ablaufen, ermöglichen physische und kognitive Entwicklung. Als Beispiel mögen Piagets geliebte Mollusken dienen, die zu den primitiveren Organismen gehören. Sie akkomodieren sich, wie er erzählt, an die rauhen Wasser des Neuenburger Sees, indem sie sich an die Steine anklammern, und hier assimilieren sie alles Eßbare, das vorübertreibt. Dieselben Prozesse sind am Werk beim Baby, welches das erste feste Essen vom Löffel nimmt. Es muß lernen, den Bissen durch Lecken und Kauen zu assimilieren, statt durch seine bisherige Methode, das Saugen. Es muß gleichzeitig seinen Mund öffnen und an die Größe und Stellung des Löffels akkomodieren, während es bisher an den Sauger gewöhnt war. So paßt es sich an die neue Erfahrung an.

Etwas Ähnliches geschieht, wenn das Baby die erste Klapper bekommt. Es versucht, sie seinem Mund zu assimilieren, wobei es gleichzeitig den Mund der Größe und Form des Spielzeugs akkomodiert. Aber die Adaptation, die aus dieser Erfahrung resultiert, ist eher kognitiver als digestiver Art – sie bezieht sich auf Erkenntnis, nicht auf Verdauung. Das Baby lernt, daß es sich hier um einen Gegenstand handelt, den man belutschen, aber nicht verschlucken kann, und teilt von nun an seinen Begriff von jenen Gegenständen, die in den Mund gesteckt werden können, in zwei Subkategorien ein: erstens eßbare und zweitens nicht-eßbare Gegenstände. Später dann, wenn es oft genug »nein, nicht!« gehört hat, lernt es, daß es auch Gegenstände gibt, die *nicht* in den Mund gesteckt werden, bis schließlich, um einen Terminus Piagets zu benützen, das *Schema* »Nahrung« von anderen *Schemata,* Begriffen oder Erfahrungskategorien wie etwa Spielsachen oder Mutters Zigarette klar unterschieden wird.

Während das Baby auf diese Weise adaptiv tätig ist, entwickelt es sich auch intellektuell. Indem es differenziert, integriert und kategorisiert, organisiert es seine neuen Erfahrungen, so daß das erste vage, alles umfassende Schema von jenen Dingen, die in den Mund gesteckt werden, soweit verfeinert und komplex wird, daß es alle die verschiedenen Glieder der Kategorie »Essen« umfaßt. Wir finden also, daß in der Entwicklungspsychologie Piagets das Baby nie der passive, hilflose Säugling ist, den manche Psychologen beschreiben und der nur auf laute Geräusche und mangelnde Unterstützung reagiert. Es ist ein aktiver und neugieriger Organismus, der ausgreift, experimentiert und immer danach trachtet, ein stabiles Gleichgewicht zwischen Assimilation und Akkomodation, zwischen seiner inneren Realität und der äußeren der ihn umgebenden Umwelt aufrechtzuerhalten. Wie sich sein Körper um einen ausgewogenen physiologischen Zustand zwischen Bewegung und Ruhe oder Hunger und Überfütterung bemüht, so sucht auch sein Geist Gleichgewicht zwischen dem, was es versteht und dem, was es in seiner Umgebung erfährt.

Piaget nennt diesen Prozeß der Suche nach geistigem Gleichgewicht *Äquilibrierung*. Aufgabe dieses Prozesses ist, eine ausgewogene Koordination zwischen Assimilation und Akkomodation zustandezubringen, so wie ein Thermostat ein konstantes Gleichgewicht zwischen Hitze und Kälte herstellt. Er begreift diesen Prozeß als Mittel des Wachstums und Aufstiegs der kognitiven Entwicklung. »In ihren Anfangsphasen«, schreibt er, kann man »die sukzessiven Verstandesstrukturen, die die Entwicklung mit sich bringt, als Gleichgewichtszustände betrachten, deren jeder einen Fortschritt gegenüber dem vorherigen darstellt«.[1]

Der Geist sucht auf allen Ebenen zu verstehen und zu erklären, aber die vagen, unzusammenhängenden Erklärungen des Kindes sind nur eine schwache Ahnung der systematischen Logik erwachsenen Denkens. Es ist die Suche nach Gleichgewicht, nach befriedigenden Antworten, die den Geist antreibt, zu höheren Ebenen des Denkens aufzusteigen.

Aber wenn der Organismus einmal im Gleichgewicht ist, was bringt ihn dann wieder in Unordnung? Was stimuliert das Kind, höhere Stadien der kognitiven Entwicklung zu erlangen? Warum und wie lernt es? Bei der Antwort auf diese Frage beachtet Piaget vor allem den dynamischen Faktor der *Reifung*. Sobald sich die Schemata oder kognitiven Strukturen entwickeln, fängt das Kind an, sie zu benützen, gerade so wie es seine sich entwickelnden Muskeln dazu benützt zu laufen, dann zu rennen und zu klettern. Piaget betont mit Nachdruck die Wichtigkeit der Reifung bei der geistigen wie der physischen Entwicklung. Ein Kind ist nicht imstande, wie ein Erwachsener zu denken, weil es einfach die logischen Strukturen, die Organisation des Denkens und die Methodik des Urteilens noch nicht hat, die es befähigen könnten, mit den Problemen Erwachsener umzugehen. Man kann einem Fünfjährigen nicht die Differenzialrechnung beibringen, sagt Piaget, er hat die Denkstrukturen nicht, sie zu assimilieren. Aber wenn er wächst und reift, wird sein Geist zunehmend lebhafter und aktiver. Wie jeder Vater, der das »Warum, Papi?«-Stadium erlebt hat, bestätigen wird, interessiert sich das Kind für viele Dinge. Es forscht und experimentiert, bis es eine Antwort findet, die es befriedigt, und zu einem zumindest für diese Entwicklungsstufe befriedigenden Gleichgewicht gelangt.

Der zweite Faktor, den Piaget zur Erklärung der kognitiven Entwicklung heranzieht, ist die *Erfahrung*. Er meint damit physikalische und experimentelle Erfahrung, wie sie das Kind macht, wenn es Boote schwimmen und Drachen fliegen läßt, wenn es Gegenstände zählt und Gewichte hebt. Dies ist die direkte sensomotorische Erfahrung, die vielen Stadtkindern heute fehlt und die durch Vorschulprogramme ersetzt werden muß. Das Kind, das nie eine frische Orange gesehen oder gerochen hat, weil seine Mutter Saft in Dosen und Flaschen kauft, das nie auf einen Baum geklettert ist oder auf einem Geländer balanciert hat, entbehrt einen Teil der ungemein komplexen sensorischen und motorischen Erfahrungen, die den Hintergrund der Schulreife ausmachen. Für dieses Kind haben Bilder von Bäumen und Orangen in Büchern nicht viel Bedeutung. Es muß zurückgehen und die reiche Kinderwelt entdecken – berühren, beriechen, klettern, buddeln –, bevor es reif ist, sich vor Büchern voller krakeliger sinnloser Symbole, genannt »Buchstaben«, hinzusetzen.

Piaget erzählt gern die Geschichte eines Freundes, eines Mathematikers, dessen Karriere mit einer Erfahrung in früher Kindheit begann. Als er vier oder fünf Jahre alt war, saß er eines Tages im Garten auf dem Boden und spielte mit Kieselsteinen. Er ordnete sie in einer Reihe an und zählte von eins bis zehn. Dann zählte er sie rückwärts, und es waren wieder zehn Kieselsteine! Mit wachsender Aufregung ordnete er sie im Kreis an und noch auf mehrere andere Arten, immer mit demselben Ergebnis. Er hatte die wundersame Entdeckung gemacht, daß die Menge unabhängig von der Anordnung ist. Für ihn mußte sich der Übergang zur Arithmetik und dann zur höheren Mathematik reibungslos vollziehen, da sein wachsendes Verstehen auf diese einfache aber bedeutsame Kindheitserfahrung gegründet war. Aus demselben Grund besteht Piaget darauf, daß Kinder auf ihre eigene Art lernen dürfen. Gedanken oder »geistige Operationen«, um seinen Terminus zu gebrauchen, entstehen aus motorischen Aktionen und sinnlichen Erfahrungen, die »interiorisiert«, nach innen verlegt, werden. Das Kind, das physische Erfahrung mit einem konkreten Gegenstand, etwa einem Ball, gehabt hat, kann eine Vorstellung dieses Objekts bilden und in Gedanken damit agieren, entsprechend seinen tatsächlichen Erfahrungen in der Vergangenheit. Es kann über das Ballwerfen nachdenken, und dieses Denken ist »nach innen verlegte Aktion«. Aber das Kind, das nie mit einem Ball hantiert oder geworfen hat, ist in seiner intellektuellen Entwicklung behindert. Lehrer und Eltern kleiner Kinder werden hieraus den Schluß ziehen, daß gründliche Erfahrung auf dem sensomotorischen Niveau den Vorrang hat vor frühzeitigem Lernen, welches durch jenes Verhalten der Erwachsenen bewirkt wird, das Piaget den »pädagogischen Wahnsinn« genannt hat.

Ein dritter Faktor, der zur Equilibration beiträgt, ist, wie Piaget es ausdrückt, die *soziale Übermittlung* – die verbale Instruktion durch Eltern und Lehrer im Lauf des Erziehungsprozesses. Er glaubt, daß das Gleichgewicht eines Kindes, das daheim oder in der Schule widersprüchliche oder einander bekämpfende Urteile hört, gestört wird. Es macht sich dann auf die Suche nach einer Lösung, die ihm zu einem neuen und höheren Gleichgewicht verhilft. Ein Schüler Piagets hat den Terminus »kognitiver Konflikt« für diese Zustände gestörten Gleichgewichts geprägt. Wenn ein Organismus in den Zustand kognitiven Konflikts versetzt wird, sucht er nach einer Lösung wie ein kleiner Junge, der herausfinden möchte, ob es den Weihnachtsmann gibt oder nicht. Als er noch jünger war, glaubte er an den Weihnachtsmann; nun aber fällt ihm plötzlich auf, daß an jeder Straßenecke einer steht. Oder seine Geschwister sagen ihm, daß es keinen solchen Mann gibt, und er ist beunruhigt und gepeinigt, bis er eine Erklärung findet, die sich sinnvoll in sein neues, weniger naives Entwicklungsstadium einfügt. So wird das Kind, sobald seine geistigen Strukturen in der Lage sind, neue Probleme anzupacken, von seiner Umgebung gereizt und herausgefordert, neue Lösungen zu suchen. Der kognitive Konflikt spornt es an, nach höheren Ebenen intellektueller Entwicklung zu streben; um es vereinfacht zu sagen: das Kind lernt aus seinen Fehlern.

Für Piaget ist die adaptive Tätigkeit auf allen Entwicklungsebenen zu beobachten, wie sehr auch die für die verschiedenen Gleichgewichtszustände charakteristischen geistigen Strukturen, Ideen oder Begriffe variieren. Wenn wir uns mit ihm bemühen, die verschiedenen Stadien der kognitiven Entwicklung zu beobachten und zu beschreiben, die allen Kindern gemeinsam sind, sehen wir, weshalb Piagets Ideen eine so tiefe Wirkung auf die heutige Psychologie haben. Er sieht das Kind nicht als einen kleinen Erwachsenen, sondern als Lebewesen in einer Welt, die von der unseren völlig verschieden und uns oft ganz unverständlich ist. Er ist nicht an individuellen Unterschieden interessiert, sondern an der Konstanz der Weisen der Begriffsbildung bei Kindern aller Rassen und Zeiten. Alle Kinder, sagt er, müssen in derselben Reihenfolge gewisse Stadien der intellektuellen Entwicklung durchlaufen. Aufgeweckte Kinder können sich schneller entwickeln als träge, aber der Fortschritt von Stufe zu Stufe ist derselbe für jedes Kind, wenn es lernt, sich an seine Umwelt anzupassen. Die an Kindern aus aller Welt gewonnenen Untersuchungsergebnisse bestätigen immer mehr die Richtigkeit von Piagets Theorie einer konstanten Reihenfolge der Stadien der Intelligenzentwicklung.[2]

Anmerkungen

1 J. Piaget: Sechs psychologische Studien, in: Theorien und Methoden der modernen Erziehung. F. Molden, Wien–München–Zürich 1972. (Zit. nach: Fischer Taschenbuch, Bücher des Wissens, Bd. 6263. Fischer Taschenbuch Verlag, Frankfurt 1974, S. 156.)

2 Siehe z. B. B. Elkind: Children and Adolescents: Interpretive Essays on Jean Piaget. Oxford University Press, New York 1970; J. S. Bruner: Der Prozeß der Erziehung. Schwann, Düsseldorf 1970.

3 Die Anfänge der Intelligenz

Wenn man Piaget liest, werden die Babys lebendig: Plötzlich wird aus dem hilflosen schrumpelgesichtigen Säugling, der lediglich abwechselnd kräht oder schläft, ein komplexer, faszinierender Organismus, ausgreifend in eine unbekannte, geheimnisvolle Umgebung nicht nur um zu überleben, sondern um zu erfassen und zu beherrschen. Piaget beobachtet gespannt, wie sich das Baby abmüht, seine Aufmerksamkeit auf eine pendelnde Taschenuhr oder eine bekannte Stimme zu konzentrieren, und zeichnet die Ergebnisse systematisch auf. Jede Beobachtung ist minutiös genau bis ins Detail, mit der Nummer und dem Alter des Kindes versehen. So heißt etwa 0; 6 (12): null Jahre, 6 Monate, 12 Tage. Wenn man seine Beobachtungen liest, wundert man sich, daß Piaget noch Zeit für irgend etwas anderes fand; er scheint im Studium seiner Kinder völlig aufzugehen:

Beobachtung 77. Mit 0; 6 (0) schaut Jacqueline meine Uhr an, die sich 10 cm vor ihren Augen befindet. Sie zeigt lebhaftes Interesse und ihre Hände flattern, als ob sie greifen wollte, doch findet sie die rechte Richtung nicht. Ich lege ihr die Uhr in die rechte Hand, ohne daß sie zuschauen kann, da der Arm ausgestreckt ist. Dann halte ich ihr die Uhr wieder vor die Augen. Ihre Hände, offenbar angeregt durch die eben erfahrene Berührung, bewegen sich nun durch den Raum und treffen heftig aufeinander, um sich sofort wieder zu trennen. Die rechte Hand trifft zufällig auf die Uhr; Jacqueline bemüht sich sogleich, die Hand auf die Uhr einzustellen und bringt es so fertig, sie zu ergreifen. Das Experiment wird dreimal wiederholt: jedesmal werden die Greifversuche systematisch, wenn Hand und Uhr gleichzeitig wahrgenommen werden. Am folgenden Tag, 0; 6 (1), nehme ich das Experiment wieder auf. Wenn sich die Uhr vor ihren Augen befindet, versucht Jacqueline nicht, sie zu ergreifen, obwohl sie lebhaftes Interesse an dem Objekt zeigt. Wenn sich die Uhr in der Nähe ihrer Hand befindet und sie sie zufällig berührt oder wenn sie sie gleichzeitig mit ihrer Hand sieht, erfolgt Suchen, und zwar wird die Suche durch den Blick dirigiert. In der Nähe der Augen und entfernt von den Händen wird die Uhr wieder einfach betrachtet. Die Hände bewegen sich etwas, nähern sich aber einander nicht. Ich bringe das Objekt wieder in die Nähe ihrer Hand: sofort sucht sie mit Erfolg. Ein drittes Mal halte ich ihr die Uhr in der Entfernung von einigen Zentimetern vor die Augen, weit weg von ihren Händen; diese bewegen sich in alle möglichen Richtungen, aber ohne sich nahe zu kommen. Kurzum, es gibt für Jacqueline noch zwei Welten, eine kinästhetische und eine visuelle. Nur wenn das Objekt in nächster Nähe der Hand erblickt wird, wird diese zu ihm hingeführt und kann es ergreifen. Am gleichen Abend dasselbe Experiment mit verschiedenen Objekten. Wiederum und sehr regelmäßig geschieht nichts, wenn Jacqueline das Objekt vor sich sieht, ohne gleichzeitig die Hände wahrzunehmen, wohingegen der gleichzeitige Anblick von Objekt und Hand – rechter oder linker – sofort zum Greifen führt. Abschließend muß bemerkt werden, daß heute Jacqueline wieder mit großem Interesse ihre leere Hand betrachtete, die zufällig das Gesichtsfeld überquerte: sie hat noch nicht das Gefühl, daß die Hand zu ihr gehört.[1]

Auf Hunderte von ebenso sorgfältigen Beobachtungen gründet Piaget seine Theorie der kognitiven Entwicklung von Säuglingen. Die Ergebnisse dieser Untersuchungen bilden einen wichtigen Teil seiner genetischen Erkenntnistheorie. Das Verhalten von Babys, sagt Piaget, ist wie das aller anderen biologischen Organismen ein Beispiel für den kontinuierlich ablaufenden Adaptationsprozeß. Ebenso wie Atmung, Verdauung und motorische Koordination des Säuglings beständig tätig sind, um ihn an seine Umwelt anzupassen, ist auch seine Intelligenz tätig, um ihn mehr und mehr zum Herrn seiner Umgebung zu machen. Aber obwohl die Intelligenztätigkeit konstant ist und sich nicht ändert, ändern sich die geistigen Strukturen, durch die sie sich manifestiert; sie wachsen und entwickeln sich entsprechend dem Lebensalter und gaben Piaget Anlaß zur Aufstellung seiner Stufentheorie. Diese wurde oft mißverstanden; Kritiker greifen Piaget gern an, weil sie mit den Angaben über die Lebensalter, in denen er bestimmte Verhaltensweisen feststellte, nicht übereinstimmen. Aber wesentlich ist nicht, daß Kinder bestimmte Dinge in einem bestimmten Alter tun, sondern daß sie bestimmte Entwicklungsstadien in geregelter, fortlaufender Reihenfolge durchlaufen, wobei sich jedes Stadium aus dem vorhergehenden ergibt und auf diesem als Grundlage nicht nur umfassendere, sondern auch komplexere Strukturen aufbaut. »Unter diesem Aspekt«, sagt Piaget, »stellt die geistige Entwicklung einen ununterbrochenen Aufbau dar, vergleichbar der Errichtung eines großen Gebäudes, das durch jeden weiteren Stein solider wird.«[2] Ungleich dem Gebäude jedoch ist intellektuelle Entwicklung flexibel, geschmeidig und beweglich; sie sucht ständig Regulierung, die zum Gleichgewicht führt.

Piaget legt sehr großes Gewicht auf die Klassifizierung des Verhaltens in deutlich gesonderte Stadien. Das mag noch den Jahren am Museum mit ihrem klassifikatorischen Eifer zuzuschreiben sein; es kann aber auch ernstes Bemühen um Klärung der verschiedenen Stufen, welche die Entwicklung ausmachen, widerspiegeln. Es scheint ein wenig zu schön, um wahr zu sein, daß alles sensomotorische Verhalten, ob es sich nun auf Objekte, Raum, Zeit oder Kausalität bezieht, exakt in sechs Entwicklungsstadien passen sollte. Doch kommt es hier nicht darauf an, ob die Entwicklung des Säuglings tatsächlich in gerade diesen Stufen erfolgt oder ob sie

Strukturen darstellen, die sich Piaget bei der Ordnung seiner zahllosen Beobachtungen aufdrängten. Die von ihm registrierten Verhaltensweisen repräsentieren tatsächlich Meilensteine der kognitiven Entwicklung wie der erste Zahn und die ersten Schritte in der physischen Entwicklung. Piaget würde sicherlich zustimmen, daß Entwicklung ein kontinuierlich fortschreitender Prozeß ist, der sich von einem Stadium zum nächsten durch allmählich anwachsende Komplexität, Differenzierung und Bereicherung manifestiert. Man sollte sich die Entwicklungsstadien weniger als Stufen vorstellen denn als Teile einer gleichmäßig aufwärts wachsenden, immer weiter werdenden Spirale, bei der jede Windung aus der vorhergehenden aufsteigt und in der nachfolgenden verschwindet, wobei aber doch jede gesondert von allen anderen beobachtet werden kann.

Piagets Verwendung des Terminus »Stadium« ist verwirrend, weil dieser in späteren Werken nicht im gleichen Sinn gebraucht wird wie in früheren. Die detaillierte Beschreibung der Entwicklung des Säuglings, der wir hier folgen, stammt aus dem Werk *La naissance de l'intelligence chez l'enfant* (Das Erwachen der Intelligenz beim Kinde), das auf den Beobachtungen Piagets an seinen drei eigenen Kindern in den dreißiger Jahren beruht. In späteren Erörterungen[3] verwendet er andere klassifikatorische Schemata, aber alle unten beschriebenen Entwicklungen finden sich in seiner Besprechung der ersten beiden Lebensjahre. Er nennt diese die *sensomotorische Periode*, die von der Geburt an eineinhalb oder zwei Jahre dauert. Auf sie folgen drei fortgeschrittenere Perioden, die wir in Kapitel 4 behandeln werden. Doch werden diese Entwicklungsperioden oft als Stadien bezeichnet, weshalb man sich die unten folgenden Stadien als Substadien denken muß, die während des umfassenderen Stadiums oder der Entwicklungsperiode ablaufen.

Piaget nennt diese früheste Periode der kognitiven Entwicklung die sensomotorische Periode, weil sich die Intelligenz des Säuglings am frühesten in seinen sensorischen Wahrnehmungen und seinen motorischen Aktivitäten zeigt. Seine Augen folgen einem sich bewegenden Objekt, er wendet den Kopf einem Geräusch zu, er fängt an, nach seinen Spielsachen zu greifen. Das sind scheinbar geringfügige Leistungen, und viele Eltern finden ganz kleine Babys uninteressant. Aber Piaget weist darauf hin, daß das Kind in seinen beiden ersten Lebensjahren »eine richtiggehende kopernikanische Revolution im kleinen«[4] zustande bringt. Es ist zuerst hilflos und nimmt seine Umwelt nicht wahr, es kennt nur sich selbst und ist das Zentrum seines eigenen kleinen Universums. Wenn es wächst und ausgreift, geistig und physisch, nimmt es andere Menschen wahr, seine Umgebung, Objekte, die unabhängig von ihm selbst existieren. Mit zwei Jahren weiß es, daß es Glied einer größeren Familie, einer weiteren Welt ist. Es füllt einen Platz in einem Universum aus, das es als außerhalb seiner selbst befindlich erlebt. Das ist keine kleine Leistung.

Das Kind ist bei der Geburt nach Piaget »in Egozentrik eingeschlossen«. Das heißt nicht, daß das Baby selbstsüchtig ist, sondern daß es außer sich selbst nichts wahrnimmt. Außer seinem unmittelbaren Bewußtsein weiß es nichts von der Welt und kann sich deshalb anfangs nicht von ihr unterscheiden oder die Vielzahl von Reizen, die es von ihr empfängt, irgendwie deuten. Es ist bei der Geburt mit einigen Reflexen ausgerüstet wie Saugen und Greifen, die Teil seines biologischen Erbes sind. Über diese hinaus besteht sein Verhalten aus unkoordinierten, zwecklosen Bewegungen. Seine Füße stoßen, seine Hände zappeln, seine Augen können nichts fixieren. Aber irgendwann nach dem ersten Monat findet die Faust des Säuglings zufällig den Weg in seinen Mund. Infolge der Reflextätigkeit beginnt er daran zu saugen und genießt diese Aktivität offenbar. Jedenfalls wiederholt er diesen Vorgang immer wieder, bis er lernt, die Faust nach Belieben in den Mund zu stecken. Später findet nicht mehr nur die Faust, sondern alles, was er greift, den Weg zum Mund. »Die Welt«, sagt Piaget, ist »für ihn hauptsächlich eine Wirklichkeit zum Saugen.«[5] Diese Entwicklung markiert den Übergang vom ersten Stadium der einfachen ererbten Reflexe zum zweiten Stadium der erlernten oder »erworbenen Adaptationen« (ein bis vier Monate). Das Kind hat zwei getrennte Aktionen – mit der Hand zappeln und saugen – vereinigt und daraus ein neues Verhaltensmuster oder Schema gebildet, nämlich die Faust an den Mund zu bringen, um daran zu saugen.

Im dritten Stadium (vier bis acht Monate) wendet sich das Kind von Bewegungen, die auf es selbst bezogen sind, weg zu Reaktionen auf einen Reiz der äußeren Umgebung. Eine kompliziertere »Zirkularreaktion« findet statt, wenn das Baby eine interessante Veränderung der Umgebung, die es zufällig herbeigeführt hat, aufrecht zu erhalten sucht. Es stößt vielleicht an eine Rassel, und wenn es das Geräusch hört, dreht es sich herum und experimentiert, bis es noch einmal dagegen stößt.

Beobachtung 95. Lucienne, mit 0; 4 (27) liegt in ihrem Stubenwagen. Ich hänge eine Puppe über ihre Füße, was sogleich das Schema des Schüttelns in Bewegung setzt . . . Aber ihre Füße erreichen die Puppe sogleich und stoßen sie kräftig an, was Lucienne mit Entzücken beobachtet. Dann schaut sie ihren bewegungslosen Fuß an und beginnt wieder zu stoßen. Der Fuß wird nicht visuell kontrolliert, denn die Bewegungen sind die gleichen, wenn Lucienne nur auf die Puppe schaut oder wenn ich die Puppe über ihren Kopf hänge. Dagegen ist die taktile Kontrolle des Fußes offensichtlich: nach den ersten Stößen macht Lucienne langsame Fußbewegungen, wie um zu tasten und zu versuchen. Wenn sie zum Beispiel versucht, die Puppe zu stoßen, aber das Ziel verfehlt, beginnt sie sehr langsam von neuem, bis sie Erfolg hat (ohne ihren Fuß zu sehen). Ebenso, wenn ich Luciennes Gesicht bedecke oder ihre Aufmerksamkeit für einen Augenblick in eine andere Richtung ablenke; sie fährt trotzdem fort, die Puppe zu stoßen und ihre Bewegungen zu kontrollieren.[6]

Hier adaptiert Lucienne absichtlich, um eine Reaktion zu wiederholen, die sie neu und interessant findet. Sie wird schon eine neugierige kleine Entdeckerin und wiederholt Handlungen, die ihr angenehm sind, bis sie diese beherrscht. Ihre aktiven Anstrengungen, die sie interessierende Reaktion mehrfach zu bewirken, zeigt, daß sie zur Vorwegnahme eines Ereignisses und zu den Anfängen absichtlichen, zielgerichteten Verhaltens befähigt ist. Aber sie hat noch Schwierigkeiten, diese Anstrengungen zu koordinieren, weil die betreffenden Schemata wie Sehen und Greifen noch nicht zusammenarbeiten. Wie Piaget in den Beobachtungen der Tochter Jacqueline (Kap. 2) notiert, waren ihre Augen und ihre Hände gleichsam in verschiedenen Sphären, sie konnte sie nicht zusammen gebrauchen.

Das vierte Stadium (acht bis zwölf Monate) ist durch das Erscheinen zielgerichteten Verhaltens charakterisiert. Das Kind stößt ein Hindernis zur Seite, das es vom Ergreifen eines gewünschten Gegenstandes abhält. Es benützt mitunter die Hand der Mutter, um etwas zu bekommen, was es sehen, aber nicht erreichen kann.

Mit 0; 7 (10) versucht Laurent eine neue Schachtel zu ergreifen, vor die ich meine Hand plaziere (in einer Entfernung von 10 cm). Er schiebt das Hindernis zur Seite, aber nicht absichtlich; er versucht einfach die Schachtel zu erreichen, indem er neben meiner Hand vorbeischlüpft und, wenn er sie berührt, keine Notiz von ihr nimmt. Dieses Verhalten macht den Eindruck, daß er das Hindernis wegschiebt, daß aber noch kein irgendwie differenziertes Schema existiert, kein »Mittel«, das von der finalen Aktion getrennt wäre (von jenem Schema, das die Aktion beendet). Das Verhaltensmuster ist dasselbe, wenn ich als Hindernis ein Kissen benütze.

Die gleichen Reaktionen mit 0; 7 (12). Schließlich, mit 0; 7 (13), reagiert Laurent fast vom Beginn des Experiments an ganz anders. Ich zeige ihm eine Streichholzschachtel über meiner Hand, aber hinter ihr, so daß er sie nicht erreichen kann, ohne das Hindernis zu beseitigen. Laurent versucht zuerst, meine Hand nicht zu beachten, plötzlich aber schlägt er nach ihr, als ob er sie wegstoßen oder herunterholen wollte; ich lasse ihn gewähren und er ergreift die Schachtel. Ich verlege ihm den Weg aufs neue, benütze aber als Abschirmung ein Kissen, das so weich ist, daß es vom Kind verformt werden kann. Laurent will wieder die Schachtel erreichen, schlägt plötzlich auf das lästige Hindernis und drückt es soweit zusammen, daß der Weg endgültig frei ist.[7]

Wenn ein begehrtes Objekt jedoch versteckt wird, benimmt sich das Kind, als ob es nicht mehr existierte. Piaget erklärt, daß das Baby noch keine *Objektkonstanz* entwickelt hat; es weiß nicht, daß Objekte in der Umgebung vorhanden sind, auch wenn es sie nicht sieht. Darin zeigt sich jenes Phänomen, das Piaget *Egozentrik* nennt; das Kind lebt nur in der unmittelbaren Erfahrung. Wenn diese Erfahrung das Wahrnehmen des Objekts nicht einschließt, hat es keine Vorstellung davon, daß das Objekt vorhanden ist und selbständige Dauer besitzt. Erst allmählich, nach mannigfacher Erfahrung mit Objekten, die aus dem Gesichtskreis rollen oder fallen oder baumeln, sucht das Kind nach ihnen und zeigt damit an, daß es jetzt weiß: sie sind noch vorhanden. In diesem Stadium beginnen die Babys auch, Ereignisse vorwegzunehmen und auf Signale zu reagieren, so etwa auf die Stimme der Mutter, wenn sie selbst noch nicht in Sicht ist. Spiele, wie »Guckguck« und »Verstekken« werden nun eine Quelle unaufhörlichen Entzückens, eben wegen des Wiedererscheinens des verborgenen, aber erwarteten Objekts. Solche Spiele tragen dazu bei, im Kind die Kenntnis von Objektkonstanz und -dauer zu festigen, eine der wichtigsten Errungenschaften der sensomotorischen Periode. Als unabdingbare Voraussetzung für späteres Lernen reduziert diese Kenntnis von der Permanenz der Objekte die Egozentrik des Kindes, indem sie es befähigt, zwischen ihm selbst und der äußeren Realität, die unabhängig von ihm existiert, zu unterscheiden.

Das fünfte Stadium (zwölf bis achtzehn Monate) ist nach Piaget gekennzeichnet durch das »gesteuerte Tasten«. Das Kind beginnt zu experimentieren, um zu sehen, was geschieht. Es wiederholt nicht einfach Bewegungen, um das erwünschte Ergebnis herbeizuführen. Es fängt an, seine Bewegungen zu variieren, als wolle es beobachten, wie sich die Resultate unterscheiden. Piaget beschreibt, wie sein kleiner Sohn Laurent einmal ein Stückchen Brot abbrach und es auf den Boden fallen ließ, wobei er mit großem Interesse zusah, wo es hinfiel. Ein Durchschnittsvater würde gewiß das Brot ärgerlich wegräumen, aber Piaget wartete ruhig und notierte die versunkene Aufmerksamkeit des Kleinen. Gleich einem ernsthaften jungen Galilei ließ er das Brot aus verschiedenen Positionen fallen und beobachtete, wie es an verschiedenen Stellen des Fußbodens landete. Piaget betrachtet dieses Verhalten als experimentell; es unterscheidet sich von dem der vorhergehenden Stufe, insofern es nicht eine stereotype Wiederholung ist, sondern experimentelle Variationen einführt, um zu sehen, was jeweils geschehen wird. Eine weitere Errungenschaft dieses Stadiums ist, daß das Kind Hilfsmittel zu gebrauchen lernt, um ein Ziel zu erreichen. Es entdeckt, daß es mit einer Schnur und einem Stock Gegenstände zu sich heranziehen kann oder daß es sie durch das Gitter seines Ställchens ziehen kann, wenn es sie verkantet. Mit anderen Worten, sein Versuch-und-Irrtum-Verhalten ist auf ein Ziel gerichtet; das Kind handelt intelligent.

Beobachtung 155. Mit 1; 0 (26) lege ich in Jacquelines Anwesenheit meine Taschenuhr auf den Boden, außerhalb ihrer Reichweite. Ich lege die Kette in gerader Linie auf Jacqueline zu, decke aber ein Kissen über den Teil, der dem Kind am nächsten ist. Jacqueline versucht zuerst die Uhr direkt zu greifen. Da es ihr nicht gelingt, schaut sie auf die Kette. Sie bemerkt, daß diese unter dem Kissen ist. Sie entfernt es mit einem Stoß und zieht an der Kette, während sie auf die Uhr schaut. Die Bewegung ist angepaßt und schnell. Sobald sich die Uhr innerhalb ihrer Reichweite befindet, läßt Jacqueline die Kette los, um das Objekt direkt zu ergreifen. An der Kette selbst ist sie im folgenden nicht interessiert, es ist die Uhr, die sie haben will.[8]

Im sechsten und letzten Stadium des sensomotorischen Verhaltens (achtzehn Monate bis zwei Jahre) fängt das Kind an, mehr geistig als körperlich zu tasten. Wie Piaget es ausdrückt: die physische oder motorische Aktion des Kindes wird »interiorisiert« (internalisiert, nach innen verlegt); das Kind denkt darüber nach, wie es etwas tun könnte, ohne es tatsächlich zu tun, bis es die befriedigende Lösung findet. Piaget nennt dies »die Erfindung neuer Mittel« und behauptet, daß sich diese Fähigkeit gleichzeitig mit der Fähigkeit zur symbolischen Repräsentation entwickelt. Das Kind geht nun von physischen zu geistigen Operationen oder Gedanken über und kann Handlungen auf symbolische Weise darstellen, ohne sie tatsächlich zu vollziehen.

Piaget beschreibt gern, wie er mit Lucienne spielte, als sie sechzehn Monate alt war, indem er seine Uhrkette in einer Streichholzschachtel versteckte. Zuerst ließ er die Schachtel so weit offen, daß das kleine Mädchen mit den Fingern hineingreifen und die Kette herausziehen konnte. Dann schloß Piaget, ohne das Kind dabei zuschauen zu lassen, die Schachtel bis auf einen schmalen Schlitz, zu schmal für Luciennes eifrige Fingerchen. Eine Pause folgte, während der Lucienne zeigte, daß sie die Situation denkerisch bewältigen wollte und sich vorzustellen versuchte, was nun zu tun sei. Sie betrachtete aufmerksam den schmalen Schlitz; sie öffnete den Mund ein wenig, dann weiter und weiter, so daß sie gewissermaßen mit dem Mund der Streichholzschachtel vormachte, was sie tun solle. Dann griff sie ohne Zögern nach der Schachtel, steckte den Zeigefinger in den Schlitz und erweiterte ihn, bis sie die Kette herausnehmen konnte. Piaget meint, weil Lucienne die Situation noch nicht klar überdenken konnte, stellte sie den gewünschten Vorgang durch motorische Imitation symbolisch dar. Indem sie den Mund öffnete, vergegenwärtigte sie für sich selbst, wie sie die

Schachtel öffnen könnte. Lucienne war am Rande des Denkens angelangt!

So zeigt uns Piaget, wie sich das Kind in sechs leicht faßlichen Stadien vom biologischen zum sozialen Organismus wandelt. Er spürt dem Wachstum der Erkenntnis nach vom ersten primitiven Reflex bis zu den komplexen und abgewandelten Kombinationen, die sich bald im Denken überlagern werden. Immer folgt er der Aufwärtsdrehung der Spirale. Die verschiedenen Verhaltensmuster werden immer wieder geübt, bis sie beherrscht werden; dann, angetrieben von der hierarchischen Bewegung des Wachstums, erscheinen sie aufs neue in komplizierterer Form. In zwei Jahren oder schon früher hat das Kind die »Kopernikanische Revolution« vollendet, die Piaget beschrieb. Es hat vor allem eine Vorstellung von der Objektkonstanz gewonnen, es weiß nun, daß Dinge und Menschen eine dauernde, von seiner Wahrnehmung unabhängige Existenz besitzen. Auch hat es eine primitive Kausalitätsvorstellung entwickelt. Es hat entdeckt, daß bestimmte Aktionen seinerseits zu bestimmten Resultaten führen. Beim Experimentieren mit Gegenständen hat es rudimentäre Raum- und Zeitbegriffe erworben; es kann seine Spielsachen lokalisieren und weiß, daß tägliche Ereignisse eine bestimmte Reihenfolge haben. Alle diese Entdekkungen haben das Gewahrwerden seiner selbst als einer von anderen Personen gesonderten Wesenheit vertieft und dadurch die Egozentrik vermindert. Es hat angefangen, geistige Bilder über seine unmittelbare sinnliche Erfahrung hinaus festzuhalten und kann kommende Ereignisse vorwegnehmen. Mit anderen Worten, es hat jene Entwicklungsebene erreicht, die für die höchsten Tiere das Nonplusultra ist. Ein erwachsener Schimpanse kann Dinge manipulieren und Bananen mit einem Stock in seinen Käfig hereinholen. Ein Hund kann seine Leine holen als symbolischen Hinweis, daß er spazierengehen möchte. Aber das Kind ist nun bereit, über die Leistungen jedes Tieres hinauszugehen. Es hat in zwei Jahren einen langen Weg zurückgelegt.

Anmerkungen

1 J. Piaget: The Origins of Intelligence in Children. Norton, New York 1963, S. 110 (Übers.). (Dt. Ausg.: Das Erwachen der Intelligenz beim Kinde. Klett, Stuttgart, 2. Aufl. 1973).
2 J. Piaget: Sechs psychologische Studien, in: Theorien und Methoden der modernen Erziehung. F. Molden, Wien–München–Zürich 1972. (Zit. nach: Fischer Taschenbuch, Bücher des Wissens, Bd. 6263. Fischer Taschenbuch Verlag, Frankfurt 1974, S. 154).
3 Siehe J. Piaget: Sechs psychologische Studien, a.a.O.
4 Ebda., S. 158.
5 Ebda.
6 J. Piaget: The Origins of Intelligence in Children a.a.O., S. 159.
7 Ebda., S. 217.
8 Ebda., S. 291.

4 Übersicht über die Entwicklungsstadien

Wir haben bereits das Wachstum des Babys vom Stadium der neonatalen Reflexe, mit denen es geboren wird, bis zur Entwicklung symbolischer Bilder nachgezeichnet. Wir wollen nun die späteren Entwicklungsperioden kurz zusammenfassen, bevor wir sie eingehender behandeln.

Sensomotorische Periode (bis zwei Jahre):
Eine kurze Zusammenfassung der sechs Stadien der Säuglingsentwicklung findet sich im Anhang.

Präoperationale Periode (zwei bis sieben Jahre):
Während der Vorschuljahre muß das Kind die Lücke zwischen den sensomotorischen Aktivitäten des Babys und den verinnerlichten geistigen Aktivitäten oder *Operationen* des Kindes im Schulalter überbrücken. Dies geschieht allmählich, wie wir in den Studien über die Erhaltung sehen werden, wo das Kind zuerst lediglich seinen Sinneseindrücken folgt (»Es sieht größer aus, also muß es größer sein«). Erst viel später, nach zahlreichen Erfahrungen, bekommt es eine Ahnung von der logischen Notwendigkeit rational aufgefaßter Tatsachen. Ein kleines Kind »sieht« nicht, daß zwei Reihen von je drei Knöpfen dasselbe ergeben wie drei Reihen von je zwei Knöpfen. Es muß die Knöpfe viele Male zählen, bis die Erfahrung internalisiert wird und »sitzt«. Das heißt, daß es die Information auf der logischen oder geistigen Ebene erfaßt und die physische Erfahrung des Zählens der Knöpfe nicht mehr benötigt.

Das Kind lernt in der präoperationalen Periode den Gebrauch symbolischer Substitutionen wie der Sprache und der geistigen Bilder an Stelle der sensomotorischen Aktivitäten des Säuglingsalters. Anstatt nach Dingen zu greifen, kann es darum bitten. Statt seine Mutter zu sehen, kann es an sie denken und daher für längere Zeitspannen ohne ihre unmittelbare Anwesenheit auskommen. Piaget glaubt, daß »Phantasiespiel« in dieser Periode sehr wichtig ist, weil das Kind dadurch die Aktivitäten, Rollen und Vorstellungen seiner Umwelt symbolisch assimiliert. Jacqueline trank aus einer Muschel, als ob dies ein Glas wäre. Lucienne gab ihrer Puppe eine Orangenschale zu essen und bezeichnete sie als Makkaroni. Die kleinen Mädchen benützen Symbole für Geschirr und Speisen;

damit assimilierten und konsolidierten sie die in ihrer Umwelt beobachteten Gewohnheiten und Sitten als Teil ihrer Erfahrung. Gleichzeitig wurde diese Assimilation ausgewogen durch Akkomodation, was nach Piaget die wichtigste Funktion der Nachahmung ist. Durch Nachahmung der Sprache, des Verhaltens und der Aktivitäten der Erwachsenen lernen die Kinder, sich auf neue Situationen in ihrer Welt einzustellen. Wer hat noch nicht das Verhalten von Kindern nach den ersten Kindergartentagen beobachtet? Sie kommen heim und fangen sofort an, »Schule zu spielen«. Die Nachahmung des Lehrers und der Tätigkeiten im Klassenzimmer befähigt sie, sich an die neue und seltsame Situation zu akkomodieren. Indem sie »Schule« zum symbolischen Spiel machen, assimilieren sie diese gleichzeitig, denn sie setzen sie damit zu Erfahrungen, die ihnen aus der Vergangenheit schon vertraut waren, in Beziehung.

Die besonderen Merkmale dieser und der folgenden Perioden werden wir unten ausführlich erörtern. Dieser Abschnitt soll zunächst einen kurzen Überblick über alle Piagetschen Entwicklungsperioden geben.

Periode der konkreten Operationen (sieben bis zwölf Jahre): Piaget weist oft darauf hin, daß die gedanklichen Prozesse in der operationalen Periode beschleunigt ablaufen wie ein Film, während die präoperationale Tätigkeit der langsamen Folge eines Lichtbildervortrags gleicht. Befreit von der Bindung an physische Darstellung, können Operationen oder Gedanken mit erstaunlicher Geschwindigkeit kurzschließen. Das Denken kann sich in Zeit und Raum vorwärts projizieren oder sich umkehren wie ein Film, der zurückgedreht wird. Dank der Entwicklung der Sprache können Gedanken leicht mitgeteilt werden. Der Terminus *konkrete Operationen* meint, daß das Kind nun in Gedanken mit konkreten Objekten oder ihren Vorstellungen operieren kann. Es kann Reihen aufstellen, erweitern, einteilen, unterscheiden oder bestehende Strukturen zu neuen Beziehungen und Gruppen kombinieren. Es neigt nun mehr dazu, über Dinge logisch nachzudenken, als ihre Oberflächenerscheinung einfach hinzunehmen. Aber sein Denken ist noch auf seine eigenen konkreten Erfahrungen beschränkt. Es ist noch nicht fähig, mit Abstraktionen wie »Milliarden Jahre« umzugehen, die logisch möglich, aber nicht in konkrete, realistische Ausdrücke faßbar sind.

Piaget versuchte, alle Eigenarten gedanklicher Operationen oder Gruppierungen, die bei Kindern im Schulalter beobachtet werden, zu entdecken und sie in der Sprache der Logik und Mathematik auszudrücken. Seine diesbezüglichen Werke sind viel schwieriger zu lesen und zu verstehen als seine Bücher über jüngere Kinder. Doch erwies sich seine Darstellung der Eigentümlichkeiten kindlichen Denkens während der Schulzeit als ungemein anregend für Forschung und Diskussion. Sie hat darüber hinaus die Lehrplangestaltung vielfach beeinflußt. Eine breitere Erörterung der kognitiven Entwicklung auf dieser Ebene bringen wir in Kapitel 7.

Die Periode formaler Operationen (ab elf oder zwölf Jahren): Die letzte von Piaget beschriebene Periode der kognitiven Entwicklung erscheint in der frühen Adoleszenz. Der junge Mensch beginnt nun »mit Operationen zu operieren«, das heißt, er kann nicht mehr nur über konkrete Dinge, sondern auch über Gedanken nachdenken. Formale Operationen heißen »Operationen zweiter Ordnung«; sie betreffen die allgemeinen Gesetze hinter der Menge der Einzelfälle wie die Mendelschen Gesetze, die sich in der verwirrenden Vielzahl genetischer Mutationen manifestieren. In diesem Stadium kann der Jugendliche Hypothesen durchdenken und die möglichen Folgen, wenn sie richtig sind, abschätzen. Er kann der *Form* einer Argumentation folgen und vom Inhalt absehen, weshalb die Operationen dieser Stufe *formal* heißen. Er kann mit rein hypothetischen Konzeptionen wie dem fünfdimensionalen Raum oder mit mathematischen Modellen wie Matrizen umgehen.

Wissenschaftler, welche in die atomaren Strukturen eingreifen, Computer entwerfen oder Forschungsunternehmen im Weltraum planen, sind Menschen, deren Denken die Ebene der formalen Operationen erreicht. Gegenstand ihres Denkens ist das Ergebnis vorhergegangener Gedankenarbeit; vielleicht hat es in der Wirklichkeit keine Entsprechung. Einsteins Relativitätstheorie war das Produkt formaler Operationen auf dieser Ebene, ebenso die Leistung der Astronomen, die erkannten, daß es einen weiteren Planeten in unserem Sonnensystem geben müsse, und in der Folge Pluto entdeckten. Die Charakteristika dieser Periode werden in Kapitel 8 genauer beschrieben.

5 Erhaltung

Erhaltung (conservation) ist die Fähigkeit zu verstehen, daß gewisse Eigenschaften eines Objekts konstant sind und erhalten bleiben, auch wenn es sein Aussehen ändert. Piagets Erhaltungsexperimente sind vielleicht die berühmtesten, die er je gemacht hat. Er prüfte mit ihnen die Stadien des Wissens von der frühen Kindheit bis zur Adoleszenz. Piaget nimmt zwei Kugeln aus weichem Ton und vergewissert sich, daß das Kind beide für gleich hält. Nun rollt er eine zu einer dicken Wurst aus und fragt, ob die Tonmenge noch dieselbe sei. Ein Kind, das jünger ist als etwa sieben Jahre, denkt, daß die Wurst mehr Ton enthält, weil sie länger ist. Seine Wahrnehmung ist unmittelbar, egozentrisch und auf die Gegenwart begrenzt. Es konzentriert seine Aufmerksamkeit auf eine einzige auffallende Eigenschaft des Tons – seine vermehrte Länge – und kann nicht in Anschlag bringen, daß die Wurst zwar länger, aber auch dünner ist. Wenn der Ton wieder zu einer Kugel geformt wird, stimmt das Kind wieder zu, daß die zwei Bälle gleich sind. Aber sobald einer von ihnen wiederum zu einer Wurst ausgeformt wird, behauptet es, daß diese größer ist. Es begreift noch nicht, daß die Materie ohne Rücksicht auf den Wandel der Gestalt erhalten bleibt. Piaget sagt, es hat noch keine *Reversibilität* erworben, die Fähigkeit, einer Reihe von Gestaltumwandlungen zu folgen und dann die Richtung zu wechseln und zurückzudenken zum Ausgangsstadium, als dasselbe Stück Ton eine Kugel war. Hierzu wäre erforderlich, daß die zugrundeliegende Konstanz der Materie in Gedanken festgehalten wird, aber das junge Kind ist noch nicht imstande, unabhängig von dem, was es vor sich sieht, denkerisch zu operieren. Es kann sich nicht von dem zwingenden Charakteristikum des Reizes – der Länge – lösen und sehen, daß diese Länge durch geringere Dicke ausgeglichen ist und daß damit die Tonmenge in der Wurst die gleiche ist wie die in der Kugel.

Piaget verwendet das Wort *Operationen* für Aktionen in Gedanken oder »geistige Operationen« im Gegensatz zu physischen Aktionen. Ein Kind, das sich den zwingenden Aspekten des unmittelbaren konkreten Reizes nicht entziehen und sich nicht vorstellen kann, wie das Objekt vorher ausgesehen hat, befindet sich nach Piaget in der *präoperationalen* oder vorgedanklichen Periode. Diese fällt im großen und ganzen mit der Vorschulperiode zusammen. Sie folgt der sensomotorischen Periode der frühen Kindheit und dauert bis ungefähr zum siebenten Lebensjahr, dem traditionellen »Alter der Vernunft«. Nach ihr kommt die Periode der *konkreten Operationen*, in der das Kind fähig ist, im Geiste mit konkreten Objekten zu operieren. Piaget zeigt durch seine Erhaltungsexperimente die verschiedenen Wandlungen, denen das Denken des Kindes unterliegt, während es reift.

Wir haben bereits gesehen, wie das präoperationale Kind auf den unmittelbaren Anblick zweier gleicher Tonmengen reagiert, wenn eine von ihnen zu einer Wurst ausgerollt ist. Aber gegen Ende der präoperationalen Periode kommt das Kind in ein Übergangsstadium, in dem sein Denken flexibler und beweglicher wird. Es bemerkt nun etwa, daß die Wurst lange nicht so dick ist wie die Kugel, womit es andeuten will, daß sie weniger Ton enthält als jene. Oder es zögert zwischen Länge und Dicke und fängt an zu sehen, daß die Wurst zum Ausgleich für ihre Länge sehr viel Haut – also eine große Oberfläche – hat. Das Kind ist in einem Zustand von Un-Gleichgewicht, es wird zwischen den verschiedenen Aspekten des Reizes hin- und hergerissen. Wenn die Wurst sehr kurz und dick ist, sagt es vielleicht erst, es sei kein Unterschied in der Tonmenge zwischen ihr und der Kugel, aber wenn sie dünner und dünner ausgerollt wird, unterliegt es der illusionistischen Wahrnehmung von vermehrter Länge und meint schließlich, sie sei doch größer als die Kugel. Endlich merkt es, daß die Dimensionen in Beziehung zueinander stehen, daß die Wurst, wenn sie kürzer, auch dicker ist. Sobald das Kind konsistent und sicher sieht, daß alle Veränderungen der Länge durch umgekehrte Veränderungen der Dicke ausgeglichen werden, ist es in die Periode der konkreten Operationen aufgerückt. Es wundert sich nun vielleicht sogar, daß man es so dumme und selbstverständliche Dinge fragt. Es ist zum Verständnis der Konstanz von Eigenschaften sich verändernder Objekte gelangt, ebenso wie es in der sensomotorischen Periode zum Verständnis der Konstanz von Objekten bei veränderter Anordnung gekommen war.

Piaget weist auch nach, daß nicht alle Erhaltungsbegriffe gleichzeitig erworben werden. Als erstes erfaßt das Kind den Begriff von der Erhaltung der Substanz. Es versteht, daß die Tonmenge in jedem Stück dieselbe ist, ohne Rücksicht auf die Form. Aber es versteht noch nicht, daß die verschiedenen Formen auch das gleiche Gewicht und das gleiche Volumen haben. Wiederholte Experimente haben gezeigt, daß der Begriff der Erhaltung des Gewichts bei Veränderungen der Form später gebildet wird, und daß die Erhaltung des Volumens, die durch die Wasserverdrängung gemessen wird, sich erst mit elf oder zwölf Jahren einstellt. Wieder sehen wir hier das spiralförmige Aufsteigen der kognitiven Entwicklung, wie es sich in immer komplexeren Formen auf verschiedenen Ebenen wiederholt. Verschiedene Forscher, vor allem der norwegische Psychologe Jan Smedslund[1], haben Piagets Experimente mit annähernd denselben Ergebnissen wiederholt. Die drei Erhaltungsbegriffe – Erhaltung der Substanz, dann des Gewichts, dann des Volumens – erscheinen in gleicher Reihenfolge auch bei experimentellen Bemühungen, die Sequenz ihrer Aneignung durch äußere Verstärkung zu verändern.

Piaget sieht in diesen Experimenten Beweise für die Entwicklung kognitiver Strukturen durch Reifung. Erfahrung durch Hantieren, Messen, Ausgießen ist offenbar von grundlegender Wichtigkeit für die Entwicklung solcher Strukturen. Aber keine Erfahrung oder Experimentation, sagt Piaget, kann dem Kind Kenntnis von der Menge einer Substanz vermitteln.

Diese Erhaltung der Substanz ist einfach eine logische Notwendigkeit. Das Kind versteht nun, daß man bei jeder Umformung wieder zum Ausgangspunkt zurückkommt und wieder die Tonkugel hat. Es weiß, daß irgend etwas erhalten bleibt, aber es weiß nicht, was. Es ist noch nicht das Gewicht, es ist noch nicht das Volumen; es ist einfach eine logische Form . . . eine logische Notwendigkeit. Das ist, wie mir scheint, ein Beispiel für Fortschritt in Wissen, eine logische Notwendigkeit, daß etwas erhalten bleibt, auch wenn keine Erfahrung zu dieser Kenntnis geführt haben kann.[2]

Piaget leugnet niemals die Rolle der Erfahrung in der kognitiven Entwicklung des Kindes. Sogar ein Reflex, sagt er, muß tätig werden, um sich an die äußere Realität anzupassen. Alle Kinder saugen, aber einige passen sich an eine Brust an, andere an die Flasche.

Nur die Praxis wird zum normalen Funktionieren führen. Dies ist der erste Aspekt der Akkomodation: Kontakt mit dem Objekt modifiziert auf gewisse Weise die Aktivität des Reflexes. Selbst wenn diese Aktivität durch die Erbanlage auf einen solchen Kontakt hin orientiert ist, ist letztere doch für die Konsolidierung des Reflexes notwendig. Hier liegt der Grund, weshalb gewisse Instinkte verlorengehen oder gewisse Reflexe ihre normale Funktion aufgeben, eben im Mangel an einer entsprechenden Umgebung.[3]

Mit anderen Worten, wenn auch das Baby mit dem Saugreflex geboren wird, muß es doch etwas zum Saugen haben, oder es verliert allmählich seine Fähigkeit zu saugen.

Hier scheint Piaget die Theorie der kritischen Perioden zu vertreten, die Meinung, daß bestimmte Fähigkeiten sich nur dann entwikkeln, wenn sie zu der Zeit, in welcher der Organismus reif ist, gerade diesen Aspekt darzustellen, angeregt und geübt werden. Ein Kind etwa, das zwischen dem ersten und vierten Lebensjahr, wenn sich seine Sprechfähigkeit entwickelt, von niemand angeredet oder zum

Antworten ermutigt wird, hat später fast unüberwindliche Schwierigkeiten, doch noch sprechen zu lernen. Piaget betont in ähnlicher Weise die Rolle der Reife in der kognitiven Entwicklung. Die Abfolge der Stadien, die er beschreibt, ist konstant, auch wenn das Lebensalter, in dem sie erreicht werden, von Kind zu Kind und von einer Gesellschaft zur anderen differiert. Er zitiert die Ergebnisse der kanadischen Psychologen Monique Laurendeau und Adrien Pinard, die viele seiner Experimente wiederholten und bei Kindern aus Montreal dieselben Stadien feststellten. Aber als diese Untersuchungen in Martinique fortgesetzt wurden, fand man, daß die verschiedenen Stadien durchschnittlich erst vier Jahre später durchlaufen wurden. Piaget schreibt diesen Umstand einer sehr lässigen, einfachen, reizarmen tropischen Zivilisation zu. Er selbst fand eine Verschiebung von zwei Jahren bei Kindern des Schweizer Landvolks gegenüber Genfer Kindern.

Viele Forscher wiederholten Piagets Erhaltungsexperimente und bemühten sich dabei herauszufinden, ob die Kinder nicht früher dazu gebracht werden könnten, diese *logischen Strukturen* aufzubauen. Piaget gibt zu, daß Kinder bei äußerlicher Wiederverstärkung lernen könnten, in begrenzten Experimenten die richtigen Antworten zu geben. Aber er bezeichnet es als eine Zeitverschwendung, so sinnlos, wie einen Hund das Laufen auf den Hinterbeinen zu lehren. Seiner Ansicht nach handelt es sich dabei nicht um echtes Lernen; es ist eine künstliche, verbal erworbene, »deformierte« Reaktion, auswendig gelernte Routine, für nur eine einzige spezifische Situation. Sie ist weder stabil noch permanent; die Kinder kehren schnell zu den gewohnten Irrtümern zurück und können in verwandten Situationen nicht verallgemeinern. Die logische Struktur stellt sich nur durch inneres Gleichgewicht ein, behauptet Piaget. Erst mit etwa sieben Jahren ist das Kind imstande, eine Ahnung von der Erhaltung zu bekommen, weil es erst dann die logischen Strukturen, die geistige Organisation hat, um mit ihr umzugehen. Hierin widerspricht Piaget manchen amerikanischen Forschern, vor allem dem Psychologen Jerome Bruner, welcher der Ansicht ist, jeder Gegenstand könne in jedem Lebensalter gelehrt werden, wenn er in angemessener Form dargeboten wird. Piaget lächelt nur über das Drängen amerikanischer Erzieher, die sich beständig bemühen, die kognitive Entwicklung zu beschleunigen. Man hat ihn so oft gefragt, ob das möglich sei, daß er dies »die amerikanische Frage« nennt. Doch gibt er zu, daß ein Kind mit guter geistiger Erbanlage in einer Umgebung, die schöpferisches Experimentieren begünstigt, schon früher logische Strukturen aufbauen kann. In diesem Sinn berücksichtigt Piaget, wie Elkind zeigt, gleichermaßen Vererbung und Umwelt.[4]

Piaget beschreibt noch viele andere Experimente, um zu zeigen, wie fundamental der Begriff der Erhaltung ist. Man kann einen Becher Orangensaft in ein hohes schlankes Gefäß schütten und einen zweiten in eine breite flache Schale und dann die verschiedenen Ebenen der kognitiven Reaktion feststellen. Die meisten noch nicht sieben Jahre alten Kinder sagen, das schlanke Gefäß enthalte mehr Saft, weil er höher darin steht, doch entscheiden sich auch einige Kinder für die Schale, weil sie weiter ist. Dann registrieren wir eine Periode des Ungleichgewichts, und schließlich, wenn der Begriff der Erhaltung erfaßt ist, sehen die Kinder, daß die beiden Behälter gleichviel Saft fassen. Es ist interessant, diese Experimente mit Kindern anzustellen und ihre Bemerkungen zu hören; doch ist darauf hinzuweisen, daß die Kinder einzeln geprüft werden sollen, damit sie sich nicht gegenseitig beeinflussen. Eine meiner Studentinnen berichtete einmal, daß sich ihr kleiner Bruder eines Tages weigerte, seine Milch zu trinken, weil sie nicht bis zum Rand des Glases reichte. Seine Mutter, die nicht mehr Milch im Haus hatte, bemühte sich nach Kräften, ihn zum Trinken zu überreden, doch ohne Erfolg. Da erinnerte sich die Studentin ihrer Piaget-Studien und goß die Milch in ein kleineres Glas, so daß sie bis zum Rand reichte. »Jetzt hab' ich genug«, sagte der kleine Junge und trank glücklich seine Milch.

Abb. 1

Andere Experimente Piagets demonstrieren die Entwicklung der Erhaltung der Zahl. Man kann das Kind dieselbe Anzahl von Perlen zweimal auszählen lassen und die erste Portion in einen hohen schmalen, die zweite in einen flachen Behälter geben. Obwohl das Kind die Perlen selbst abgezählt hat, unterliegt es unterhalb von sieben Jahren meistens der Illusion, die durch die Form des Behälters hervorgerufen wird. Die Erhaltung der Zahl wird auch demonstriert, wenn man dem Kind zwei Reihen von gleichviel Knöpfen vorlegt und die eine Reihe dann auseinanderstreut oder in zwei Reihen, statt einer, anordnet. Das präoperationale Kind wird sagen, die doppelte oder die auseinandergestreute Reihe enthalte mehr Knöpfe. Wenn die Knöpfe nicht auseinandergestreut, sondern in einer der ursprünglichen Reihen eng zusammengeschoben werden, wird das Kind sagen, die kürzere Reihe enthalte weniger Knöpfe. Jenes Kind, das eben in die konkret-operationale Periode eintritt, wird die Knöpfe jedesmal zählen und sagen, die Anzahl sei dieselbe. Das zehn- bis elfjährige Kind wird einmal zählen und dann die Konstanz der ursprünglichen Anzahl so lange feststellen, wie keine Knöpfe hinzugelegt oder weggenommen werden.

Ein anderes Experiment, mit dem die Erhaltung von Längen demonstriert wird, verwendet zwei gleichlange Stöcke. Wenn sie parallel zueinander gelegt werden, wird das Kind konstatieren, daß sie gleich lang sind. Aber wenn einer weiter vor als der andere geschoben wird, behauptet das präoperationale Kind, er sei länger. »Er ist größer, weil du ihn angeschoben hast«, sagte eins von Piagets Kindern zu ihm. »Dieser da (der nicht verschobene) ist kleiner, weil er nicht bis hierher geht«, sagte ein Fünfjähriger, indem er auf das vorstehende Ende des Stocks zeigte, der bewegt worden war. Aber ein Siebenjähriger antwortete weise: »Sie sind noch gleich, sie können nicht wachsen. Sie haben immer dieselbe Länge, und sie werden immer gleich lang bleiben.«[5]

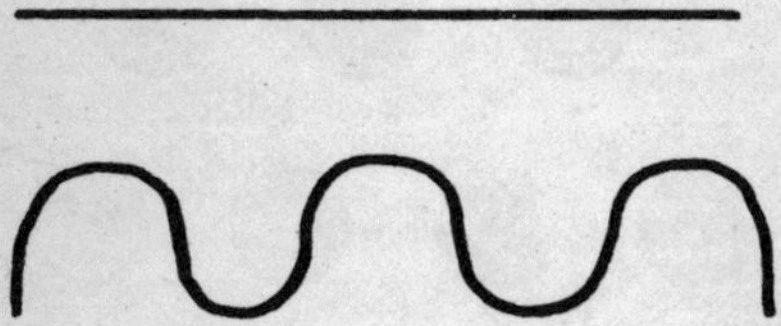

Abb. 2

Die Ergebnisse sind ähnlich, wenn zwei gleich lange Linien auf eine Tafel gezeichnet werden. Jene, die sich am weitesten nach rechts erstreckt, wird als länger bezeichnet. Wenn man eine Wellenlinie zieht, die dieselbe horizontale Länge hat wie eine Gerade, sagt das präoperationale Kind, beide seien gleich. Aber das Kind, das den Begriff der Erhaltung erfaßt hat, erklärt: »Wenn du das Auf und Ab einrechnest, ist die Wellenlinie viel länger.« Dies sind einige der vielen originellen Wege, durch die Piaget die Entwicklung des Erhaltungsbegriffs demonstriert. Wenn das Kind die logische Struktur, das geistige Verständnis des Problems einmal gewonnen hat, läßt es sich von der äußeren physikalischen Erscheinung der Objekte nicht mehr zum Narren halten. Piaget zitiert einen kleinen Jungen, der sagte: »Wenn du einmal weißt, weißt du für immer.«[6]

Anmerkungen

1 In einer Artikelreihe des *Skandinavien Journal of Psychology* (1961); Auszüge bei I. E. Sigel/F. H. Hooper (Hg.): Logical Thinking in Children: Research Based on Piaget's Theory. Holt, Rinehart and Winston, New York 1968, S. 165–295 (Übers.).

2 R. E. Ripple/V. O. Rockcastle (Hg.): Piaget Rediscovered: A Report of the Conference on Cognitive Studies and Curriculum Development. School of Education, Cornell University, Ithaca, N. Y. 1964, S. 11 (Übers.).

3 J. Piaget: The Origins of Intelligence in Children. Norton, New York 1963, S. 30 (Übers.). (Dt. Ausg.: Das Erwachen der Intelligenz beim Kinde. Klett, Stuttgart, 2. Aufl. 1973).

4 D. Elkind: Children and Adolescents. Oxford University Press, New York 1970, S. 18 (Übers.).

5 J. Piaget/B. Inhelder/A. Szeminska: The Child's Conception of Geometry. Basic Books, New York 1960, S. 95–101 (Übers.). (Dt. Ausg.: Die natürliche Geometrie des Kindes. Klett, Stuttgart 1973).

6 R. E. Ripple/V. O. Rockcastle (Hg.): Piaget Rediscovered, S. 17, a.a.O.

6 Das präoperationale Kind

Nirgends erscheint der Genius Piagets in hellerem Licht als bei seiner Analyse der Denkweise des kleinen Kindes. Er ist der seltene Fall eines Psychologen, der den Kindern wirklich zuhört und der nicht nur zu verstehen sucht, was sie sagen, sondern auch warum sie es sagen. Als er die »Warum«-Fragen der Vorschulkinder am Maison des Petits in Genf nicht verstand, schrieb er alle Fragen auf, die zwei kleine sechsjährige Jungen gestellt hatten: »Warum sind nur am Rand des Sees Wellen?« – »Warum sterben Schmetterlinge so bald?« – »Warum gehst du weg?« – »Warum sieht man Blitze bei Nacht besser?«[1]

Dann legte Piaget diese Fragen 600 anderen Kindern vor, in der Hauptsache Jungen von vier bis neun. Er entdeckte unter anderem, daß sie glaubten, alles habe eine Ursache und einen Zweck. Wenn ein kleiner Junge fragte, warum oberhalb Genf zwei Berge seien, war die Antwort, die er hören wollte, daß der große für die großen Leute zum Hinaufklettern da sei, der kleine für die Kinder. Wenn er fragte, warum eine Murmel einen Hügel hinunterrolle, war er mit Erklärungen durch eine geneigte Ebene nicht zufrieden; er wünschte zu wissen, ob die Murmel »weiß, daß du da unten stehst«.

Mit anderen Worten, in der präoperationalen Periode ist das Kind mit seinen Bedürfnissen und Zwecken noch die »raison d'être« des Universums; alles ist für Erwachsene und Kinder da, entsprechend einem festen und weisen Plan, in dessen Mittelpunkt der Mensch steht. Wir haben gesehen, wie das Baby während der sensomotorischen Periode seinen egozentrischen Standpunkt auf der physikalischen Ebene aufgibt, sobald es die Permanenz der Gegenstände und Menschen seiner Umgebung erkennt. Auf der geistigen Ebene aber dauert es lang, bis es seine Egozentrik überwindet. Das geht klar aus der Annahme des Kindes hervor, daß die Welt für es geschaffen wurde. Die Egozentrik durchdringt sein Denken auch auf vielen anderen Wegen, die Piaget durch seine besondere Fragetechnik, die den Kindern keine Antworten suggeriert, freigelegt hat. Seine Ergebnisse sind in den ersten fünf Büchern niedergelegt, die immer noch seine bekanntesten sind. Das dort gezeichnete Bild von der Welt, wie sie Kindern erscheint, unterscheidet sich sehr von unserer Welt und auch von dem Bild, das wir uns, falls wir überhaupt darüber nachdenken, von der Welt unserer Kinder machen. Piagets

Beschreibungen von Kindern beim Spiel sind bezaubernd, aber auch tiefgründig. Man sieht den jungen Psychologen vor sich, wie er, schmutzig bis zu den Knien, mit einem kleinen Schweizer Jungen Murmeln spielt, um die Moral zu studieren, die in den Spielregeln impliziert ist.

»Du wirst mich lehren, wie man spielt«, sagt er. »Als ich klein war, habe ich viel gespielt, aber ich habe es ganz vergessen. Ich würde gern wieder spielen. Wir wollen zusammen spielen. Du lehrst mich die Regeln und ich spiele mit dir.«[2]

Dann kommen die Fragen. Haben die Menschen immer so gespielt, wie sie es heutzutage tun? Woher kommen die Regeln? Wer denkt sie sich aus? Könntest du deine eigenen Privatregeln machen? Was bedeutet das, »ehrlich« zu spielen? – und so weiter, von den Problemen der Bestrafung bis zur Entwicklung der Idee der Gerechtigkeit. Sein Gespür für den Standpunkt des Kindes, seine Bereitwilligkeit, es zu bejahen anstatt zu belehren, macht den Ansatz Piagets so faszinierend und zugleich revolutionär. Klagend bemerkt er einmal: »Es ist so schwierig nicht zuviel zu reden, wenn man ein Kind befragt, vor allem für einen Pädagogen!«[3]

Die Ergebnisse Piagets, die in den Jahren nach 1920 erstmals veröffentlicht wurden, schockierten und erstaunten viele Leser. Dr. Wayne Dennis, ein bekannter amerikanischer Psychologe, ließ sich nicht überzeugen. Er stellte seiner eigenen kleinen Tochter von fast drei Jahren einige von Piagets Fragen.[4] Zu seiner Überraschung zeigte das Kind viele der von Piaget beschriebenen Eigenarten des präoperationalen Denkens. Heute, nach fünfzig Jahren und zahlreichen weiteren Untersuchungen, sind seine Ideen weitgehend anerkannt. Sie hatten außerordentlichen Einfluß auf unser Verständnis für Kinder und unsere Art, mit ihnen umzugehen.

Die Egozentrik des jungen Kindes läßt es annehmen, daß jedermann denkt wie es selbst und daß die ganze Welt seine Gefühle und Wünsche teilt. Dieses Gefühl des Einsseins mit der Welt führt das Kind ganz natürlich zu der Überzeugung von seiner eigenen magischen Allmacht. Die Welt ist nicht nur seinetwegen geschaffen, es kann sie auch beherrschen. Sonne und Mond müssen ihm folgen, wenn es einen Spaziergang macht, oder es läßt regnen, wenn es im Kreise herum tanzt.

Mit 5; 6 (11) höre ich eine Unterhaltung zwischen J. und L. im Bett. L hat Angst vor der Nacht, und J. redet ihr gut zu: »›Woher kommt die Nacht?‹ fragt darauf L. – ›Aus dem Wasser, weil, wenn es Tag wird, die Nacht in den See geht.‹ – Mit 5; 6 (22) höre ich J. allein im Garten, wie sie sagt: ›Ich lasse das Helle hochsteigen (= das Tageslicht), ich lasse es steigen (mit einer Geste, als ob sie etwas vom Boden hochhebe). Jetzt lasse ich es weggehen (Bewegung des Abstoßens). Also kommt jetzt die Nacht. Ich lasse die Nacht aufsteigen, wenn ich an das Seeufer gehe: Der Herr (der draußen am Garten vorbeigeht) hat noch ein bißchen davon auf seinem Anzug. Ich lasse das Helle aufsteigen.‹«

Danach vergnügt sie sich den Rest des Tages damit, mit einem Stock »hell zu machen« (Bewegung des Heranziehens und des Werfens).[5]

Hier bestehen offensichtlich Parallelen zu den magischen Ritualen primitiver Stämme. Solche Rituale klingen in manchen Kinderliedern an wie »Regen-Regentropfen« oder »Liebe Sonne, scheine«. Hier wird impliziert, daß das Kind durch seinen Singsang die Naturkräfte beherrschen kann. Spuren dieser kindlichen Magie sind auch manchen Erwachsenen vertraut, die mit den Fingern schnalzen, damit die Ampel von rot auf grün schaltet oder einen Schirm mitnehmen, damit es nicht regnet. Ein weiteres Zeichen der kindlichen Egozentrik ist seine Unfähigkeit, sich in andere Menschen hineinzudenken. Dies äußert sich sowohl auf dem physikalischen als auch auf dem intellektuellen Niveau. Das Kind, das bei sich selbst rechts und links auseinanderhalten kann, ist nicht imstande, dies bei einer Person zu tun, die ihm gegenübersteht. Es kann nicht beschreiben, wie eine Aussicht oder eine andere topologische Anordnung aus einem anderen Blickwinkel erscheint. Piaget merkte dies, als er seinen Sohn Laurent zu einer Autofahrt mitnahm und entdeckte, daß der Junge den bekannten Berg, der sich hinter der Stadt Genf erhebt, nicht wiedererkannte. Vom eigenen Garten aus kannte er ihn gut; aus einer neuen Perspektive sah er anders aus, daher nahm Laurent an, es sei ein fremder Berg.

Ebenso machte es dem Kind Schwierigkeiten, den intellektuellen oder emotionellen Standpunkt einer anderen Person zu verstehen. Elkind vertritt die Meinung, es sei Egozentrik, nicht moralische Widersetzlichkeit, wenn das Kind etwa seine Mutter weiterhin plagt, obwohl sie ihm erklärt hat, daß sie Kopfweh hat und in Ruhe gelassen werden möchte.[6] Jeder Vater, der versucht hat zu schlafen, wenn sein Junge in der Dämmerung Cowboy spielt, weiß, wie wenig Aussicht besteht, das »Peng-peng« zu stoppen, ohne Rücksicht darauf, wie vernünftig das Ansinnen (vom Standpunkt des Vaters aus) ist.

Auch auf der sprachlichen Ebene zeigt sich die egozentrische Art des Kindes. Es ist nicht in der Lage, eine Geschichte so zu wiederholen, daß sie für den Zuhörer, der die Handlung nicht kennt, klar wird. Die meisten Erwachsenen kennen die Litanei: ». . . und dann kam er, und dann sagte sie . . .« ohne den geringsten Hinweis, wer er oder sie ist. Das präoperationale Kind kann seine eigenen Gedankengänge nicht rekonstruieren oder seine Argumente verteidigen, weil es nicht objektiv vom Standpunkt einer anderen Person aus über sie nachdenken kann. Es nimmt implizite an, daß die ganze

Welt seine Gedanken und Gefühle teilt und daß es sie deshalb nicht zu erklären braucht. Erst nach einer ganzen Reihe von Jahren des Zusammenlebens mit anderen wird es ihm möglich sein, über diese egozentrische Haltung hinauszuwachsen.

Eine andere Ausprägung egozentrischen Denkens ist als *Animismus* bekannt. Das Kind glaubt, daß die Welt der Natur belebt, bewußt und voller Absichten und Zwecke ist wie es selbst. Ursache davon ist, daß das Kind, seiner selbst unbewußt, sich selbst mit dem Universum vermengt. Die Sonne folgt ihm, »um ihm den Weg zu zeigen«. Die Wolken bewegen sich aus eigener Kraft und nach selbstgewähltem Ziel. Diese dynamische Sicht einer durch Energie und Leben aktivierten Welt erinnert an primitive Kosmologien wie etwa die der Hopi-Indianer, die glauben, jeder Baum und jede Quelle sei von einem lebendigen Geist bewohnt.

»Die Sonne beobachtet uns manchmal«, sagt Fran (9), »wenn wir hübsch aussehen, schaut sie uns an.« – »Siehst du hübsch aus?« – »Ja, am Sonntag, wenn ich angezogen bin wie ein Mann.« »Der Mond schaut uns zu und bewacht uns«, sagt Ga (8½), »wenn ich stillstehe, steht er auch still. Er macht mir alles nach wie ein Papagei.« – »Warum?« – »Er möchte alles tun, was ich tue.« – »Weil er neugierig ist.«[7]

Piaget beobachtet vier Stadien in der Entwicklung des Animismus. Bis zu vier oder fünf Jahren glaubt das Kind, jedes Ding könne mit Zweck und bewußter Aktivität geladen sein. Ein Ball kann sich weigern, geradeaus geworfen zu werden, oder ein ungezogener Stuhl ist schuld, daß man an ihn stößt. Dann kommt ein Übergangsstadium, in dem das Kind einen kognitiven Konflikt erfährt und sich korrigiert oder widerspricht. Nur Objekte, die sich bewegen, wie eilende Wolken oder ein fahrender Wagen, sind jetzt lebendig. Ihre Bewegungen sind durch physischen Zwang oder moralische Notwendigkeit bestimmt; die Wolken zum Beispiel »wissen, daß sie sich beeilen müssen, weil sie Regen bringen«. Im dritten Stadium sind nur Objekte, die sich spontan bewegen, lebendig; Wägen oder Fahrräder aber, die durch eine fremde Kraft in Gang gesetzt werden, nicht. Das letzte Stadium, in dem nur Pflanzen und Tiere als lebendig betrachtet werden, kommt erst mit elf oder zwölf Jahren.

Roger Russell und Wayne Dennis[8] standardisierten Piagets Fragen, indem sie eine Liste von zwanzig Objekten zusammenstellten. Die ersten fünf Objekte, unter denen einige beschädigt und unbrauchbar waren, wurden jedem Kind gezeigt. Die Psychologen fanden, daß die Kinder auch im frühesten Stadium einen zerbrochenen Knopf oder eine angeschlagene Schüssel nicht als lebendig bezeichneten. Hier die Anweisungen für dieses Interview mit den Antworten eines fünfjährigen Mädchens, aufgezeichnet von einer meiner Schülerinnen.

Die Anweisungen: Wir machen jetzt ein Spiel. Ich stelle euch einige Fragen und wir wollen sehen, wer von euch antworten kann. Ihr wißt, was das heißt, etwas ist lebendig? Eine Katze ist lebendig, nicht? Nennt mir sonst noch etwas, was lebendig ist! Warum? Woher wißt ihr, daß es lebendig ist oder nicht? (Diese Frage wird bei jedem Objekt der Liste wiederholt.)

1. Stein – lebendig, weil er sich bewegt.
2. Bleistift – lebendig, weil er schreibt.
3. Knopf (zerbrochen) – wenn er zerbrochen ist, kann man ihn nicht mehr brauchen; er ist tot.
4. Taschenuhr – lebt, wenn sie die Zeit anzeigt; wenn sie das nicht kann, ist sie tot.
5. Schüssel (angeschlagen) – ist ebenso tot wie der kaputte Knopf.
6. Kerze – lebendig, nur wenn sie brennt. (Und wenn die Flamme ausgeht und dann wieder angezündet wird? Dann stirbt sie und wird wieder lebendig.)
7. Fahrrad – lebendig, weil es fährt.
8. Stuhl – lebendig, weil Menschen auf ihm sitzen.
9. Fluß – lebendig, wenn Menschen hineingehen.
10. Wolken – lebendig, weil sie sich immer bewegen.
11. Baum – lebendig, weil er rauscht und wächst.
12. Sonne – sie ist immer lebendig, weil Gott das macht.
13. Wind – lebendig, weil er bläst; aber wenn er nicht bläst, ist er nicht tot, er schläft nur.
14. Auto – lebendig, weil es fährt.
15. Vogel – lebendig, weil er fliegt; wenn Vögel erschossen werden, sind sie tot.
16. Feuer – lebendig, weil es sich bewegt.
17. Hund – lebendig, weil er spazierengeht.
18. Gras – lebendig, weil es wächst.
19. Käfer – ja, lebendig, weil er davonläuft.
20. Blume – lebendig, weil sie die Leute gießen.

Für dieses kleine Mädchen ist die Funktion eines Objekts sehr wichtig. Stühle und Flüsse sind nur lebendig, wenn sie von Menschen benützt werden, eine Illustration der oben erörterten egozentrischen Einstellung. Unser kleines Mädchen nähert sich offensichtlich dem Stadium II, weil sie manche Objekte (Taschenuhr, Kerze) nur dann als lebendig bezeichnet, wenn sie gehen, brennen o. ä.

Mit dem Animismus nah verwandt ist der *Artifizialismus*, die kindliche Tendenz zu glauben, daß die Naturerscheinungen von menschlichen Wesen geschaffen seien. Als Piagets kleine Tochter die Rauchwolken aus der Pfeife ihres Vaters aufsteigen sah, hielt sie ihren Papa für den Urheber der Wolken am Himmel und des Nebels um die Berggipfel der Schweizer Alpen.

Piaget wurde auf diese Meinung zuerst aufmerksam, als er Kinderfragen notierte wie folgende: »Wer machte die Sonne?« – »Wer setzt die Sterne nachts an den Himmel?« – »Was läßt den Mond scheinen?« Als dann er Kindern dieselben Fragen stellte, erfuhr er, daß die Sonne und der Mond von Menschen gemacht seien, mit Hilfe eines Feuers oder eines Streichholzes – oder von Gott, der einem Menschen höchst ähnlich war. »Gott hat sie mit Holz und Kohlen angezündet.« – »Einige Menschen formten sie zu einer großen Kugel . . ., und später befahlen sie ihr, in die Luft hinaufzusteigen.« – »Die Leute nahmen kleine Steine und machten kleine Sterne daraus.« Der abnehmende Mond verschwindet, weil »er von Gott im Himmel versteckt wird«. Genfer Kinder glauben, daß der dortige See von Menschen angelegt worden sei, um der Stadt dienlich zu sein, nachdem diese bereits gebaut war. Solches Denken unterscheidet sich nicht so sehr von der anthropozentrischen Weltanschauung des Alten Testaments, nach der Gott Himmel und Erde geschaffen und Mond und Sterne in den Himmel gesetzt hat.

Ausdruck der Egozentrik ist ferner, daß das kleine Kind seine eigene Perspektive als unmittelbar objektiv und absolut betrachtet. Alle Dinge sind für es gleich real – Worte, Bilder, Träume, Gefühle. Piaget nennt diese Haltung *Realismus:* das Kind ignoriert die Tatsache, daß sein Standpunkt nur einer unter vielen ist, und meint, was für es real ist, existiere objektiv. Zum Beispiel sind Namen real und existieren als Teil des benannten Dinges. Das junge Kind kann nicht begreifen, daß es auch einen anderen Namen haben könnte. Unwillkürlich zieht man Parallelen zu dem Glauben primitiver Völker an die Magie der Namen und an die Macht, die sie jenem verleihen, der sie kennt, wie im Märchen vom Rumpelstilzchen.

Wenn das Kind älter wird, merkt es, daß die Namen nicht ein natürlicher Bestandteil der benannten Objekte sind, sondern von außen kommen. Im Übergangsstadium wird es sagen, daß der Name der Sonne im Himmel ist oder in der Luft herumfliegt, aber nicht mehr, daß er in der Sonne, also Teil von ihr, ist. Oder es sagt, wie im folgenden Beispiel, der Mond habe seinen Namen von Gott empfangen.

Stei (5½): »Hast du einen Namen – *Ja, André.* – Und dies hier? – *Eine Schachtel.* – Und dies? – *Eine Feder*, usw. – Weshalb gibt es Namen? – *Sie sind, was man sieht, wenn man die Dinge anschaut* (Stei glaubt also, man müsse ein Ding nur anschauen, dann könne man seinen Namen ›sehen‹) – Warum hast du einen Namen? – *Damit ich weiß, wie ich heiße.* – Weshalb gibt es also Namen? – *Damit man weiß, wie die Dinge heißen.* – Wie bekam die Sonne am Anfang ihren Namen? – *Ich weiß nicht.* – Was meinst du? – *Weil die Sonne den Namen machte, gab es ihn am Anfang, und so heißt die*

Sonne Sonne. – Und wie bekamst du deinen Namen? – *Wir müssen getauft werden.* – Wer taufte dich? – *Der Pfarrer.* – Und wähltest du deinen Namen? – *Der Pfarrer macht das für uns.* – Wie kam der Mond zu seinem Namen? – *Der Mond? Der Mond heißt Mond.* – Wie fing es an, daß er Mond heißt? – *Gott nannte ihn so am Anfang.* – Wie fingen die Wolken an, Wolken zu heißen? – *Gott fing damit an, indem er sie machte.* – Aber sind die Namen der Wolken dieselben Dinge wie die Wolken? – *Ja, dieselben.*«[9]

Die Verfasserin befragte einmal ein kleines Mädchen, dessen Eltern Japaner waren. Das Kind war in Japan geboren, hatte aber von diesem Land immer nur als von einem weit entfernten, mythischen Ursprungsort ihrer Familie gehört. Als ich sie fragte, woher die Sonne ihren Namen habe, antwortete sie: »Von Japan.« Eine ältere Cousine dieses Kindes war kürzlich nach Japan zurückgegangen, so wurde die Kleine befragt, wo ihre Cousine sei, und dann, wo der Name der Cousine sei. Auf die zweite Frage entgegnete sie: »Auf dem Flughafen«, dem letzten Ort, an dem sie die Cousine gesehen hatte. Ein anderes Kind, das merkte, daß der Name der Cousine nicht Teil seines Körpers ist, sagte, er sei »in ihrer Tasche«. Erst mit sechs oder sieben Jahren wissen die Kinder, daß Namen nur verbale Etiketten sind, die im Geist der Menschen existieren, die sie gebrauchen.

Piaget erarbeitete eine interessante Studie über Realismus in Kinderträumen und fand, daß kleine Kinder von der Realität ihrer Träume fest überzeugt sind. Im frühesten Stadium schreiben Kinder ihren Träumen äußeren Ursprung zu, wenn man sie fragt, wo sie herkommen. Träume kämen »von der Nacht«, »vom Himmel« oder »von Gott«. Manche Kinder glauben, es seien die Menschen, von denen sie träumen, die den Traum verursachen. Damit verwandt ist wahrscheinlich der emotionale Aspekt der Träume. Sie kommen, »weil wir etwas getan haben, was wir nicht sollten«, oder »weil ich am Tag einen Mann sah, der mich erschreckte, und nachts träumte ich von ihm.« Auf die Frage: »Wo ist der Traum, während du träumst?« antworten kleine Kinder: »Im Zimmer« – »an der Wand« – »im Bett«.

Zeng (6): »Woher kommen Träume? – *Sie kommen von der Nacht.* – Wie? – *Ich weiß nicht.* – Was meinst du mit ›sie kommen von der Nacht?‹ *Die Nacht macht sie.* – Kommt der Traum aus sich selbst? – *Nein.* – Wer macht ihn? *Die Nacht.* – Wo ist der Traum? – *Er entsteht im Zimmer.* – Woher kommt der Traum? – *Vom Himmel.* – Wird der Traum im Himmel gemacht? – *Nein.* – Wo wird er gemacht? – *Im Zimmer.*«[10]

Der Traum wird also äußerlich verursacht und erscheint äußerlich. Erst wenn die Kinder wissen, daß ihre Träume in ihnen entstehen und existieren, obwohl sie von außen zu kommen *scheinen*, ist das Stadium objektiver Realität erreicht. Dazwischen gibt es verschiedene Grade der Konfusion, etwa daß der Traum »herauskommt«, sobald man eingeschlafen ist, so daß er also innerlich entsteht, aber äußerlich existiert. Das Kind verwechselt in diesem Übergangsstadium *Sein* mit *Scheinen;* der Traum muß außen sein, weil »man nicht sehen kann, was innen im Kopf ist«. Eine weitere Quelle der Konfusion ist, daß sich das Kind erinnert, sich selbst im Traum gesehen zu haben, aber weiß, daß es zur Traumzeit im Bett lag. Ein achtjähriger Junge zeichnete für Piaget ein Bild, auf dem er selbst im Nachthemd vor dem Teufel – komplett mit Hörnern – stand, der sich daran machte, ihn zu braten. Oben an der Seite lag derselbe kleine Junge im Bett und sah dem Ereignis zu.[11] Das ist ein sehr überzeugendes Beispiel für den kindlichen Realismus.

Das Denken des präoperationalen Kindes beruht nicht auf Logik, sondern auf Kontiguität: raumzeitlichem Zusammenhang. Objekte und Vorgänge, die zusammen auftreten, werden in kausaler Beziehung gesehen. Die Straße läßt das Fahrrad laufen; wenn man einen Schatten macht, kann man die Nacht kommen lassen. Der Donner macht den Regen, und die Betätigung der Hupe setzt den Wagen in Gang. Wie viele Menschen in und um New York dachten wohl, sie persönlich hätten den Stromzusammenbruch von 1965 verursacht, als sie eine Schnur in die Steckdose steckten oder ein elektrisches Gerät einschalteten? Mit dieser Art zu denken eng verwandt ist die Bildung von Assoziationen zwischen Dingen ohne irgendeine logische Verbindung, nur weil sie für das Kind zusammenpassen. Piaget zitiert einen kleinen Jungen, der sagte: »Der Mond fällt nicht herunter, weil keine Sonne da ist, da sie sehr hoch oben ist.« Das sind drei gesonderte Tatsachen, die das Kind über den Mond beobachtet hat; keine von ihnen hat eine Beziehung zur anderen.

Wir streiften bereits die Wichtigkeit des kindlichen Phantasiespiels. Piaget meint, dies sei ein bedeutsamer Schritt in der Entwicklung des Denkens. Das Kind, das seine Bauklötze als *symbolische Repräsentation* eines Zuges benützt, hat alle beobachteten Merkmale eines Zuges – er fährt, er macht tschtsch, er läuft auf Schienen – assimiliert. Für es *sind* die Klötze der Zug, und wehe, wenn jemand ihn von den Schienen stößt! Die Egozentrik des Kindes läßt es nicht zur Kenntnis nehmen, daß für seine geplagte Mutter, die gern ein ordentliches Wohnzimmer hätte, sein kostbarer Zug nur eine Reihe von Klötzen ist.

Erst später gibt sich das Kind mit dem verbalen Symbol allein zufrieden; das Wort »Zug« wird dann die geistige Repräsentation aller Eigenschaften des Zuges. So stellt die Entwicklung von Phantasiespiel und Sprache eine Zwischenstufe zwischen der sensomotorischen Periode und späteren Stadien reinen Denkens dar. Beide erhalten durch die egozentrische Einstellung des Kindes ihr eigentümliches Gepräge.

Im Bereich der Sprache erwähnten wir bereits die Meinung des Kindes, der Erwachsene wisse, was es auf dem Herzen hat, ohne daß es sich zu erklären brauche. Die »klugen Aussprüche« des kleinen Kindes, seine originellen Wörter und Ausdrücke, die es prägt, sind zum großen Teil durch seine private, egozentrische Sprache bedingt. Erst nach längerer Zeit erwerben die Wörter allgemeinverständliche Bedeutung; die Egozentrik hindert das Kind daran, zu erkennen, daß das von ihm in seiner privaten Sprache Gemeinte nicht notwendig deckungsgleich ist mit dem, was andere darunter verstehen. Deshalb währt die Kindheit bei der Spezies Mensch so lang. Das Gleichgewicht zwischen Assimilation und Akkomodation stellt sich nur schrittweise ein; aber erst wenn dies geschehen ist, wird eine stabile symbolische Repräsentation aufgebaut, an die sich das verbale Symbol anlehnen kann. Wie mancher verlegene Vater hörte Piaget seine kleine Tochter »Papi« zu allen möglichen fremden Männern sagen, bevor sie wirklich verstand, was das Wort bedeutet.

Als Piaget einmal den Gesprächen kleiner Kinder lauschte, notierte er: »Sie reden, als würden sie mit sich selbst sprechen«, auch wenn sie glauben, sie hörten einander zu. Piaget nennt dies *»kollektiven Monolog«* und noch nicht wirklichen Gedankenaustausch. Auf dem Vorschulniveau reden die Kinder nebeneinander her, wie sie auch mehr nebeneinander als kooperativ spielen. Sie verbringen auch einen Großteil ihrer Zeit mit Selbstgesprächen, und diese privaten Konversationen können für Eltern, die mit einfühlsamem Ohr zuhören, höchst aufschlußreich sein.

So zeigt das Kind der präoperationalen Periode seine Egozentrik in Spiel und Unterhaltung, in Fragen, Meinungen und Erwartungen. Diese Periode dauert lange, und das Kind muß ihr viel von dem, was es auf der sensomotorischen Ebene bereits beherrscht, auf dem begrifflichen Niveau ein zweites Mal lernen. In der frühesten Kindheit erfuhr es, daß Objekte fortbestehen, auch wenn sie außer Sicht geraten. Im nächsten Stadium lernt es, daß Objekte dieselben bleiben, auch wenn sie in verschiedenen Formen erscheinen. Das dreijährige Kind kennt eventuell seine Großmutter in einem neuen Kleid nicht wieder. Piaget beschreibt, wie Jacqueline mit 2;7 Lucienne in neuem Badeanzug und neuer Bademütze sah und fragte: ›Wie heißt das Baby?‹ Ihre Mutter antwortete ihr, daß es sich um ein Badekostüm handelt, aber J. zeigt auf L. selbst und sagt: ›Aber wie heißt die da?‹ . . . Sobald L. ihren Badeanzug auszieht, ruft J. ganz ernsthaft: ›Jetzt ist es wieder Lucienne‹; als ob ihre Schwester ihre Identität mit dem Kostüm gewechselt hätte.«[12]

Während dieser Periode muß das Kind *begriffliche Konstanz*

erwerben, damit es Objekte auch in geänderter Umgebung wiedererkennt (siehe Kap. 15). Diese Errungenschaft bereitet den Weg vor für die nächste logische Struktur, die Erhaltung des Stoffes. Wie wir oben erörterten, weiß das Kind, das dieses Stadium erreicht hat, daß der Stoff oder die Qualität gleich bleiben, auch wenn sich die Form ändert. Ein Becher Milch ist ein Becher Milch, ohne Rücksicht auf die Form des Glases, in dem sie sich befindet.

Eine wichtige Errungenschaft dieser Stufe ist die Fähigkeit, mit Symbolen umzugehen. Wir sahen bereits, wie Lucienne am Ende der sensomotorischen Periode imstande war, ihren Mund zu benützen, um eine Streichholzschachtel darzustellen. Während der frühkindlichen Periode werden verschiedene Arten symbolischer Repräsentation gelernt. Der Erwerb der Sprache bedeutet einen großen Schritt vorwärts auf dem Gebiet der Kommunikation und Sozialisation. Das Kind kann jetzt Fragen stellen, und wenn es seine magischen, verdrehten Vorstellungen äußert, wird es von Erwachsenen mittels der Sprache korrigiert. Auch die Fähigkeit, Bilder zu zeichnen, sowie die Erfindung von Phantasiespielen sind symbolische Prozesse. Ihr Ursprung und ihre Entwicklung werden in Kapitel 11 und 12 ausführlicher behandelt.

Piaget teilt die präoperationale Periode in zwei Teile. Die Zeit von zwei bis vier Jahren nennt er das Stadium der *Vorbegriffe*. Damit meint er die ersten unklaren Versuche zur Verallgemeinerung. Das Kind hat noch nicht genug Erfahrung, um die Beziehung zwischen den Einzelwesen einer Klasse und der Klasse selbst unterscheiden zu können. Im folgenden Beispiel unterscheidet Jacqueline zwischen Bienen und Hummeln, differenziert aber nicht zwischen Insekten und Tieren. Weiterhin ist eine Schnecke für sie wie die andere. Deshalb glaubt sie, es sei immer dieselbe, nicht ein anderes Individuum derselben Spezies.

Beobachtung 107. J. mit 2;6 (3): »*Das ist keine Biene, es ist eine Hummel. Ist es ein Tier?*« Aber ebenso mit etwa 2;6: sie benützt die Bezeichnung »die Schnecke« für die Schnecken, die wir jeden Morgen auf einer gewissen Straße sahen. Mit 2;7 (2) rief sie: »*Da ist sie*«, als sie eine sah, und als wir zehn Meter weiter eine weitere sahen, rief sie: »*Da ist die Schnecke wieder.*« Ich entgegnete: »Aber ist das nicht eine andere?« J. ging zurück, um die erste zu sehen. »Ist es dieselbe? – *Ja.* – Eine andere Schnecke? – *Ja.* – Eine andere oder die gleiche?« Die Frage hat offensichtlich für J. keinen Sinn.

Mit 3;3 (0) spielte J. mit einem roten Insekt, das verschwand. Eine Viertelstunde später bei einem Spaziergang versuchten wir eine Eidechse zu beobachten, die weglief. Zehn Minuten später fanden wir wieder ein rotes Insekt. »*Da ist wieder das rote Tier.* – Meinst du? – *Wo ist dann die Eidechse?*«[13]

Das Wachstum der Fähigkeit, in Bildern, Symbolen und schließlich Begriffen zu denken, wird in Kapitel 12 ausführlicher erörtert.

Auch das zweite Stadium des präoperationalen Denkens, das Piaget die *intuitive* Stufe nennt, muß geklärt werden. Piaget benützt die Bezeichnung *intuitiv*, manchmal auch *perzeptuell*, um das Denken dieser späteren Phase zu beschreiben, weil das Kind jetzt seinen Weg zum logischen Denken hin ertastet, sich aber immer wieder von der perzeptuellen Erscheinung der Dinge täuschen läßt, wie wir bei den Erhaltungsexperimenten sahen. Auf der Basis sensomotorischer Aktivitäten und perzeptueller Adaptationen ist das Kind zwischen vier und sieben Jahren sehr gut in der Lage, mit der physischen Umwelt fertig zu werden. Sein geistiges Leben dagegen ist noch nicht an die Realität angepaßt. Es ist egozentrisch, unlogisch und äußerst verschieden von dem der Erwachsenen. Eltern neigen dazu, ihre Kinder als Spiegelungen ihrer selbst zu betrachten. Aber Piaget hat uns gelehrt, einen Blick hinter den Spiegel in die magische, köstliche, verdrehte Welt der Kindheit zu tun.

Anmerkungen

1 J. Piaget: Sprechen und Denken des Kindes. Schwann, Düsseldorf 1972, vgl. S. 202.
2 J. Piaget: Das moralische Urteil beim Kinde. Walter, Olten (Zürich) 1954, S. 19. (Auch Suhrkamp Taschenbücher Wissenschaft, Bd. 27).
3 J. Piaget: The Child's Conception of the World. Littlefield, Adams & Co., Totowa, N. Y. 1965, S. 9 (Übers.).
4 W. Dennis: Piagets Questions Applied to a Child of Know Environment; in: *Journal of Genetic Psychology*, H. 60 (1942), S. 307–320 (Übers.).
5 J. Piaget: Nachahmung, Spiel und Traum. Die Entwicklung der Symbolfunktion beim Kinde. Klett, Stuttgart 1969, S. 325.
6 D. Elkind: Children and Adolescents. Oxford University Press, New York 1970, S. 12 (Übers.).
7 J. Piaget: The Child's Conception of the World, S. 220, a.a.O.
8 R. W. Russell/W. Dennis: Studies in Animism: I. A. Standardized Procedure for the Investigation of Animism; in: *Journal of Genetic Psychology*, H. 55 (1939), S. 389–400 (Übers.).
9 J. Piaget: The Child's Conception of the World, S. 64, a.a.O.
10 Ebda., S. 94.
11 Ebda., S. 110f.
12 J. Piaget: Nachahmung, Spiel und Traum. Die Entwicklung der Symbolfunktion beim Kinde. Klett, Stuttgart 1969, S. 286.
13 Ebda., S. 287.

7 Konkrete Operationen

Piaget verwendet den Terminus *Operationen* für Aktivitäten des Geistes im Gegensatz zu den körperlichen Aktivitäten der sensomotorischen Periode. Das präoperationale Kind kann geistige Bilder oder symbolische Darstellungen formen, wie aus seinen Zeichnungen, seinem Phantasiespiel und seinem Gebrauch der Sprache hervorgeht. Doch ist seine Tätigkeit nicht logisch, sondern intuitiv; sie hängt von unmittelbarer Wahrnehmung und direkter Erfahrung ab. Beim Experiment mit den Tonkugeln zum Beispiel ist der Gedankengang des präoperationalen Kindes: Ich sehe, daß sie verschieden sind, also müssen sie verschieden sein. Das logisch operierende Kind dagegen denkt: Anfangs waren sie gleich, also müssen sie es jetzt auch sein, selbst wenn sie verschieden aussehen.

So ist das operationale Kind frei vom Druck der unmittelbaren Wahrnehmung. Es ist außerdem imstande, auf der geistigen Ebene räumlich und zeitlich vorwärts und rückwärts zu streifen. Dies beschleunigt den Denkprozeß ungemein und verleiht ihm größere Beweglichkeit und Freiheit. Das präoperationale Kind, das ein Spielzeug verloren hat, wird in jedem Zimmer suchen, in dem es gewesen ist; das operationale Kind kann stillsitzen und sich erinnern, wo es überall gewesen ist, bis es logisch entscheiden kann, wo es den Gegenstand wahrscheinlich gelassen hat. Dieser Vorgang veranschaulicht die Eigenschaft der *Umkehrbarkeit* (Reversibilität), die das Denken des Sechs- bis Siebenjährigen charakterisiert, das die Periode der konkreten Operationen erreicht hat. Trotz dieser neuen Freiheit kann es jedoch nur über konkrete, materiell existierende Objekte und Menschen nachdenken. Der Bereich hypothetischen Denkens, das sich mit Theorien und Planungen befaßt, erschließt sich ihm erst in den Jahren der Adoleszenz.

Um die intellektuellen Strukturen, die sich im Schulalter entwikkeln, zu beschreiben, griff Piaget zu der Sprache der Logik und Mathematik. In der Mathematik ist eine *Gruppe* eine Menge von Elementen, deren gegenseitige Beziehungen durch Kombinationsfähigkeit, Assoziationsfähigkeit, Identität und Reversibilität gekennzeichnet sind. Diese Termini sind jenen vertraut, die heute mit der Mengenlehre in der Schule konfrontiert werden.

Kombinationsfähigkeit (oder Komposition) heißt, daß jeweils zwei Gruppen zu einer umfassenden Gruppe kombiniert werden können: 2 + 2 = 4; Jungen und Mädchen sind Kinder; A + A′ = B; B + B′ = C.

Assoziationsfähigkeit bezieht sich auf die Tatsache, daß die Summe einer Reihe unabhängig ist von ihrer Ordnung. Zwei Reihen von drei Knöpfen oder drei Reihen von zwei Knöpfen ergeben eine Summe von sechs Knöpfen. (Piagets Anekdote von dem kleinen Jungen, der die Kieselsteine herumschob, illustriert dieses Prinzip.)

Identität erfordert, daß ein Element der Gruppe so beschaffen ist, daß es mit jedem anderen Element kombiniert, dieses nicht verändert. Bei der Addition ist dieses Element 0; Addition von 0 läßt jede Zahl unverändert. Bei der Multiplikation ist dieses Element 1; Multiplikation mit 1 verändert die Zahl nicht.

Reversibilität (Umkehrbarkeit) heißt, daß jedes Element der Menge mit jedem anderen Element auf eine Weise verbunden werden kann, die sich ins Gegenteil umkehren läßt, so daß eine durchgeführte Operation wieder aufgehoben wird. Es gibt zwei Arten von Reversibilität: die eine verursacht die Negation der vorausgehenden Operation (2 + 2 = 4; 4 − 2 = 2), die andere die Umkehrung oder das Gegenteil (wenn A kleiner ist als B, ist B größer als A).

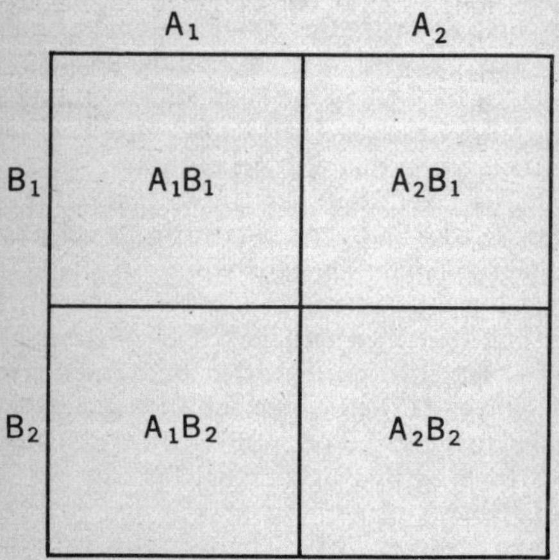

Abb. 3

Im Stadium konkreter Operationen befriedigen, wie Piaget bemerkt, die meisten Denkstrukturen diese Erfordernisse einer mathematischen Gruppe nicht. Er beschreibt tatsächlich nur zwei solcher Gruppen, nämlich Addition und Multiplikation, die er unter den arithmetischen Operationen des Kindes fand. Doch entdeckte er eine Anzahl organisierter Denkstrukturen, die zwar keine mathematischen Qualitäten haben, aber umkehrbar sind und logisch organisiert, da jedes Element auf jedes andere bezogen ist. Piaget nennt diese Strukturen logische *Gruppierungen*. Zu ihnen gehören die Logik der Klassen und die Logik der Beziehungen. Erstere bezieht sich auf Operationen der Einordnung in Klassen, welche voraussetzt, daß das Kind innerhalb bestimmter Kategorien mit Teil-Ganzes-Beziehungen umgehen kann. Klassen können addiert werden, um eine umfassendere Klasse zu bilden: Hunde plus Katzen sind Tiere; $A + A' = B$. Sie können auch multipliziert werden; Multiplikation bedeutet in der Logik einfach, daß jedes Element mit jedem anderen kombiniert werden kann. Wenn Gegenstände oder Eigenschaften auf der Basis zweier Kriterien multipliziert werden, ergeben sich die allgemein bekannten Kombinationstabellen. Wenn wir zum Beispiel alle möglichen Kombinationen von Hunden (A_1) und Katzen (A_2), braunen (B_1) und schwarzen (B_2), aufstellen, ergeben sich braune Hunde, braune Katzen, schwarze Hunde, schwarze Katzen (A_1B_1, A_1B_2, B_2A_1, B_2A_2).

Logisch könnten auch mehr als zwei Klassen multipliziert werden. Piaget berücksichtigt auch eine derartige Gruppierung, um seine Klassifikationen logisch konsistent zu machen. Doch gibt es keine empirischen Untersuchungen, die anzeigen, daß Kinder so komplizierte Beziehungen verstünden oder in ihnen dächten. Wir wenden uns deshalb von der Addition und Multiplikation der Klassen ab und der Logik der Beziehungen zu.

Dieser Terminus bezieht sich auf serielle Ordnungsoperationen, bei denen Kinder Gegenstände in zu- oder abnehmender Reihenfolge anordnen. Wenn A größer ist als B ($A > B$) und B größer als C ($B > C$), dann ist A größer als C ($A > C$). Solche Beziehungen bezeichnet man als asymmetrisch, weil die Beziehung zwischen ihnen nicht genau definiert ist; wir wissen nicht, um wie viel A größer ist als B. Beziehungen können asymmetrisch oder symmetrisch sein, wie bei Familienbeziehungen, wo X der Bruder von Y und Y der Cousin von Z ist; dann ist X der Cousin von Z. In jedem Fall ist Addition und Multiplikation möglich, und wiederum gibt es Multiplikation auf der Basis von nur zwei Beziehungen oder von mehreren. Piagets Erklärung der acht möglichen denkbaren logischen Gruppierungen ist sehr lang, sehr ausführlich und, außer für Mathematiker oder Logiker vom Fach, sehr schwer zu verstehen. Wer Piagets Leidenschaft für ordnungsgemäße Klassifikation und algebraische Formulierung teilt, sei hier auf Flavell[1] oder Baldwin[2] verwiesen, desgleichen auf die Bücher Inhelders und Piagets über das Wachstum logischen Denkens.[3] Hier genüge es, zu sagen, daß die achte Gruppierung, die sogenannte »co-univokale Multiplikation von Beziehungen«, Gleichungen enthält wie die folgende:

$$(A \xleftrightarrow{a'} \downarrow^{b} B) \times (B \xleftrightarrow{o'} \downarrow^{a} C) = A \xleftrightarrow{a'} \downarrow^{c} C.$$

Für den Eingeweihten stellt dies eine Beziehung dar wie die folgende: Wenn A Cousin ersten Grades des Großvaters von B und B der Bruder des Vaters von C ist, folgt daraus, daß A ein Cousin ersten Grades des Urgroßvaters von C ist.[4]

Statt den Versuch zu machen, alle diese logischen Gruppierungen zu erörtern, wollen wir nur einige betrachten, für die Piaget Experimente ersonnen hat und die in der Organisation des kindlichen Denkens mit Sicherheit nachgewiesen werden können.

Eine sehr einfache fundamentale Gruppierung befaßt sich mit der Beziehung der Identität oder Äquivalenz. Wenn A = B und B = C, dann ist A = C. Um dies zu exemplifizieren, fragte Piaget eine Gruppe von Jungen, ob sie Brüder hätten. Ein kleiner Junge namens Paul sagte, er habe einen Bruder, der Etienne heiße. Befragt, ob auch Etienne einen Bruder habe, verneinte er. Sein eng begrenzter Gesichtswinkel ließ ihn nicht sehen, daß Etienne im selben Verhältnis zu ihm stand wie er zu Etienne. Er stellte sich nicht selbst ins Bild, während ein älteres Kind logisch folgern würde, daß es Etiennes Bruder sein müsse, wenn Etienne sein Bruder sei. Für Piaget repräsentierte Paul ein präliminarisches Stadium der konkreten Operationen.

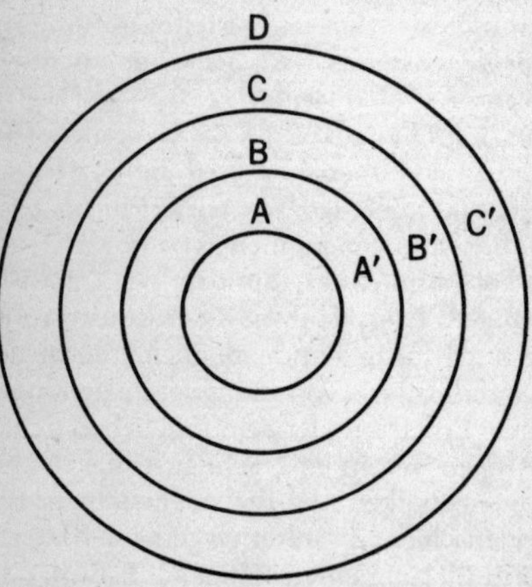

Abb. 4

Die erste wichtige Gruppierung heißt die *additive Komposition von Klassen*. Sie beschreibt die Organisation einer Menge von Klassen, deren jede in die nächst höhere Klasse eingeschlossen ist wie ein Satz Schüsseln. Diese Art Gruppierung paßt auf viele Beziehungen. Jungen und Mädchen sind Kinder; Kinder und Erwachsene sind Menschen; Menschen und nichtmenschliche Säugetiere sind Mammalia. Algebraisch wird diese Gruppierung folgendermaßen ausgedrückt: $A + A' = B; B + B' = C; C + C' = D$ usw. Die Beziehung ist reversibel: $B–A' = A$, oder Kinder, ausgeschlossen Mädchen, sind Jungen. Um zu demonstrieren, daß Kinder diese Art hierarchischer Klassifikation erfassen, gab ihnen Piaget Objekte, die auf der Basis verschiedener Charakteristika verschiedenen Klassen zugeordnet werden konnten. Diese Art von Experiment ist das Rückgrat aller psychologischen Forschungen über Begriffsbildung; tatsächlich beruht ein Intelligenztest auf genau dieser Einordnung von Objekten (Hanfmann-Kasinin Begriffsbildungstest).

In einem Versuch dieser Reihe konfrontierten Piaget und seine Mitarbeiterin Inhelder die Kinder mit einer Vielzahl geometrischer Figuren, die einen aus Holz, die anderen aus Plastik. Objekte derselben Form gab es obendrein in verschiedenen Farben, also rote, blaue und gelbe Vierecke und Kreise. Die Kinder sollten jene Objekte zusammenstellen, die gleich waren. Sie konnten sie nach Form, Farbe oder Material gruppieren, oder auch »eckig« und »rund« als Kategorien benützen.

Die Ergebnisse zeigten, daß die jüngsten Kinder dazu neigten, etwas zu bilden, was Piaget »graphische Kollektionen« nannte. Sie ordneten die Objekte nach irgendeinem Prinzip, aber die Prinzipien änderten sich, wenn das Kind in seiner Tätigkeit fortfuhr. Es machte zum Beispiel eine Reihe von vier Quadraten, von denen die beiden letzten rot waren. Dann, als hätte »rot« das Übergewicht über die Form bekommen, fügte es rote Kreise oder Dreiecke hinzu. Manche Kinder machten einfache Muster, andere komplexere Mosaike; mit anderen Worten, die Ordnung basierte nicht auf logischen Klassifizierungen, sondern auf perzeptuellen Attributen.

Jos (3;1) legt zuerst sechs Halbkreise in eine Reihe, zwei blaue, zwei gelbe, einen roten und einen blauen. Dann legt sie ein gelbes Dreieck über ein blaues Viereck, dann ein rotes Viereck zwischen zwei blaue Dreiecke, so daß sich alle drei berühren. Sie macht dann eine Reihe aus fast allen Drei- und Vierecken (die einander immer noch berühren, aber Farben und Formen aufs Geratewohl durcheinander). Jetzt legt sie ein Dreieck und drei Vierecke nebeneinander und erklärt dabei, das sei ein Haus; sie fügt unter die drei anderen noch ein Viereck hinzu. Die letzte Reaktion gehört deshalb zu der Kategorie »komplexe Objekte«.[5]

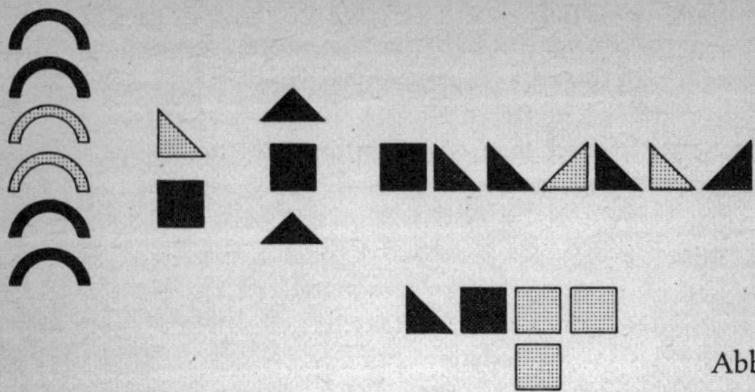

Abb. 5

Nach einer Periode des Anordnens auf der Basis der einen oder anderen Eigenschaft wie Farbe, beobachtete Piaget die höchst entwickelte Klassifikation bei Kindern von sieben bis acht Jahren. Hierzu gehörten Unter-Abteilungen nach denselben Kriterien, etwa alle Vierecke in eine Gruppe und alle Dreiecke in eine zweite und diese beiden getrennt von der Kurvengruppe der Kreise, Halbkreise und Ringe.

Rob (8;2) beginnt mit vier Klassen, sobald er das Material bekommt: A die Kreise, Halbkreise und Sektoren, B die Dreiecke, C die Vierecke und D die Ringe. Dann vereinigt er B und C und sagt: »alle Vierecke und Dreiecke«. Aber er hält sie gesondert in einer Schachtel, nimmt dann A und D zusammen mit der Bemerkung: »alle runden«, und unterteilt auch sie nach ihren Eigenschaften.[6]

Eine ähnliche Methode, das Verständnis der Beziehungen einander untergeordneter Klassen zu untersuchen, bestand darin, jedem Kind eine Reihe von Spielmarken vorzulegen, unter denen rote sowie blaue Vierecke und blaue Kreise, aber keine roten Kreise waren. Das Kind wurde dann gefragt: »Sind alle Vierecke rot?« – »Sind alle Kreise blau?« Die Antwort der Vier- bis Fünfjährigen auf letztere Frage lautete typischerweise: »Nein, weil da auch ein blaues Viereck ist.« Sie reagierten stärker auf das Blaue als auf das Runde und antworteten, als wäre die Frage gewesen: »Sind alle blauen Teile Kreise?« Manche Kinder schienen auch die Termini »alle« und »einige« nicht zu verstehen; »alle« bedeutete für sie eher, »eine ganze Menge« im Gegensatz zu zwei oder drei. Ein Fünfjähriger, dem man drei rote und zwei blaue Vierecke und zwei blaue Kreise vorlegte, antwortete auf die Frage, ob alle Kreise blau seien: »Nein, es sind ja nur zwei da«, als wäre »alle« gleichbedeutend mit »viele«.

Ein Lieblingsexperiment Piagets illustriert das Problem, das Kinder bei der Bewältigung dieser Teil-Ganzes-Beziehungen haben. Man gibt den Kindern eine Schachtel mit zwanzig Holzperlen, von denen einige weiß bemalt sind, der Rest ist braun. Dann wird ein Kind befragt, ob die Schachtel mehr Holzperlen oder mehr braune Perlen enthalte. Kleine Kinder antworten: »Mehr braune Perlen.« Piaget erklärt, daß das Kind nicht gleichzeitig über das Ganze (die Holzperlen) und seine Teile (braune und weiße Perlen) nachdenken kann. Es steht noch auf der perzeptuellen Stufe und unterliegt dem visuellen Eindruck, daß mehr braune Perlen da sind als weiße. Die Schwierigkeit, diesen grundlegenden Irrtum zu überwinden, zeigt der folgende Ausschnitt.

Bis (6;8). »Gibt es mehr Holzperlen oder mehr braune Perlen? – *Mehr braune, weil es zwei weiße gibt.* – Sind die weißen aus Holz? – *Ja.* – Und die braunen? – *Auch.* – Also gibt es mehr braune oder mehr Holzperlen? – *Mehr braune.* – Was für eine Farbe hätte eine Kette aus den Holzperlen? – *Braun und weiß.* (Es zeigt sich also, daß Bis die Gegebenheiten des Problems sehr wohl versteht!) – Und eine Kette aus den braunen Perlen? – *Braun.* – Also, welche Kette wäre am längsten, die, die man aus den Holzperlen machen könnte, oder die aus den braunen Perlen? – *Aus den braunen Perlen.* – Zeichne mir die Ketten auf. – (Bis zeichnet eine Reihe schwarzer Kreise plus zwei weißer Kreise für die Kette aus den Holzperlen.) – Sehr gut. Also, welche Kette wird am längsten, die aus braunen Perlen oder die aus Holzperlen? – *Die aus braunen Perlen.*« Man sieht, wie Bis trotz genauen Begreifens und genauer graphischer Darstellung der Gegebenheiten des Problems nicht imstande ist, es durch Inklusion der Klasse der braunen Perlen in die Klasse der Holzperlen zu lösen![7]

Auf dieses Stadium folgte eine Zwischenstufe, auf der die richtige Antwort durch Versuch und Irrtum intuitiv gefunden wurde. Endlich erreichte das Kind das Begriffsstadium, in dem es in Gedanken zwischen dem Ganzen und den Teilen hin- und hergehen und begreifen konnte, daß das Ganze größer war als die Teile. (Braune Perlen + weiße Perlen = Holzperlen.)

Bol (6;6). *»Die Kette aus Holzperlen wird länger als die aus den braunen Perlen.* – Warum? – *Weil es davon mehr gibt.* – Aber warum gibt es davon mehr? – *Weil da auch die weißen sind.«*[8]

Inhelder und Piaget deckten durch besondere Experimente die Schwierigkeiten auf, die die Kinder mit speziellen Arten von Klassen haben. So erwies es sich als äußerst schwierig, eine hierarchische Klassifikation aufzustellen, wenn eine Klasse nur ein einziges Glied enthielt. Noch schwieriger war die Null-Klasse, die Klasse ohne Objekt. Als die Kinder aufgefordert wurden, eine Reihe von Bildkarten zu ordnen, unter denen einige leere waren, fanden selbst manche Zehn- bis Elfjährige nicht heraus, daß die leeren Karten eine eigene Klasse bildeten. Dies erinnert an die Probleme, die Kinder haben, wenn sie in der Arithmetik mit dem Begriff Null umgehen sollen. Schulneulinge können Null nur verstehen, wenn man ihnen den Begriff in sehr konkreter Weise als Platzhalter erklärt. Viele Lehrer benützen dazu den leeren Sitz in einer Reihe von Kindern oder das leere Pult, das für einen zufällig abwesenden Schüler freigehalten wird.

Eine andere von Piaget beschriebene Art der Gruppierung gilt der Reihenbildung oder Addition asymmetrischer Beziehungen. Hier können die Objekte nach Größe oder Gewicht, nach Höhe oder jeder anderen Eigenschaft angeordnet werden, so daß A kleiner ist als B und B kleiner als C, womit auch A kleiner ist als C. ($A < B, B < C$ also $A < C$). Das Gegenteil davon ist natürlich die »Größer-als«-Beziehung, wobei die Objekte in aufsteigender Ordnung arrangiert werden ($A > B$ usw.). Diese Umkehrung jedoch ist, wie wir schon bemerkt haben, keine Aufhebung (wie in $B–A' = A$), sondern vielmehr eine reziproke Beziehung: wenn A kleiner ist als B, muß B größer sein als A.

Um die Fähigkeit eines Kindes zu testen, Dinge in einer logischen Reihe anzuordnen, zeigte Piaget ihm zwei Stöcke, von denen einer etwas länger war als der andere ($A > B$). Dann versteckte er den längeren Stock A und zeigte dem Kind Stock B und einen noch kürzeren Stock C ($B > C$). Nun fragte er, ob A länger sei als C. Kleine Kinder konnten keine Antwort geben, wenn sie A und C nicht tatsächlich zusammen gesehen hatten, aber ältere Kinder, die bereits logisch operierten, gaben die richtige Antwort. (Dieses Experiment war nur erfolgreich, wenn die Längenunterschiede der Stöcke nicht zu auffallend waren.)

Solche seriellen Beziehungen müssen der numerischen Operation des Zählens logisch vorangehen. In dem obigen Experiment ist nicht angegeben, ob der Längenunterschied zwischen A und B so groß ist wie der zwischen B und C. Wäre es so, dann könnte man von dieser Gruppierung zu einem System ganzer Zahlen übergehen, in dem der Längenunterschied die Maßeinheit wäre. Der Übergang von asymmetrischen Reihen zum Zählen wird in Kapitel 13 erörtert.

Ein weiterer Gruppierungstyp, der hier besprochen werden soll, ist die Multiplikation von Beziehungen. Dies geht etwas einfacher als die oben erwähnten Familienbeziehungen, weil wir nur zwei Attribute gleichzeitig berücksichtigen, nicht mehrere. Wenn zum Beispiel Gläser horizontal nach der Höhe und vertikal nach der Weite angeordnet werden, ist das Ergebnis eine Matrix, in der die Höhe von links nach rechts und die Weite von oben nach unten zunimmt. Diese Art Multiplikation asymmetrischer Beziehungen (zunehmende Höhe multipliziert mit zunehmender Weite) muß das Kind verstehen, um Fragen wie die der Erhaltungsexperimente richtig beantworten zu können. Piaget benützte eine Matrix, bei der manche Kästchen fehlten, und ließ die Kinder auswählen, was in die betreffenden Kästchen passen würde, wenn sowohl die horizontalen als auch die vertikalen Dimensionen berücksichtigt werden. Auch Jerome Bruner[9] hat die Ergebnisse eines sehr ähnlichen Experiments veröffentlicht, bei dem er eine 3-mal-3-Matrix mit Gläsern verwendete. Er ließ die Kinder nicht nur einige Gläser einordnen, sondern nahm auch alle Gläser weg und bat sie, die Matrix wieder herzustellen. Dann setzte er das kürzeste, weiteste Glas in die Ecke, in der das längste, engste gestanden hatte, und forderte sie auf, die ganze Matrix zu transponieren. Wie zu erwarten war, konnten nur die ältesten Kinder seiner Gruppe von Drei- bis Siebenjährigen diese Aufgabe richtig lösen. Bruner fand, daß es für kleinere Kinder äußerst schwierig war, sich von den visuellen Aspekten der Aufgabe zu lösen. Sie erinnerten sich daran, wo die Gläser vorher gestanden hatten, und stellten sie dementsprechend wieder an die vorherigen Plätze. Nur die Siebenjährigen konnten die logische Organisation, die der Anordnung der Gläser zugrunde

Abb. 6

lag, so erfassen und ausdrücken wie ein kleines Mädchen, das sagte: »Nach der einen Seite wird's immer fetter und nach der anderen immer länger!«

Piaget selbst studierte diese multiplikative Beziehung, indem er Kinder aufforderte, zwei Sequenzen in eine Eins-zu-eins Beziehung zu bringen. Ein derartiges Problem, das jüngere Kinder sehr schwierig fanden, ist bei Flavell zitiert.[10] »In einem Laden gibt es nur drei Taschenmesser zu kaufen. Zwei davon haben zwei Klingen, sie kosten acht und zehn Francs. Zwei dieser Taschenmesser haben einen Korkenzieher, sie kosten zehn und zwölf Francs. Ich wähle dasjenige, das zwei Klingen und einen Korkenzieher hat. Wieviel kostet es?« Bei einem weiteren Experiment mußte jedes Kind eine Reihe von Puppen und eine Reihe Rohre der Größe nach ordnen, so daß jedes Rohr mit der entsprechenden Puppe zusammengestellt wurde. Piaget fand heraus, daß diese Art der Zusammenstellung von den etwa Siebenjährigen gut bewältigt wurde. Doch – wie wir bei der Erörterung der Zeitbegriffe ausführlicher besprechen werden – als er die Kinder aufforderte, eine Doppelreihe in umgekehrter Folge aufzustellen, so daß die eine Reihe ab-, die andere zunahm, erwies sich dies als bedeutend schwieriger.

Dies also sind einige der logischen Gruppierungen, die Piaget im Denken des konkret-operationalen Kindes beobachtete. Seine Experimente zeigen, daß das Kind etwa vom siebenten Lebensjahr an zu vielen Arten von Klassifikation und Reihenbildung befähigt ist. Es kann die Beziehungen verstehen, die es in seiner Umgebung tatsächlich sieht. Was ihm noch fehlt, ist die Fähigkeit, alle möglichen Arten von Beziehungen, ob aktuell oder hypothetisch, in Erwägung zu ziehen. Bei der Besprechung der Periode der formalen Operationen werden wir die Entwicklung des folgernden Denkens des Erwachsenen beschreiben.

Anmerkungen

1 J. H. Flavell: The Developmental Psychology of Jean Piaget. Van Nostrand Co., Princeton, N. Y. 1963.

2 A. L. Baldwin: Theories of Child Development. Wiley & Sons, New York 1968.

3 Siehe J. Piaget: Die Entwicklung des Erkennens. Klett, Stuttgart 1973. – J. Piaget/B. Inhelder: Die Entwicklung der elementaren logischen Strukturen, 2 Bde. Schwann, Düsseldorf 1973. – J. Piaget/B. Inhelder: Gedächtnis und Intelligenz. Walter, Olten 1974.

4 J. H. Flavell: The Developmental Psychology of Jean Piaget. Van Nostrand Co., Princeton, N. Y. 1963, S. 187 (Übers.).

5 B. Inhelder/J. Piaget: The Early Growth of Logic in the Child. Norton, New York 1969, S. 22 (Übers.).

6 Ebda., S. 55.

7 J. Piaget/A. Szeminska: Die Entwicklung des Zahlbegriffs beim Kinde. Klett, Stuttgart 1965, S. 215.

8 Ebda., S. 230.

9 J. S. Bruner/R. Olver/P. Greenfield u. a.: Studies in Cognitive Growth. Wiley & Sons, New York 1966, S. 154ff (Übers.).

10 J. H. Flavell: The Developmental Psychology of Jean Piaget, a.a.O., S. 192.

8 Formale Operationen

Um die geistigen Operationen Heranwachsender und Erwachsener zu bezeichnen, verwendet Piaget den Terminus *hypothetiko-deduktives Denken,* einen Ausdruck, den er selbst als »barbarisch aber klar« charakterisiert. Wir nannten solche Operationen bereits *formal,* im Gegensatz zu den konkreten Operationen des Prä-adoleszenten. Mit hypothetiko-deduktivem Denken meint Piaget Denken, das auf einer Hypothese beruht, und zu gewissen logischen Schlußfolgerungen führt. Eine solche Hypothese kann nur der Form nach existieren, etwa »was würde geschehen, wenn niemals jemand sterben würde?«, oder sie kann zu Schlußfolgerungen führen, die in der Realität verifiziert werden können. Es war die gründliche Durcharbeitung solcher Hypothesen, die die erfolgreiche Landung von Menschen auf dem Mond ermöglichte. Die Errungenschaften der Wissenschaftler, die Wasserstoffbomben zum Explodieren brachten und die Atomenergie nutzbar machten, sind Ergebnisse solchen Denkens. Niemand hat je Atome und Elektronen gesehen; aber die dramatischen Verwirklichungen der Atomtheorie sind dabei, Teil unseres Alltags zu werden.

In seinen Büchern über logisches Denken arbeitete Piaget mit der Experimentalpsychologin für Kinderpsychologie an der Universität Genf, Professor Bärbel Inhelder, zusammen. Zur gleichen Zeit, als Piaget seine logischen Formulierungen der Struktur des Denkens Erwachsener ausarbeitete, war sie mit Untersuchungen darüber beschäftigt, wie Kinder und Heranwachsende zum Verständnis naturwissenschaftlicher Gesetze gelangen. Sie verglichen ihre Notizen und stellten »die erstaunliche Konvergenz zwischen den empirischen und den analytischen Resultaten« fest.[1] Piagets logische Analyse lieferte das angemessene strukturale Modell für Inhelders Daten der Denkweise Heranwachsender. Das war der Anfang einer langen, wissenschaftlich fruchtbaren Beziehung.

Die Autoren zeigten, daß das sieben- bis elfjährige Kind imstande ist, mit der Logik der Klassen und Beziehungen umzugehen. Es versteht die Beziehungen von Klassen innerhalb umfassenderer Klassen; es kann Gegenstände und Ereignisse der Reihe nach ordnen. Man nannte das auch »beschreibendes Denken«, das sich mit konkreten Fakten in einer realen, sichtbaren Welt befaßt. Aber der Heranwachsende ist zu folgerndem Denken fähig, zu dem, was

Piaget »Operationen zweiter Ordnung« nennt. Das heißt, er kann auch über Gedanken nachdenken, nicht nur über bestehende Dinge. Er zieht nicht nur Schlüsse aus Hypothesen (»wenn . . . dann«), sondern stellt auch die Kombinationen aller Faktoren oder Beziehungen in Rechnung. Er kann eine Variable studieren, während er alle anderen konstant hält, und so komplizierte, multifaktorielle Experimente durchführen. Um die integrierten Strukturen formaler Operationen zu beschreiben, griff Piaget zu der Logik der Gruppen und Gitter. Wir erörterten kurz die Charakteristika arithmetischer Gruppen im Gegensatz zu Gruppierungen (siehe Kapitel 7). Doch um die Flexibilität erwachsenen Denkens zu zeigen, borgte Piaget von der Mathematikerschule Bourbakis eine noch weiter entwickelte »Vierergruppe«. Dies ist eine Gruppe mit vier Transformationen, bekannt als die INRC-Gruppe. Die Buchstaben stehen für Identität, Negation (oder Umkehrung), Reziprozität und correlative Transformationen. Zur Erklärung ist ein Experiment am besten geeignet.

Um das operationale Schema des Gleichgewichts zu studieren, wurde eine Waage aufgestellt und mit verschiedenen Gewichten versehen, die an verschiedenen Punkten entlang des Waagbalkens aufgehängt werden konnten. Man zeigte die Waage den Kindern mit gleichen Gewichten an jedem Arm, die aber so angebracht waren, daß die Waage nicht im Gleichgewicht war. Dann forderte man sie auf, die Arme ins Gleichgewicht zu bringen. Die jüngsten Kinder taten das, indem sie einen Arm hinunterdrückten – eine Extension ihrer eigenen sensomotorischen Erfahrung mit Gewicht als etwas, das schwer nach unten drückt. Als man sie bat, die Waage ohne Zuhilfenahme der Hände auszubalancieren, sagte ein Viereinhalbjähriger: »Es geht nicht!« Ein anderes Kind hängte zwei Gewichte an den einen Arm, an den anderen nichts, und wunderte sich, daß die Waage nicht ins Gleichgewicht kam.

Ältere Kinder begannen zu experimentieren und fügten auf jeder Seite Gewichte zu; aber die Idee der Umkehrbarkeit, der Einfall, Gewicht wegzunehmen um Gleichgewicht zu erreichen, tauchte erst bei den etwa Siebenjährigen auf. Allmählich, durch Versuch und Irrtum, tasteten sie sich zu der Formulierung des Gesetzes durch: »Je schwerer es ist, desto näher zur Mitte hin!«

Sam (13;8) entdeckt sofort, daß die horizontale Distanz in einer umgekehrten Beziehung zum Gewicht steht. »Wie erklärst du dir das? – *Man braucht mehr Kraft, um Gewichte zu heben, die ganz außen sind, als wenn sie näher bei der Mitte sind . . . weil es einen längeren Weg machen muß.* – Wie weißt du das? – *Wenn ein Gewicht an der Waage dreimal so schwer ist wie ein anderes, gibt man ihm nur ein Drittel des Weges, weil die Entfernung* (senkrecht), *die es geht, nur der dritte Teil ist.* – Aber einmal bezogst du dich auf die horizontale Distanz und einmal auf die senkrechte Entfernung? – *O, das hängt davon ab, ob man es ausprobiert oder ob man es wirklich versteht. Wenn man's ausprobieren will, ist es besser, es horizontal zu betrachten; wenn man es verstehen will, ist vertikal besser. Für das leichte* (am Ende) *ändert es sich schneller, für das schwere langsamer.*«[2]

Hier sehen wir, wie die INRC-Gruppenstruktur das proportionale Schema ausdrückt. Wenn ein Gewicht an einem der Arme angebracht wird und so das Gleichgewicht der Waage aufhebt, kann es wiederhergestellt werden, wenn das Gewicht einfach wieder weggenommen wird (Negation). Oder ein gleiches Gewicht kann in gleichem Abstand am anderen Arm befestigt werden (Reziprozität). Drittens kann ein schwereres Gewicht in kleinerem oder ein leichteres in größerem Abstand von der Mitte angebracht werden (Korrelation). Schließlich können alle Gewichte entfernt werden, so daß der ursprüngliche Zustand wiederhergestellt wird (Identität).

Dies ist die sehr vereinfachte Erklärung eines mathematischen Ausdrucks, der alle möglichen Beziehungen der Gewichte und Abstände zueinander einschließt. Wer die Sprache der symbolischen Logik versteht, sei auf Kapitel 11 von Inhelders und Piagets Werk »The Growth of Logical Thinking« verwiesen. Auch Flavell[3] und Baldwin[4] bringen verkürzte Erklärungen der Logik der Gruppen und Gitter.

Das mathematische Gitter ist eine kompliziertere Struktur als die Matrix, die wir als für konkrete Operationen charakteristisch bezeichneten. Statt nur schwarze Hunde, schwarze Katzen, braune Hunde und braune Katzen zu berücksichtigen, wie in unserem Beispiel oben, würde sie auch Kombinationen enthalten wie etwa schwarze und braune Hunde und schwarze Katzen, oder braune Hunde und Katzen, aber keine schwarzen. Das Gitter ist ein mathematisches Modell aus den sechzehn möglichen Kombinationen von vier zweigliedrigen Elementen, von der Null-Klasse (keine Kombination) zu allen vieren. Piaget griff zum Gitter als dem Modell des hypothetiko-deduktiven Denkens des Heranwachsenden, dessen Echtheitszeichen die Fähigkeit ist, alle möglichen Kombinationen verschiedener Vorgänge in Erwägung zu ziehen.

Um ein sehr einfaches Beispiel vom Arbeiten eines Gitters zu geben, wollen wir annehmen, daß ein Schuldirektor, der mit den Problemen der Rassenintegration konfrontiert ist, jedes denkbare Arrangement für die Gruppierung weißer und schwarzer Jungen und Mädchen in der ersten Klasse überlegen möchte. Wenn er auf dem konkret-operationalen Niveau arbeitet, zählt er vielleicht einfach ab, weiße Jungen, schwarze Jungen, weiße Mädchen, schwarze Mädchen – vier Elemente. Dann weist er sie gleichmäßig den Primärklassen zu. Aber wenn er auf dem hypothetisch-deduktiven Niveau operiert, möchte er vielleicht alle möglichen Arrangements für jedes einzelne Schulzimmer in Erwägung ziehen. Dies ergäbe folgende Kombinationen:

1. Überhaupt keine Kinder
2. Nur weiße Jungen
3. Nur weiße Mädchen
4. Nur schwarze Jungen
5. Nur schwarze Mädchen
6. Weiße Jungen und weiße Mädchen
7. Schwarze Jungen und schwarze Mädchen
8. Weiße Jungen und schwarze Mädchen
9. Schwarze Jungen und weiße Mädchen
10. Nur Mädchen, schwarz und weiß
11. Nur Jungen, schwarz und weiß
12. Weiße Jungen und Mädchen, schwarze Jungen
13. Weiße Jungen und Mädchen, schwarze Mädchen
14. Schwarze Jungen und Mädchen, weiße Jungen
15. Schwarze Jungen und Mädchen, weiße Mädchen
16. Weiße Jungen und Mädchen, schwarze Jungen und Mädchen.

Dieses Gitter von sechzehn möglichen Kombinationen bringt vielleicht keine praktikablen Lösungsvorschläge, aber es gibt dem geplagten Direktor jedenfalls die Befriedigung, alle ihm offenstehenden logischen Möglichkeiten erwogen zu haben. Wenn ihm keine wünschenswert erscheint, kann er den ersten Vorschlag noch einmal überdenken. Oder er findet es einfacher, zu kapitulieren! Jedenfalls hat er durch das formale Durchdenken dieser logischen Struktur und das Absehen von dem nicht praktikablen Inhalt bewiesen, daß er auf dem Niveau reinen Denkens operiert, ohne Rücksicht auf die etwaigen Forderungen der Bürgerrechtsbewegung.

Unter Zuhilfenahme des Gittermodells entwickelten Inhelder und Piaget ein Experiment, das die Fähigkeit des Heranwachsenden, alle Kombinationen systematisch durchzuspielen, bewies. Sie setzten den Versuchspersonen vier gleiche Flaschen mit farblosen, geruchlosen Flüssigkeiten vor, die ganz gleich aussahen, aber chemisch verschieden zusammengesetzt waren. Eine Flasche enthielt Wasser, die zweite verdünnte Schwefelsäure, die dritte Wasserstoffsuperoxidlösung, die letzte Fixiersalzlösung. Außerdem war noch eine Flasche mit Kaliumjodid da samt Pipette. Da Wasserstoffsuperoxid Kaliumjodid in sauerem Medium oxidiert, ergibt eine Mischung von Wasserstoffsuperoxid, Schwefelsäure und Kaliumjodid eine gelbe Flüssigkeit. Inhelder und Piaget zeigten ihren Versuchspersonen zwei Gläser, eines mit Wasser, das andere mit einer Mischung von Schwefelsäure und Wasserstoffsuperoxid. Sie gaben in jedes Glas einige Tropfen Kaliumjodid. In dem einen Glas wurde die Flüssigkeit gelb, im anderen blieb sie klar. Hätten sie dem Glas mit der gelbgefärbten Flüssigkeit etwas Fixiersalzlösung beigegeben, so wäre die Gelbfärbung verschwunden. Nun wurden die jungen Leute aufgefordert, gelben »Sirup« zu machen, indem sie die Substanzen auf irgendeine Weise kombinierten.

Abb. 7

Die präoperationalen Kinder kombinierten immer nur zwei Elemente, ohne Systematik oder Prüfung der Ergebnisse. Ihre Hypothesen waren Vermutungen: »Vielleicht kommt es daher, daß sich das Wasser ändert!« oder: »Vielleicht löst sich die Farbe auf.« Die konkret-operationalen Kinder kombinierten Kaliumjodid mit Flüssigkeit aus jeder der vier anderen Flaschen, aber es fiel ihnen nicht ein, über Kombinationspaare hinauszugehen, bis sie der Versuchsleiter dazu anregte.

Ren (7;1) versucht 4 × g, dann 2 × g, 1 × g, 3 × g: »*Ich glaube, ich hab' alles getan . . . ich hab' alles versucht.* – Was hättest du noch tun können? – *Ich weiß nicht*«. Wir geben ihm die Gläser noch einmal; er fängt von neuem an, 1 × g usw. »Du nahmst jede Flasche einzeln. Was hättest du sonst noch tun können? – *Zwei Flaschen zugleich nehmen.*« (Er versucht 1 × 4 × g, dann 2 × 3 × g, wobei er mehrere möglichen Kombinationen außer acht läßt, z. B. 1 × 2, 1 × 3, 2 × 4 und 3 × 4.) Als wir ihn auffordern, weiter zu probieren, schüttet er 1 × g in das Glas, das bereits 2 × 3 enthält, worauf die Farbe erscheint. »Jetzt versuche, die Farbe noch einmal zu machen! – *Hab' ich zwei oder drei zusammengeschüttet?* (Er versucht es mit 2 × 4 × g, fügt dann 3 hinzu, versucht es dann mit 1 × 4 × 2 × g.) *Nein, ich erinnere mich nicht mehr.*«[5]

Hier ist es interessant, daß Ren nur durch Zufall beim Experimentieren auf die richtige Kombination kam. Als er sie fand, konnte er sich nicht mehr erinnern, wie er dazu gekommen war. Allmählich jedoch begannen die älteren Kinder Zwei-mal-zwei- oder Drei-mal-drei-Kombinationen aufzubauen. Manchmal schüttete eines die Kombinationen zusammen, nachdem es jeder Flasche einzeln einige Tropfen aus der Flasche mit dem Kaliumjodid zugefügt hatte, und bekam so zufällig die gelbe Farbe, oder entdeckte, wie man sie wieder verschwinden lassen konnte.

Kis (9;6) beginnt mit (3 × g) + (1 × g) + (2 × g) + (4 × g), wonach er den Inhalt der vier Gläser in ein anderes Glas zusammenschüttet, aber ohne Ergebnis. »*O. k., wir probieren es nochmal von vorne.* Diesmal mischt er zuerst 4 × g, dann 1 × g. *Kein Ergebnis.* Nun fügt er 2 × g hinzu, schaut und gibt noch 3 × g hinein. *Versuchen wir's nochmal.* (1 × g, dann 2 × g, dann 3 × g.) *Ah!* (Gelb erscheint, aber er fügt 4 × g hinzu.) *O! So ist das! Dies da (4) ist es, was die Farbe wieder wegnimmt? 3 gibt die beste Farbe.* – Kannst du die Farbe mit weniger Flaschen machen? – *Nein.* – Versuch es!« Er macht verschiedene 2 × 2-Kombinationen, aber aufs Geratewohl.[6]

Schließlich, mit zwölf oder dreizehn, begannen die Kinder systematisch zu arbeiten, indem sie alle möglichen n × n-Kombinationen in Betracht zogen.

Cha (13;0): »*Man muß es mit allen Flaschen versuchen. Ich fang mit der am Ende an* (von 1 bis 4 mit g). *So geht es nicht. Vielleicht muß man sie mischen.* (Er versucht 1 × 2 × g, dann 1 × 3 × g.) *Jetzt ist es gelb. Aber gibt es auch andere Lösungen? Ich will's versuchen.* (1 × 4 × g; 2 × 3 × g; 2 × 4 × g; 3 × 4 × g; mit den zwei vorhergehenden Kombinationen ergibt das systematisch die sechs Zwei-mal-zwei-Kombinationen.) *Es geht nicht. Es geht nur mit 1 × 3 × g.* – Ja, und was ist mit 2 und 4? – *2 und 4 machen keine Farbe zusammen. Sie sind negativ. Vielleicht könnte man 4 zu 1 × 3 × g geben, um zu sehen, ob es die Farbe löscht.* (Er tut es.) *Flüssigkeit 4 löscht alles. Man muß prüfen, ob 2 dieselbe Wirkung hat.* (Er versucht es.) *Nein, 2 und 4 sind also nicht das gleiche, denn 4 wirkt auf 1 × 3 und 2 tut das nicht. Was ist das in 2 und 4? In 4 gewiß Wasser. Nein, im Gegenteil, in 2 gewiß Wasser, weil es nicht auf die Flüssigkeiten reagiert, das macht die Dinge klarer.* – Und wenn ich dir sagen würde, daß 4 Wasser ist? – *Wenn diese Flüssigkeit Wasser wäre, würde sie nicht vollständig verhindern, daß Gelb entsteht, wenn man sie zu 1 × 3 schüttet. Es ist nicht Wasser, es ist etwas Schädliches.*«[7]

Hier sehen wir eine völlig andere Haltung. Sie zeigt sich in der logischen Art, wie das Problem angepackt wird, und in der Einsicht, daß die Farbe auf der Kombination von Elementen beruht. Die Schlußphase ist eingetreten, wenn der junge Mensch erkennt, daß die Farbe eine Folge der Kombination 1 × 3 × g ist, und dann mit 2 und 4 experimentiert, welche Flüssigkeit die Farbe löscht. Hier »wird das kombinatorische System zum Instrument schlüssiger Deduktion«.[8]

Die durch dieses Experiment demonstrierte Entwicklung des logischen Denkens ist ein gutes Beispiel dafür, was Piaget meint, wenn er sagt, daß Organisation ein inhärenter Bestandteil der intellektuellen Tätigkeit ist und dem Denken ihre Strukturen auferlegt. Er erhebt dann die Frage, wovon diese fortschreitende Strukturierung des Denkens, die wir auf den verschiedenen Entwicklungsebenen beobachteten, bewirkt wird. Die Reaktionen der Kinder, zumindest auf der formalen Ebene, haben so große Ähnlichkeit mit den Ansätzen zur Lösung von Problemen, die in unseren Schulen gelehrt werden, daß die Meinung naheliegt, die adoleszenten Denkstrukturen seien erziehungsbedingt.

Piaget weist diese Vermutung ausdrücklich zurück. »Die Gesellschaft wirkt nicht einfach durch äußeren Druck auf das wachsende Individuum, noch ist dieses hinsichtlich der sozialen Umgebung irgend mehr eine einfache *tabula rasa*, auf die sozialer Zwang vorfabrizierte Kenntnisse einprägte, als hinsichtlich der physikalischen. Wenn das soziale Milieu individuelle Gehirne wirklich beeinflussen soll, so müssen diese reif und bereit sein, seine Anregungen zu assimilieren.«[9]

Hier wiederholt Piaget seine Überzeugung, daß formale Strukturen weder angeboren und dem Nervensystem »im voraus eingeprägt« noch von einer Gesellschaft geschaffen sind, die sie dem Individuum von außen aufoktroyiert. Sie sind vielmehr Formen eines Gleichgewichts, die sich aus der Wechselwirkung zwischen Heranwachsenden und Erwachsenen, zwischen ihnen und der physikalischen Welt, in der sie sich entwickeln, ergeben. Reife Gehirnstrukturen sind ein unerläßlicher Bestandteil dieser Wechselwirkung – unerläßlich, aber nicht hinreichend. Denn »zwischen dem Nervensystem und der Gesellschaft ist die individuelle Aktivität – das heißt, die Summe der Erfahrung eines Individuums, das lernt, sich sowohl an die physikalische als auch an die soziale Welt anzupassen.«[10]

Wir haben gesehen, wie sich diese »individuelle Aktivität« von der einfachen Koordination der Reflexe auf der sensomotorischen Ebene zu der logischen, systematischen Erwägung aller hypothetischen Möglichkeiten auf dem Niveau formalen Denkens entwikkelt. Vielleicht das faszinierendste Erlebnis bei der Lektüre Piagets ist, daß er uns den Rhythmus spüren läßt, der dem Wachstumsprozeß innewohnt, ein Rhythmus, der mit der Wiederholung der primären Zirkularreaktionen beginnt und sich durch die ganze Entwicklungsspirale hindurch fortsetzt. Die physischen Aufgaben, denen das Kind auf dem sensomotorischen Niveau gegenübersteht, (z. B. das Laufenlernen) wiederholen sich auf dem symbolischen Niveau des präoperationalen Kindes (z. B. das Sprechenlernen). Das kleine Kind kann mit konkreten Objekten umgehen; das Schulkind bewältigt sie in Gedanken; der Heranwachsende hat sich von den Banden der physischen Realität befreit und erhebt sich in das Reich der hypothetischen Möglichkeiten. Der Prozeß der Wiedergewinnung des Gleichgewichts wiederholt sich auf jeder Entwicklungsebene. Jedesmal gibt es eine Periode der Verwirrung, des Suchens nach neuen und besseren Anpassungen, des Strebens nach Ausgleich zwischen der bisherigen Erfahrung und den augenblicklichen Unklarheiten. Wenn das Gleichgewicht auf einem Gebiet hergestellt ist, beginnt der rastlose Organismus auf einem anderen zu forschen. Dies ist ein gemeinsamer Zug aller Lebewesen, wie Piaget sie sieht. Auf jeder biologischen und intellektuellen Ebene besteht ein Drang nach Anpassung, Verstehen und Beherrschung. Weit entfernt davon, »leere Organismen« zu sein, die passiv auf Reiz und Schock reagieren, sind kleine Menschenkinder aktive Entdecker, die sich an die Welt, wie sie sich ihnen bietet, anpassen, sie aber auch aktiv umgestalten, damit sie ihren Bedürfnissen entspricht.

Wenn wir zurückschauen, wird es uns klar, daß Piaget, trotz aller Betonung gesonderter Perioden, Entwicklung als fortlaufenden, ununterbrochenen Prozeß betrachtet. Jedes Stadium wächst aus dem vorhergehenden heraus und nährt das folgende. Manche Kinder reifen schneller als andere, aber die Reihenfolge bleibt dieselbe. Mehr noch, Entwicklung erfolgt horizontal so gut wie vertikal. Die Denkstrukturen werden auf jeder Ebene reicher, komplexer und umfassender. Piagets Leben war eine unaufhörliche Suche nach diesen grundlegenden »structures d'ensemble«, den Strukturen des Ganzen, welche die organisierenden und integrierenden Kräfte der kognitiven Entwicklung exemplifizieren.

Entwicklung ist für Piaget ununterbrochen nicht nur innerhalb des Individuums, sondern durch alle evolutionären Ebenen hindurch, vom biologischen zum sozio-kulturellen und intellektuellen Niveau. Immer wird die Einheit der Natur in seiner Theorie gewahrt. Die Tätigkeit der niedrigsten Molluske beruht auf denselben fundamentalen Prozessen wie die eines Einstein. Wir werden sehen, wie sich diese Assimilations- und Akkomodationsprozesse wiederholen, wenn wir uns nun der adaptiven Entwicklung des Kindes auf verschiedenen anderen Gebieten zuwenden.

Anmerkungen

1 B. Inhelder/J. Piaget: The Growth of Logical Thinking from Childhood to Adolescence. Basic Books, New York 1958, S. XXIII (Übers.).
2 Ebda., S. 174 (Übers.).
3 J. H. Flavell: Developmental Psychology of Jean Piaget. Van Nostrand Co., Princeton N. Y. 1963.
4 A. L. Baldwin: Theories of Child Development. Wiley & Sons, New York 1968.
5 B. Inhelder/J. Piaget: The Growth of Logical Thinking from Childhood to Adolescence, a.a.O., S. 111.
6 Ebda., S. 114f.
7 Ebda., S. 117.
8 Ebda., S. 121.
9 Ebda., S. 338.
10 Ebda.

9 Moralität

Das Wesen der Moral ist die Achtung vor einem System von Regeln. Die meisten dieser Regeln werden von Eltern an Kinder weitergegeben, aber bei Kinderspielen werden die Regeln von älteren Kindern an jüngere übermittelt. Um also die Entwicklung des moralischen Urteils auf diesem einfachsten Niveau zu studieren, ließ sich Piaget auf seine Knie nieder und spielte mit kleinen Schweizer Jungen Murmeln. Er fand, daß selbst bei diesem Spiel der Kleinsten in verschiedenen Teilen der Schweiz verschiedene Regeln, Rituale und Ausdrücke galten und daß die meisten Kinder diese Variationen wahrnahmen. Wie sie sich an die Spielregeln anpaßten und wie sie sie betrachteten, waren die Fragen, die Piaget zu beantworten suchte, um Licht auf die Entwicklung moralischer Einstellungen bei Kindern zu werfen.

Beim allerfrühesten Stadium des Murmelspiels beobachtete Piaget nur motorische Manipulation oder das Bewußtsein von Regeln. Er schildert seine kleine Tochter Jacqueline, wie sie als Dreijährige ein »kleines Nest« in den Boden gräbt, in dem sie die »Babybälle« sammelt. Vier- bis Fünfjährige ahmten die Murmelspiel-Regeln nach, indem sie Quadrate auf den Boden zeichneten, spielten aber in mehr egozentrischer Weise, entweder für sich selbst oder mit anderen. Ihr Verständnis der Regeln beschränkte sich darauf, daß sie die herkömmlichen Bewegungen ausführten, mit individuellen Variationen, wie sie ihnen gerade einfielen. Dies waren die Kinder, die zu sagen pflegten: »Wir haben beide gewonnen!«

Bei den etwa Sieben- oder Achtjährigen jedoch bemerkte Piaget, daß ihnen die Spielregeln zunehmend bewußt wurden. Sie wurden als heilig und unveränderlich betrachtet; die Papis, Gott oder »die Herren vom Stadtrat« hatten sie erfunden. Piaget erforschte die Einstellung der Kinder gegenüber den Regeln durch Fragen. Wie fingen Regeln an? Können sie geändert werden? Sind die Regeln immer dieselben gewesen wie heutzutage? Hier die Antworten eines kleinen Jungen auf diese Fragen.

Fal (5) . . .»Haben die Kinder vor langem, als man die Stadt Neuchâtel zu bauen begann, so mit den Murmeln gespielt, wie du es mir gezeigt hast? – *Ja.* – Immer so? – *Ja.* – Wie hast du denn die Regeln gewußt? – *Als ich ganz klein war, hat mein Bruder es mir gezeigt. Mein Papa hat es meinem Bruder gezeigt.* – Und wie hat es dein Papa gewußt? – *Mein Papa hat es von selbst gewußt. Man hat es ihm nicht gesagt.* – Wie hat er es gewußt? – *Man hat es ihm nicht gezeigt.* – Bin ich älter als dein Papa? – *Nein, sie sind jünger. Mein Papa war schon geboren, als man nach Neuchâtel kam. Mein Papa wurde vor mir geboren.* – Nenne mir Leute, die älter sind als dein Papa. – *Mein Großpapa.* – Spielte er auch Murmeln? – *Ja.* – Also hat man schon vor deinem Papa gespielt? – *Ja, aber nicht nach Regeln!* (mit Überzeugung). – Was heißt das, Regeln? – . . . (Fal kennt dieses Wort nicht, das er einen Augenblick vorher aus unserem Munde zum ersten Male hörte. Er hat jedoch verstanden, daß dies eine wesentliche Eigenschaft des Murmelspiels ist: deshalb behauptet er so energisch, daß sein Großpapa ›nicht nach den Regeln‹ spielte, um zu betonen, daß sein Papa allen anderen überlegen ist.) Ist es lange her, daß man zum ersten Mal gespielt hat? – *Oh, ja!* – Wie hat man denn gefunden, wie man spielen muß? – *Ach, man hat Murmeln genommen, dann hat man ein Viereck gemacht, dann die Murmeln hineingelegt . . . usw.* (Er zählt die Regeln auf, die er kennt.) – Haben Kinder das erfunden oder erwachsene Herren? – *Erwachsene.* – Sage mir, wer ist vorher geboren, dein Papa oder dein Großpapa? – *Mein Papa ist vor meinem Großpapa geboren.* – Wer hat das Murmelspiel erfunden? – *Mein Papa hat es erfunden.* – Wer ist der Älteste von allen Leuten aus Neuchâtel? – *Weiß nicht.* – Wer, glaubst du? – *Der liebe Gott.* – Konnte man vor deinem Vater Murmeln spielen? – *Andere Herren spielten.* (Vorher? Zu gleicher Zeit?) – Genau so wie dein Papa? – *Ja.* – Woher haben sie es gewußt? – *Sie haben es erfunden.* – Wo ist der liebe Gott? – *Im Himmel.* – Ist er älter als dein Papa? – *Nicht so alt.* – Kann man eine andere Art zu spielen finden? – *Ich kann nicht anders spielen.* – Versuch's mal! . . . (Fal rührt sich nicht.) Könnte man nicht die Murmeln so legen? (Wir verteilen die Murmeln im Kreis ohne Viereck.) – *Oh ja.* – Wäre das richtig? – *Oh ja.* – Genau so richtig wie das Viereck? – *Ja.* – Hat dein Vater schon so gespielt oder nicht? – *Oh ja . . .* – Kann man noch anders spielen? – *Oh ja.*« – Wir verteilen jetzt die Murmeln in Form eines T, dann legen wir sie auf eine Streichholzschachtel usw. Fal sagt, er habe es nie so gesehen, aber das sei richtig, und man könne alles nach Belieben ändern. Nur wisse sein Papi dies alles auch![1]

Dieser kleine Junge äußerte großen Respekt vor Regeln, die er seinem Vater zuschrieb, welcher älter und weiser als Gott oder sein Großvater war. Regeln entsprangen für ihn dem göttlichen Recht, wenn man ihm eine neue Art zu spielen zeigte, glaubte er nur wiederzuentdecken, was sein Vater bereits wußte. Dies ist die Haltung, die Piaget die *Moralität des Zwangs* nennt. Regeln werden zuerst von Erwachsenen für Kinder gemacht; und die Kinder, wenn sie klein und abhängig sind, akzeptieren sie als endgültig und unverletzlich. Viele der von Piaget befragten Kinder drückten mehr Widerstand gegen jede Änderung der Regeln aus als Fal.

Nach dem zehnten Lebensjahr jedoch beobachtete Piaget eine völlige Neugestaltung der Haltung der Kinder zu den Regeln. Sie waren nun keine sakrosankten Gesetze mehr, die die Erwachsenen niedergelegt hatten, sondern Entscheidungen von Kindern, die die Spiele spielten. Sie beruhten auf örtlichen Gewohnheiten und Vereinbarungen der Spieler und konnten nach Belieben geändert werden, falls jeder zustimmte. Diese Haltung nannte Piaget die *Moralität der Kooperation* (Zusammenarbeit); sie wird von folgendem Interview beleuchtet:

Roß (11 Jahre) ist, was die Basis der Regeln anbetrifft, im dritten Stadium. Er behauptet, oft mit seinen Kameraden neue Regeln zu erfinden: »*Manchmal macht man welche. Man geht bis zweihundert. Man spielt, man stößt sich und dann sagt er zu mir: Wenn du bis hundert gehst, gebe ich dir eine Murmel.* – Ist diese neue Regel so richtig wie die alten oder nicht? – *Vielleicht nicht ganz so richtig, weil es nicht schwer ist, vier Murmeln so zu nehmen!* – Wenn alle es so machen, wird es dann eine richtige Regel oder nicht? – *Wenn man es oft macht, wird es eine richtige Regel.* – Spielte dein Vater so, wie du mir gezeigt hast, oder anders? – *Oh, ich weiß nicht. Das war vielleicht ein anderes Spiel. Das ändert sich. Das ändert sich jetzt noch sehr oft.* – Spielt man schon lange? – *Mindestens schon 50 Jahre.* – Spielte man zur Zeit der alten Schweizer Murmeln? – *Oh, ich glaube nicht.* – Wie hat es denn angefangen? – *Jungens haben Kugeln vom Auto* (aus dem Kugellager) *genommen, dann haben sie gespielt. Später hat es welche in den Geschäften gegeben.* – Warum gibt es Regeln beim Murmelspiel? – *Damit man sich nicht immer zankt, muß man Regeln nehmen und dann muß man spielen, wie es sich gehört.* – Wie hat das mit den Regeln angefangen? – *Die Jungens haben sich untereinander verständigt und haben sie gemacht.* – Könntest du noch eine neue Regel erfinden? – *Vielleicht . . .* (er überlegt). *Man nimmt drei Murmeln und läßt auf die mittlere eine von oben hinunterfallen.* – Könnte man so spielen? – *Oh ja.* – Ist das eine richtige Regel wie die anderen? – *Die Jungens könnten sagen, das sei keine richtige Regel, weil es Glückssache ist. Damit eine Regel gut ist, muß es sich um Geschicklichkeit handeln.* – Wenn aber alle so spielen? Wäre das dann eine richtige Regel oder nicht? – *Oh ja, man würde ebenso gut spielen wie mit den anderen Regeln.*«[2]

In diesem Beispiel sehen wir eine ganz andere Einstellung; Achtung vor Regeln beruht hier auf gegenseitiger Vereinbarung und Kooperation, während für Fal, den kleineren Jungen, Regeln auf einseitigen Respekt und die Hinnahme der Befehle mächtiger Elternfiguren aufgebaut waren.

Nach der Erforschung dieser beiden Haltungen, wie sie sich in den Spielen der Kinder zeigen, wendete sich Piaget der Entwicklung des moralischen Urteils bei Kindern zu. Hierzu erzählte er seinen kleinen Versuchspersonen Geschichtenpaare, die verschiedene Grade von Verantwortlichkeit für angerichteten Schaden darstellten. So stößt etwa in der ersten Geschichte ein Kind unabsichtlich an ein Teebrett und zerbricht fünfzehn Tassen. In der Parallelgeschichte klettert ein Junge auf einen Schrank, um – gegen das Verbot seiner Mutter – Marmelade zu naschen, stößt an eine Tasse, die auf den Boden fällt und zerbricht.

Beim Vergleich der Reaktionen auf solche Geschichtenpaare fand Piaget, daß Kinder unter zehn dazu neigten, die Schwere der Verfehlung in den Termini des Ausmaßes des entstandenen Schadens auszudrücken. So verdiente das Kind, das fünfzehn Tassen zerbrochen hatte, eine härtere Bestrafung als jenes, das nur eine zerbrochen hatte, weil seine Schuld nach objektiven Maßstäben größer war. Diese Ansicht hält Piaget für eine direkte Folge des von ihm sogenannten »moralischen Realismus«, welcher fordert, daß »die Regel wörtlich und nicht dem Geiste nach befolgt« werde.[3] Moralischer Realismus wächst, wie er glaubt, aus elterlichem Zwang; das Kind bekommt gebrauchsfertige Regeln ohne Rücksicht auf seine persönlichen Gefühle. Porzellan ist teuer und es ist verboten, Tassen zu zerbrechen; wenn man von den Motiven der Kinder absieht, ist jenes, welches fünfzehn Tassen zerbricht, objektiv für einen viel größeren Schaden verantwortlich als das andere, das nur eine zerbricht. In dieser Ansicht spiegelt das Kind die Werte wider, die ihm von Erwachsenen übermittelt wurden, die ärgerlich werden und es schimpfen, wenn es Dinge zerbricht, beschmutzt und verdirbt. Diese Einstellung bildet sich bei den Kindern sehr frühzeitig aus und ist bei manchen tiefer verwurzelt als bei anderen, je nachdem, wie ärgerlich die Eltern werden über die unbeabsichtigte Ungeschicklichkeit ihrer Kinder oder über »Unfälle« bei der Sauberkeitserziehung. Manche Kinder meinen, sie müßten ihre Teller leer essen, ob sie hungrig sind oder nicht, oder sind sehr bekümmert, wenn sie ihre Kleider beschmutzt haben. Piaget zeigt, wie selbst Eltern, die nachsichtig und liebevoll sind und keine kategorischen Regeln verkünden, ihren Kindern dennoch irgendwie dieses Gefühl »objektiver Verantwortlichkeit« mitteilen. Er beschreibt, wie entsetzt Jacqueline im Alter von zwei Jahren war, als sie ein Abführmittel bekam, obwohl man sie auf die Wirkung vorbereitet hatte: »Ihr Ausdruck wird niedergeschlagen (Tränen in den Augen, der Mund senkt sich) und empfindet offenbar genau so, als ob ihr dies unter normalen Umständen infolge ihrer Nachlässigkeit geschehen wäre.«[4]

Mit etwa zehn Jahren jedoch verlieren die Kinder allmählich dieses Gefühl objektiver Verantwortlichkeit und fangen an, mehr Nachdruck auf die subjektiven Absichten zu legen. Dann wird das Kind, das nicht die Absicht hatte, Tassen zu zerbrechen, entschuldigt, während ein anderes, das mit Überlegung ungehorsam war oder aus freiem Willen Tinte verschüttete oder im Laden Süßigkeiten stahl, als strafbar betrachtet wird. Piaget erörtert, daß die Urteile der Kinder zu seinen Geschichten »zwei verschiedene Typen des moralischen Verhaltens« ausdrücken: »der Beurteilung von Handlungen nach ihrem materiellen Ergebnis oder der alleinigen Berücksichtigung der Absichten. Die beiden Einstellungen können im gleichen Alter und sogar beim selben Kinde nebeneinander bestehen, doch dürfen wir nicht annehmen, daß sie im Durchschnitt synchronisch sind. Im großen und ganzen nimmt die objektive

Verantwortung mit dem zunehmenden Alter ab und die subjektive nimmt entsprechend an Bedeutung zu«.[5]

Der gleiche entwicklungsbedingte Prozeß wird bei der Haltung der Kinder gegenüber dem Lügen und dem Stehlen beobachtet. Die jüngsten von Piaget befragten Kinder wußten nicht einmal was eine Lüge war. Sie meinten: »Wörter, die man nicht sagen darf«; »unartige Wörter«; »wenn man Unsinn redet«. Mit anderen Worten, eine Lüge ist etwas, was die Eltern nicht billigen. Piaget fand, daß die Kinder mit etwa sieben Jahren wußten, daß eine Lüge eine Unwahrheit war. Doch unterschieden sie nicht immer zwischen absichtlicher Lüge und Irrtum. Im folgenden ein Bericht Piagets von zwei Interviews:

Mar (6 Jahre): »Was ist eine Lüge? – *Wenn man Dummheiten sagt.* – Sage mir eine Lüge. – *Ein Kind sagt, es sei ein kleiner Engel, und dann war es nicht wahr.* – Warum hat es das gesagt? – *Zum Spaß.* – Darf man lügen? – *Nein.* – Warum? – *Weil man damit sündigt und der liebe Gott will nicht, daß man es tut.* – Ein Kind sagte mir, zwei und zwei seien fünf. Ist das wahr? – *Nein, es macht vier.* – Ist das eine Lüge, oder hat es sich geirrt. – *Es hat sich geirrt.* – Ist dies dasselbe, sich irren oder eine Lüge sagen, oder nicht? – *Das ist dasselbe.* – Sieh mich an. Ich bin 30 Jahre alt. Ein Kind sagte mir, ich sei 60. Ist das eine Lüge, oder hat es sich geirrt? – *Das ist eine Lüge.* – Warum? – *Weil es eine Sünde ist.* – Was ist häßlicher, sich irren oder lügen? – *Beide gleich.*«

Chap (7 Jahre): »Was ist eine Lüge? – *Was nicht wahr ist. Was sie sagen, das sie nicht getan haben.* – Rate, wie alt ich bin. – *20 Jahre.* – Nein, ich bin 30. Ist das eine Lüge, was du sagst, oder nicht? – *Ich habe es nicht absichtlich gesagt.* – Das stimmt. Ist es trotzdem eine Lüge oder nicht? – *Trotzdem, weil ich nicht das Alter gesagt habe.* – Ist das eine Lüge? – *Ja, weil ich nicht die Wahrheit gesagt habe.* – Muß man dich bestrafen? – *Nein.* – Ist es häßlich oder nicht? – *Nicht sehr häßlich.* – Warum? – *Weil ich nachher die Wahrheit gesagt habe.*«[6]

Viele jüngere Kinder bewerteten Lügen objektiv: je dicker die Geschichte, desto schlimmer die Sünde. Das gleiche galt für Stehlen: ein Junge, der eine Semmel stahl, war schlimmer als ein Mädchen, das im Geschäft ein Stück Band stahl, weil »Semmeln mehr kosten«, oder »die Semmel größer ist als das Band«. Ein sehr klarer Beweis dafür, daß das Gefühl objektiver Verantwortlichkeit aus den von den Erwachsenen auferlegten Zwängen entsteht, ist die Meinung der Kinder, man dürfe nicht lügen, »weil man bestraft wird«. Piaget erzählte eine Geschichte, in der zwei Kinder jeweils eine Tasse zerbrachen und ihre Schuld leugneten. Die eine Mutter glaubte ihrem Kind und bestrafte es nicht; bei der anderen verhielt es sich umgekehrt. »Sind die beiden Lügen, die sie erzählten, gleich böse?« fragte Piaget. »Nein«, sagten einige Kinder. »Welche war böser?« »Die, welche bestraft wurde«, war die Antwort. Piaget erzählt auch, daß ein kleines Mädchen am Maison des Petits log und von ihrer Lehrerin gefragt wurde, ob das recht sei. »Es macht nichts«, sagte das Kind, »die Mami kann's nicht sehen.«

Allmählich jedoch zeigt sich in der Einstellung der Kinder zum Lügen ein Fortschritt in Richtung auf gegenseitiges Vertrauen und gegenseitige Achtung. Die Lüge ist nun nicht mehr schlecht, weil sie »böse« und ein Objekt für Bestrafung ist, sondern sie ist an sich etwas Schlechtes; je saftiger die Lüge, desto schlimmer die Verfehlung. Zuletzt wird die Lüge als etwas Böses betrachtet, weil sie ein Verstoß gegen Vertrauen und gegenseitiges Verstehen ist. Die Kinder merken, daß das Schlimme an der Lüge ist, daß »man sich nicht darauf verlassen kann«. Wie eine Zehnjährige es ausdrückte: »Man kann den Menschen nicht mehr vertrauen.«

Nach Piaget ist das frühe Stadium des moralischen Realismus ein »natürliches und spontanes Produkt kindlichen Denkens«. Es ist dem Realismus gegenüber der Natur, über den wir in Kapitel 6 sprachen, eng verwandt. Wenn sich Wolken bewegen, weil sie »sich beeilen müssen« und die Sonne am Tag scheint, weil sie nachts »nicht heraus darf«, ist der Schritt zu dem moralischen Realismus, den wir schilderten, nicht weit; Kinder müssen ihre Teller leer essen, ihre Zähne putzen und den Eltern gehorchen. Die Moralität liegt in den äußerlichen Regeln, wie die Lüge im Nicht-ertappt-werden. Damit sind die Eltern die Quelle des moralischen Realismus; und je strenger die Eltern, desto größer ist die objektive Verantwortlichkeit, die das Kind empfindet. Piaget sagt: »Die meisten Eltern sind nur mittelmäßige Psychologen und wenden in der Praxis die zweifelhaftesten moralischen Erziehungsmethoden an. Hier erfaßt man vielleicht am besten, wie unmoralisch es sein kann, allzusehr an die Moral zu glauben und wie sehr ein wenig Menschlichkeit mehr wert ist als alle Vorschriften.«[7]

Wie aber entwickelt sich Moralität, auf elterlichem Zwang aufgebaut, zu Moralität, die auf gegenseitiger Kooperation beruht? Um Licht auf diese Frage zu werfen, greift Piaget die Entwicklung der Vorstellung von Gerechtigkeit bei der Strafe auf. Er bemerkt: »Häufig drängen sich die Begriffe von Recht und Unrecht dem kindlichen Bewußtsein trotz und nicht durch den Erwachsenen auf.«[8]

Kinder entwickeln, besonders nach dem Schuleintritt, ein starkes Solidaritätsgefühl mit der Gruppe ihrer Altersgenossen. Sie halten fest zusammen gegen das, was sie als »ungerecht« betrachten, und »Klatschbasen« finden sich bald als Exkommunizierte aus der Gruppe ausgestoßen. Und genau dies ist das Alter, in dem »der ausgleichende Begriff der Gerechtigkeit sich derart aufzwingt, daß er sogar über die Autorität der Erwachsenen den Sieg davonträgt.«[9]

Piaget begann sein Studium der Gerechtigkeit in seiner gewohnten entwaffnenden Art. »Es ist nämlich«, sagte er, »gar nicht immer leicht zu wissen, welche Strafen man den Kindern geben muß, damit sie ganz gerecht sind. Es gibt viele Papas und Lehrer, die nicht wissen, wie sie es machen sollen. Da habe ich gedacht, daß ich die Kinder selbst, Deine Kameraden und Dich, fragen würde. Ich werde Dir von Dummheiten erzählen, die kleine Kinder begangen haben, und Du wirst nun sagen, wie man sie Deiner Meinung nach bestrafen muß.«[10]

Dann erzählte er die Geschichte irgendeines kindlichen Fehlverhaltens, gefolgt von drei möglichen Bestrafungen. Er fragte seine Zuhörer, wie sie die kleinen Übeltäter bestrafen würden, und analysierte die Ergebnisse.

Das früheste Konzept von Gerechtigkeit beruhte, wie Piaget fand, auf Vergeltung. Das Kind, das sich schlecht benommen hat, muß bestraft werden, und für die jüngeren Kinder ist die strengste Strafe die gerechteste. Es kann eine willkürliche Art der Bestrafung sein, ohne jede Beziehung zu der Untat (Prügel oder Einsperren), aber sie ist sühnend. Oder die Strafe ist eine Konsequenz des Vergehens: wenn man z. B. ins Bett gesteckt wird, weil man Krankheit heuchelte. Dies nennt Piaget *Strafe durch Gegenseitigkeit.* Die älteren Kinder traten für sie ein, was zu dem alten Vergeltungsgrundsatz führen würde: »Aug' um Auge, Zahn um Zahn«. Die jüngeren stimmten, zumindest bei *anderen* Kindern, für die strengste und schmerzlichste sühnende Strafe. Wie ein Kind sagte: »Man muß ihm das verbieten, was er am liebsten tut.«[11] Piaget erkannte, daß diese beiden Einstellungen zur Strafe den beiden Moralitätsebenen entsprachen. Zwang von seiten der Erwachsenen erzeugt sühnende Strafe auf der Grundlage des objektiven Ausmaßes des Schadens; aber Strafe, die auf Gleichheit und Zusammenarbeit beruht, ist reziprok und zieht Motive und subjektive Verantwortlichkeit in Betracht. In diesem letzteren Stadium kommt sogar der Zeitpunkt, bei dem Kinder spüren, daß Strafe überflüssig ist, daß Belehrung hinreicht, »denn ich kann viel besser verstehen, wenn die Leute mir die Dinge erklären«, wie ein Junge es ausdrückte.

Beim Studium der kindlichen Einstellung zur Gerechtigkeit kam Piaget auf ein interessantes Phänomen. Er fand bei jungen Kindern die Überzeugung, daß Gerechtigkeit ein immanenter Bestandteil der natürlichen Ordnung der Dinge ist, denn sie meinen, daß Messer jene Kinder schneiden, denen man verboten hat, sie zu benützen, oder daß alte Brücken unter jenen Kindern zusammenbrechen, die sie überqueren, um Äpfel zu stehlen. Dies wäre ein Überrest der magischen Allmachtsgefühle der frühen Kindheit (Kapitel 6). Wie Piaget sagt:

. . . es erscheint dem Kind als ganz natürlich, daß ein beliebiger Fehler automatisch seine Strafe nach sich zieht. Tatsächlich ist für ein Kind die Natur nicht ein System von blinden Kräften, die durch mechanische Gesetze geleitet werden und blindlings wirken, sondern ein harmonisches Ganzes, das Gesetzen gehorcht, die ebensosehr moralisch als physisch sind und vor allem bis in die Einzelheiten von einer antropo- oder sogar egozentrischen Finalität durchdrungen werden. Es erscheint daher den Kleinen ganz natürlich, daß die Nacht kommt, um uns zum Schlafen zu bringen und es genügt, sich ins Bett zu legen, um diese große schwarze Wolke, die die Dunkelheit hervorbringt, in Bewegung zu setzen; ebenso, daß ihre Bewegungen diejenigen der Gestirne leiten (der Mond folgt uns, um sich mit uns zu beschäftigen). Kurz, in allem ist Absicht und Leben. Warum könnten also die Dinge nicht Verbündete der Erwachsenen sein, und zwar in einem solchen Maße, daß sie in denjenigen Fällen für die Strafe sorgen, wo die Kontrolle der Eltern hintergangen werden konnte.[12]

Von etwa acht Jahren an neigt dieser frühe Glaube an immanente Gerechtigkeit dazu, langsam zu verschwinden, wenn wir auch gelegentlich noch seine Spuren bei ungebildeten Menschen finden oder bei denjenigen Frommen, welche sagen: »Gott straft dich«. Masturbierende Kinder haben oft Phantasien, daß ihre Gesundheit oder ihre Intelligenz als Folge ihrer verbotenen Gewohnheiten Schaden leiden könnte. Piaget zitiert den Fall eines befreundeten Psychiaters, der aus seiner Kindheit eine lebhafte Erinnerung an den Deckel eines Korbes hatte, der sich unerwartet über seiner Hand schloß, als er hineingriff, um Äpfel herauszuholen. Er tat dabei nichts Verbotenes, aber er wurde unmittelbar von Schuldbewußtsein überwältigt und fühlte sich gefangen und bestraft. Piaget sagt: »Der Glaube an die immanente Gerechtigkeit rührt also von einer Übertragung der unter dem Einfluß des Zwanges der Erwachsenen erworbenen Gefühle auf die Dinge her.«[13]

Wenn das Kind älter wird und erlebt, daß »Bosheit straffrei und Tugend unbelohnt bleiben kann«, schwindet sein Glaube an immanente Gerechtigkeit allmählich.

Wir erörterten bereits das zweite Stadium der »vergeltenden Gerechtigkeit«, währenddessen die Kinder Strafe für eine notwendige Vergeltung des Ungehorsams gegen die Eltern halten. Wenn sie älter werden und in der Schule Gruppen bilden, lernen sie es, Gleichheit der Behandlung und Zusammenarbeit über Strafe zu stellen und individuelle Motive und Umstände zu berücksichtigen. Nun machen die älteren Jungen und Mädchen gegenüber der Ungeschicklichkeit kleiner Kinder Zugeständnisse und sich nachsichtig, wenn jemand durch fremde Schuld Unrecht getan hat. Piaget meint, die meisten Kinder seien mit elf oder zwölf Jahren in diese dritte und endgültige Phase der »ausgleichenden Gerechtigkeit« gelangt. Nun werden die verschiedenen Grade der Verantwortlichkeit in Anschlag gebracht, nicht nur die inneren Motive, sondern auch Faktoren wie Alter und Erfahrung. Ältere Kinder, die diese Stufe erreicht haben, gewähren den Kleineren, die ein Spiel erst gerade lernen, einen Extravorteil oder übersehen gelegentliche Irrtümer.

Piaget beschließt seine Studie über die Moralität mit einer interessanten soziologischen Analyse, wie die auf Kooperation beruhende Moralität aus der kindlichen, auf elterlicher Autorität aufgebauten Moralität entstehen kann. Wie wir sahen, sind Kinder von Grund aus egozentrisch; ihr Verständnis von gut und böse beruht auf ihren eigenen verzerrten Wahrnehmungen und einer Konkretisierung der Befehle ihrer Eltern. Aber im Laufe all des spontanen Gebens und Nehmens, das sich in der Familie und unter Spielkameraden ereignet, legen sie allmählich ihre Egozentrik ab und fangen an, den Standpunkt eines anderen Menschen zu begreifen. Nicht mehr die »rächende Gerechtigkeit« steht nunmehr im Mittelpunkt ihres Urteils über Recht und Unrecht, sondern die jeweiligen besonderen Umstände der beteiligten Person. So wie der Berg für Laurent anders aussah, als er ihn aus einer anderen Perspektive erblickte, ändern moralische Sanktionen ihr Gesicht nach den wechselnden Umständen. Autorität der Erwachsenen reicht nicht hin, in Kindern echtes Empfinden für Gerechtigkeit zu wecken. Dies ist, wie Piaget ausführt, eine Situation, die sich nicht im Gleichgewicht befindet und daher nicht stabil sein kann. Der Erwachsene ist stark und fordernd; das Kind fühlt sich schwach und unterlegen. Einseitiger Respekt führt nur zu moralischem Zwang. Der für die moralische Entwicklung wesentliche Faktor ist gegenseitiger Respekt und Kooperation – »der Zusammenarbeit unter Kindern zuerst, dann der Zusammenarbeit zwischen Kindern und Erwachsenen in dem Maße, wie das Kind heranwächst und sich zumindest in seinem Innern auf gleichen Fuß mit dem Erwachsenen stellt«.[14]

Piaget führt uns zu der Einsicht, daß es das Wachstum starker moralischer Solidarität unter Volksschulkindern ist, die das Gleichgewicht zustandebringt, ein Gleichgewicht, das auf gegenseitiger Achtung und Rücksichtnahme beruht. Weise Eltern und Lehrer wußten dies von jeher; sie erreichten durch freundliches, überlegtes und gerechtes Benehmen viel günstigere Ergebnisse als ihre autoritätsbewußten Kollegen. In dieser schwierigen Zeit, in der die Jugend unseres Landes gegen alle Formen moralischen Zwangs rebelliert, können wir von Piagets menschenfreundlicher Philosophie lernen. Wenn man den jungen Leuten klarmachen kann, daß sie »Recht und Ordnung« so nötig brauchen wie ihre Eltern, wenn die Generationen in gegenseitiger Achtung sachlich zusammenarbeiten, werden Frieden und Harmonie wieder in unserem Lande einkehren.

Anmerkungen

1 J. Piaget: Das moralische Urteil beim Kinde. Walter, Olten (Zürich) 1954, S. 54–56. (Auch Suhrkamp Taschenbücher Wissenschaft, Bd. 27.).
2 Ebda., S. 67 f.
3 Ebda., S. 121.
4 Ebda., S. 204.
5 Ebda., S. 148.
6 Ebda., S. 161.
7 Ebda., S. 216.
8 Ebda., S. 224.
9 Ebda.
10 Ebda., S. 227 f.
11 Ebda., S. 241.
12 Ebda., S. 290.
13 Ebda., S. 295.
14 Ebda., S. 362.

10 Emotionale Entwicklung

Piaget äußert sich verhältnismäßig wenig über das emotionale Leben des Kindes; seine Beobachtungen finden sich in Absätzen oder kurzen Kapiteln über seine Werke hin verstreut. Verglichen mit den meisten modernen Persönlichkeitstheorien sind seine Ideen begrenzt und unzulänglich. Er hat offensichtlich diesem Aspekt der Persönlichkeit viel weniger Aufmerksamkeit gewidmet als den kognitiven oder auch nur den perzeptuellen Funktionen. Dennoch sind seine Bemerkungen des Nachdenkens wert, und so stellen wir sie hiermit den Lesern vor.

Piaget übersieht oder leugnet die Wichtigkeit der Gefühle – *Affekte* ist der von ihm verwendete Terminus – nicht, aber im Brennpunkt seines Interesses steht das Wachstum der Intelligenz, das seiner Meinung nach für das Leben jedes Menschen entscheidend ist. Er gibt jedoch zu, daß jeder Intelligenzakt von Gefühlen (des Interesses, Vergnügens, der Anstrengung usw.) begleitet ist und aus ihnen seine Energie bezieht. Emotion ist das, was die Intelligenz dynamisch und zielgerichtet macht und sie nach immer neuen, befriedigenderen Gleichgewichtszuständen streben läßt; Emotion und Intelligenz sind die zwei Seiten derselben Münze. »Dasjenige, was der gesunde Menschenverstand im allgemeinen ›Gefühl‹ und ›Intelligenz‹ nennt und gegenüberstellt, besteht ganz einfach aus Verhaltensweisen, welche sich auf Ideen oder Dinge beziehen; aber beide Verhaltensweisen enthalten dieselben gefühlsmäßigen und erkenntnismäßigen Aspekte des Handelns, welche in der Wirklichkeit immer vereinigt sind und dabei auf keinen Fall zwei unabhängigen Vermögen des menschlichen Geistes entsprechen.«[1]

Für Piaget hat also jede Aktion einen strukturellen oder kognitiven und einen energetischen oder affektiven Aspekt. Die Intelligenz liefert die Struktur, die Gefühle die Dynamik. Da beide voneinander abhängen, erfordert die emotionale Entwicklung denselben kontinuierlichen Prozeß der Adaptation wie die kognitive Entwicklung. Auch Emotionen müssen neue Umweltsituationen assimilieren und sich an sie akkommodieren, um neue »affektive Schemata« oder Reaktionsweisen zu schaffen. Wenn ein Baby von einer Person geliebt wird, bekommt es zärtliche Gefühle gegen sie; wenn es Abweisung oder Feindseligkeit spürt, entwickelt es aggressive Tendenzen. Aber selbst emotionale Reaktionen enthalten Intelligenz und Urteil. Selbstverständlich sind »auch die Personenschemata die gleichen Schemata wie die anderen, nämlich gleichzeitig intellektuell und affektiv. Man liebt nicht ohne einen Versuch zum Verständnis, und man haßt auch nicht ohne ein subtiles Spiel von Urteilen. Wenn wir ›affektive Schemata‹ sagen, dann muß man wohl im Auge behalten, daß das einfach folgendes bedeutet: affektiver Aspekt der Schemata, die im übrigen ebenfalls intellektuell sind.«[2]

In einem erst kürzlich übersetzten Aufsatz zieht Piaget die Parallele zwischen emotionalem und intellektuellem Leben während der Kindheit und Adoleszenz.[3]

Er spricht durchgehend von den Motivationen des Verhaltens (Interesse, Neugier, Wille, Entscheidung) und von den Wertsystemen (moralische Maßstäbe, Ideale, Ziele) als von Teilen des emotionalen Lebens. Wenn er also das emotionale Leben des Säuglings beschreibt, begreift er darunter nicht nur die primären emotionalen Reflexe, wie Liebe, Zorn und Furcht, sondern auch sein instinktives Streben nach Nahrung und Trost. Er zeigt, wie das wachsende Baby durch seine sensomotorische Aktivität Lust gewinnen und Schmerz vermeiden will und dadurch seinen eigenen Körper und sein primitives Ego befriedigt, das zu dieser Zeit andere Menschen noch nicht wahrnimmt. Die ganze Entwicklung der Objektkonstanz, die wir oben erörterten, ist Freuds Konzept der »Objektwahl« sehr eng verwandt. In dem Maße, als das Baby merkt, daß seine Mutter als gesonderte Person existiert und daß sie die Quelle von Nahrung, Wärme, trockenen Windeln und all seiner primitiven Befriedigungen ist, beginnt es, sie mehr und sich selbst weniger zu lieben. Es wendet sich von narzißtischem Selbstinteresse ab und mit erhöhter Aufmerksamkeit seiner Mutter, später auch anderen Personen seiner Umwelt zu. Seine Mutter wird sein erstes Liebesobjekt, das erste Objekt seiner Wahl, um die psychoanalytische Terminologie zu verwenden. Durch sie lernt es zwischen sich und der äußeren Realität zu differenzieren; nicht nur, wie wir bereits behandelten, intellektuell, sondern auch emotional. Es ist nun daran interessiert, ihr zu gefallen – die Dämmerung der Motivierung – und nimmt ihre Stimmungen wahr, die es reflektiert. Dies ist der Anfang des emotionalen Lebens des Kindes wie auch seiner Intelligenz.

Hier müssen wir Piagets Verwendung des Wortes »Ego« diskutieren. Er spricht vom Ego als dem primitiven Selbstsinn, nicht in der Bedeutung von Egoismus, sondern einfach von Nicht-gewahr-Werden anderer. Egozentrik ist nicht das gleiche wie Egoismus, wie wir bereits erklärten. Aber bei der Schilderung des primitiven Egos des Babys, das Piaget an einer Stelle sogar »abscheulich« nennt[4], scheint er sich auf das zu beziehen, was Freud »Es« nennt, nämlich die niedrigste Bewußtseinsebene, auf der primäre Gratifikationen und primitive Emotionen wahrgenommen werden.

Auf der präoperationalen Ebene beschreibt Piaget einen auftauchenden Sinn für das Selbst-in-Beziehung-zu-anderen, der nahezu auf die Freudsche Definition des »Ego« paßt. Das Kind, sagt er, erwirbt in dieser Periode neue Interessen und Werte, zeigt die ersten Spuren moralischer Empfindungen und entwickelt, über den Umkreis seiner engsten Familie hinaus, interpersonelle Emotionen. Seine neuen Interessen sind eine Weiterentwicklung der primitiven Bedürfnisse seiner Babyzeit, die sich nun zur Freude am Zeichnen, am Lernen neuer Wörter und all den symbolischen Aktivitäten erweitern, die zu diesem Zeitpunkt Teil seines intellektuellen Wachstums sind.

Es hängt weitgehend von seiner Selbstvorstellung ab, wie viel Interesse und Motivation das Kind nun äußert. Wenn das Bild von sich selbst, das es in den Augen seiner Mutter, in der Haltung seiner Familie und der Behandlung durch andere Kinder auf sich zurückgespiegelt sieht, warm und positiv ist, erlebt es sich selbst als »gut«. Die Art seines Benehmens, das Selbstvertrauen, mit dem es neue Probleme anpackt, sein Interesse am Lernen neuer Fertigkeiten – all das ist eine Funktion seines Selbstbildes. Seine Einstellung zu sich selbst wird von seinen emotionalen Reaktionen auf andere Personen reflektiert. Vielleicht ist es ein glückliches, liebendes, aufgeschlossenes Wesen, schnell bereit mit anderen zu sympathisieren, seine Spielsachen mit seinen Kameraden zu teilen und sich mit ihnen zu vertragen. Oder es ist ängstlich, mürrisch, zurückgezogen und feindselig, weil es seinen Zorn und seine Furcht über die Art, wie die Welt es behandelt hat, ausdrücken muß. In diesen ungeheuer wichtigen Vorschuljahren werden die Fundamente für alles zukünftige Lernen gelegt, und, obwohl Piaget es nicht ausdrücklich sagt, sowohl die kognitive als auch die emotionale Entwicklung können in dieser Periode dauernd geschädigt werden.

Wir sahen in unserer Diskussion der Moralität des jungen Kindes, daß die Achtung vor Erwachsenen die Quelle der frühesten moralischen Regungen ist. Achtung, sagt Piaget, ist »ein Gemisch aus Zuneigung und Furcht . . ., wobei die zweite Komponente eben die in einer solchen Gefühlsbeziehung bestehende Ungleichheit betont«.[5] So darf man Erwachsene nicht anlügen, wohl aber Spielkameraden. Dies ist die Zwangsmoral, die wir diskutiert haben; Regeln werden von Erwachsenen gemacht und Gerechtigkeit beruht auf dem Gesetz der Vergeltung (Auge um Auge, Zahn um Zahn). Erwachsene sind in dieser Periode des Lebens eines Kindes äußerst wichtig für seine emotionale und moralische Entwicklung.

Diese Wichtigkeit nimmt jedoch langsam ab, wenn die mittleren

Jahre der Kindheit erreicht sind. Wenn die Kinder intellektuell in der Lage sind, den Standpunkt einer anderen Person zu begreifen, werden sie auch emotional einfühlsam. »Kooperation zwischen Individuen . . . koordiniert . . . deren Standpunkte auf eine Art, welche zugleich Autonomie und Zusammenhalt gewährleistet.«[6] Wechselseitige Achtung ändert die Moralgefühle der Kinder: die Regeln beruhen auf Kooperation und die Gerechtigkeit wirkt »ausgleichend«. Wer seine Kameraden jetzt belügt oder über sie klatscht, wird zum sozial Geächteten. Die Moralität der Kooperation, eine höhere Form des Gleichgewichts, ersetzt auf dieser Stufe die Moralität der Unterordnung unter die Autorität.

Ein weiteres Kennzeichen dieser Stufe der Emotionalentwicklung ist nach Piaget das Auftreten der Willenskraft. Wille ist das Endprodukt kindlicher Bedürfnisse und Interessen. Piaget vergleicht seine Funktion mit der der logischen Operationen; er repräsentiert ein stabiles Gleichgewicht organisierter Emotionen. Bei einem emotionalen Konflikt – etwa des Verlangens nach Lust mit den Forderungen der Pflicht – verstärkt die Willenskraft »die übergeordnete und schwache Tendenz«, um sie »zu unterstützen und ihr zum Sieg zu verhelfen«.[7] Als solche ist sie ein Regulator der Energie und verstärkt die höhere Wahl ebenso wie logisches Denken die korrekte Schlußfolgerung verstärkt, die sich in Konflikt mit der perzeptuellen Erscheinung befindet. So verhilft die Willenskraft zur Beherrschung, wenn man bei einer Diät bleiben soll, aber von Schokoladekuchen versucht wird, genau so wie die Logik zu der Erkenntnis verhilft, daß eine Tonkugel ihre Masse behält, wie viel größer sie auch in ausgewalztem Zustand aussieht.

In der Adoleszenz sind die wichtigsten emotionalen Errungenschaften nach Piaget die Entwicklung der Persönlichkeit und der Ideale. Er vernachlässigt mehr oder weniger die emotionalen Veränderungen infolge der Pubertät und meint, das Grundproblem der Adoleszenz sei, daß das Individuum nun beginnt, die Rolle des Erwachsenen aufzunehmen. Das heißt, daß sich der Jugendliche für Ziele und Ideale entscheiden und disziplinieren muß. Für Piaget ist »Persönlichkeit die Unterwerfung des Ich unter ein Ideal, das es verkörpert, aber über es hinausgeht und es sich unterwirft«.[8] Eine starke Persönlichkeit ist jene, die das Ich disziplinieren kann, indem sie sich ihm widersetzt. Während das Ich um das Selbst zentriert ist, ist Persönlichkeit das »dezentrierte Ich«.

Was Piaget damit sagen will, ist, daß das Kind eine begrenzte Fähigkeit hat, andere zu verstehen und mit ihnen zusammenzuarbeiten. Es kann mit seinen Kameraden umgehen und erfaßt konkrete Erfahrungen, etwa persönliche Ungerechtigkeiten, die es erlitten hat. Aber es ist unfähig, ein Verhältnis zur Menschheit als ganzem zu bilden oder abstrakte Ideale, wie Vaterlandsliebe oder soziale Gerechtigkeit, zu verstehen. Daher ist Persönlichkeit nach Piagets Definition erst mit der Adoleszenz möglich, obwohl sie ihre Wurzeln in der Entwicklung des Willens während der mittleren Kindheit hat. Das Kind ist nicht in der Lage, Theorien zu konstruieren und sein eigenes Denken zu analysieren, noch kümmert es sich viel um Menschen außerhalb seines vertrauten Kreises. Aber der Heranwachsende kann über die Gegenwart und das Bekannte hinaus denken, um politische Ideologien oder philosophische Systeme aufzubauen. Er ist ein Träumer von Träumen, ein Richter von Übeln, ein Verteidiger der Bürgerrechte und der politischen Freiheit. Er neigt dazu, für die Gesellschaft, die ihn hervorgebracht hat, nichts als Verachtung zu empfinden, und manchmal sind seine Pläne nicht frei von Größenwahn. Vielleicht schreibt er sich selbst eine wesentliche Rolle in der Rettung der Menschheit zu, oder er nimmt teil an radikalen Bewegungen, wie so viele der heutigen Studentengeneration.

Die Heilung für den ungezähmten Idealismus der Heranwachsenden ist Arbeit, sagt Piaget – »effektive und konstante Arbeit, . . . heilt . . . sobald sie in einer konkreten und genau definierten Situation aufgenommen wird, von allen Träumereien«.[9]

Ebenso wie praktische Erfahrung hypothetische Möglichkeiten mit der Wirklichkeit der Dinge versöhnt, so stellt fachmännische Arbeit das Gleichgewicht her und markiert den Übertritt in das Erwachsenenalter.

Wäre es denkbar, daß Piaget uns hier sagt, wie wir mit den Revolutionären unserer Tage umzugehen haben? Die entfremdeten Studenten, die versagen und ihre Identität suchen, würden sie vielleicht viel schneller finden, wenn sie Berufe, die Verantwortlichkeit erwachsener Menschen und eine Familie zu erhalten hätten. Es gäbe weniger Versager in unserer Gesellschaft, wenn ihnen die Eltern nicht monatlich Unterhalt bezahlten. Vielleicht lassen wir unsere jungen Leute zu spät erwachsen werden. Sie haben das Privileg, erwachsen zu sein, ohne die entsprechende Verantwortung zu übernehmen. Piagets Worte stammen von 1940, aber seine Botschaft ist heute relevant. »Man braucht sich also nicht zu beunruhigen über die Extravaganzen und Verirrungen gerade der besten unter den Jugendlichen . . . die echte Anpassung an die Gesellschaft erfolgt zuletzt automatisch, sobald der Jugendliche vom Reformator zum Realisator wird.«[10]

Anmerkungen

1 J. Piaget: Psychologie der Intelligenz. Walter, Olten, 5. Aufl. 1972. S. 14.
2 J. Piaget: Nachahmung, Spiel und Traum. Die Entwicklung der Symbolfunktion beim Kinde. Klett, Stuttgart 1969, S. 265.
3 J. Piaget: Sechs psychologische Studien, in: Theorien und Methoden der modernen Erziehung. Molden, Wien–München–Zürich 1972. (Zit. nach Fischer Taschenbuch, Bücher des Wissens, Bd. 6263, Fischer Taschenbuch Verlag, Frankfurt 1974, Kapitel 1.).
4 B. Inhelder/J. Piaget: The Growth of Logical Thinking from Childhood to Adolescence. Basic Books, New York 1958, S. 349 (Übers.).
5 J. Piaget: Sechs psychologische Studien, a.a.O., S. 181.
6 Ebda., S. 197.
7 Ebda., S. 201.
8 B. Inhelder/J. Piaget: The Growth of Logical Thinking from Childhood to Adolescence, S. 349, a.a.O.
9 J. Piaget: Sechs psychologische Studien, a.a.O., S. 209.
10 Ebda.

11 Spiel und Nachahmung

Spiel ist nach Piaget ein unerläßlicher Schritt in der kognitiven Entwicklung des Kindes. Spiel überbrückt die Lücke zwischen sensomotorischer Erfahrung und dem Auftauchen repräsentativen oder symbolischen Denkens. Piaget verwendet den Terminus *ludischer Symbolismus* (ludus = lat. Spiel) für die Phantasiespiele der Kinder, in denen ein Stock zum Gewehr und ein Maiskolben zur Babypuppe wird. Der unmittelbare Reiz, der Stock oder Maiskolben, ist für das Kind das ludische Symbol des Gewehrs oder der Babypuppe, an die es gerade denkt. So stimuliert das Phantasiespiel sein Denken über die nicht-existenten Objekte, die von diesen Symbolen dargestellt werden. Piaget vermutet, daß die symbolische Funktion des Spiels auch eine Voraussetzung für die Entwicklung der Sprache ist. Erst kommt die tatsächliche sensomotorische Erfahrung mit dem Objekt oder der Handlung, dann die Wiederbelebung dieser Erfahrung im Phantasiespiel, und zuletzt das Wort, welches das ganze Schema verbal repräsentiert. Da Sprache und symbolisches Spiel sich gleichzeitig entwickeln, ist es schwierig, zu entscheiden, was zuerst kommt. Doch wenn man von den Schwierigkeiten ausgeht, die Kinder haben, wenn sie von Dingen lesen sollen, über die sie keinerlei Erfahrung haben, möchte man Piaget recht geben. Lehrer in kulturell benachteiligten Gebieten beklagen sich darüber, daß für Ghettokinder die üblichen Lesebücher keinen Sinn haben; für die Minoritäten müssen Spezialbücher abgefaßt werden. Ich erinnere mich an einen Jungen, der das Wort »Nacht« nicht lesen lernen konnte. Dieser Junge war nicht vernachlässigt im üblichen Sinn, sondern im Gegenteil überbeschützt. Die Fenster seines Schlafzimmers hatten dichte Jalousien, die die samtige Dunkelheit und alle die kleinen schläfrigen Laute der Nacht abhielten. Er hatte nie Mondlicht oder Sternenglanz erlebt; ohne den Hintergrund sinnvoller Erfahrung konnte er das verbale Symbol »Nacht« nicht lernen, das all das repräsentiert. Spiel ist also die kindliche Weise, die Realität der Umwelt zu assimilieren. Es überbrückt die Lücke zwischen sensomotorischer Aktivität und gedanklicher Darstellung. Aber Spiel, besonders Phantasiespiel, neigt dazu, ins Reich der Imagination überzugehen, wie Piaget sagt. »Im Gegensatz zum objektiven Denken, das sich an die Erfordernisse der äußeren Realität anzupassen versucht, stellt das Spiel der Phantasie in der

Tat nur eine symbolische Transposition dar, die die Dinge der eigenen Aktivität unterordnet, und zwar ohne Regel oder Beschränkungen. Das Spiel ist so fast reine Assimilation, d. h. es ist Denken, das ausgerichtet ist durch das vorherrschende Bedürfnis nach individueller Bedürfnisbefriedigung.«[1]

Wenn symbolisches Spiel »fast reine Assimilation« ist, findet Piaget einen Ausgleich dafür im Prozeß der Imitation. Kinder neigen dazu, alles in ihrer Umgebung nachzuahmen oder zu imitieren. Von dieser Imitation meint Piaget, daß sie »nur die Akkommodation fortführt«.[2]

Wir behandelten bereits die Doppelfunktionen Assimilation und Akkommodation bei der Adaptation. Piaget meint, daß das Baby durch Nachahmung dessen, was es in seiner Umgebung sieht und hört, sich an ihre Realität akkommodiert. Wenn es mit dieser äußeren Realität spielt und sie dabei vergnüglich verdreht, damit sie seinem Geschmack entspricht, assimiliert es sie seiner eigenen Erfahrung. Das Kind, das so tut, als esse es aus einem Eichelnäpfchen, assimiliert das Eichelnäpfchen seiner Erfahrung mit Schüsseln und Löffeln. Das Kind, das in seinem hohen Stühlchen sitzt und die Manieren und Gesten der Erwachsenen nachahmt, akkommodiert seine Eßsitten an seine Umgebung.

Die Imitation scheint der erste dieser beiden Prozesse zu sein, obwohl das Spiel oft so eng mit ihr verbunden ist, daß man kaum feststellen kann, wo die Imitation aufhört und das Spiel anfängt. Für Piaget liegt die Unterscheidung im Lächeln und den Anzeichen des Vergnügens, die das Spiel begleiten, im Gegensatz zu der Ernsthaftigkeit der kindlichen Akkommodationsversuche, ist doch »das Spiel . . . ein Nachlassen der Anpassungsanstrengung und ein Ausüben oder ein Einüben dieser Aktivitäten nur aus dem Vergnügen heraus, sie zu beherrschen«.[3]

Piaget findet schon in den allerersten Lebenstagen des Babys Anzeichen für imitatives Verhalten. Er führt den Fall seines Sohnes Laurent an, der wie viele Babys zu weinen begann, wenn er andere Säuglinge rundum im Krankenhaus schreien hörte. In der Nacht nach seiner Geburt wurde Laurent durch das Babygeschrei in seiner Nähe wach und begann mit in den Chor einzustimmen. Das geschah noch mehrmals in den nächsten Tagen. Wenn Papa Piaget Laurents Wimmern nachahmte, begann das Baby bitterlich zu weinen, während es nicht reagierte, wenn der Vater pfiff oder andere Laute von sich gab.

Piaget schreibt dieses oft beobachtete Phänomen einem stimmlichen Reflex zu, der durch das Schreien anderer Babys ausgelöst wird. Dies würde erklären, warum Laurent auf Pfeifen oder andere Geräusche nicht reagierte, sondern nur auf Geschrei, das er ja bei seiner infantilen Egozentrik nicht von seinem eigenen unterscheiden konnte. Dieses Verhalten ist schwerlich bewußte Nachahmung, sondern entspricht jenem ersten Stadium der Intelligenzentwicklung, das durch neonatale Reflexe, ohne Gewahrwerden des Unterschieds zwischen Selbst und äußerer Realität, charakterisiert ist.

In den nächsten Lebensmonaten beobachtet Piaget bei allen seinen Kindern »vokale Ansteckung«. »Vokalansteckung ist nur eine Auslösung der Stimme des Kindes durch die Stimme eines anderen, ohne genaue Nachahmung der gehörten Laute.«[4] Er schildert wie er auf Luciennes spontane Lautäußerungen lauschte, als sie einen Monat alt war und wie er sie durch systematische Nachahmung dazu brachte, diese Laute gleichsam als Antwort zu äußern, wenn er sie ihr vormachte. Zu diesem Zeitpunkt war sie drei Monate alt.

Nach Piaget entwickelt sich stimmliche Ansteckung leicht zu lautlicher Nachahmung. Das Baby reagiert erst irgendwie auf eine fremde Stimme, dann in einer vage imitierenden Weise und schließlich, mit etwa sechs Monaten, präzise und systematisch. Jacqueline erfand mit etwa sechs Monaten einen neuen Laut, indem sie ihre Zunge zwischen die Zähne nahm. Der Laut klang ungefähr wie »pfs«. Ihre Mutter ahmte ihn nach und Jaqueline wiederholte ihn, entzückt lachend. Ungefähr drei Wochen lang konnten Vater oder Mutter »pfs« sagen und Jacqueline »antwortete« ihnen.

Zu ähnlichen Ergebnissen kam Piaget auf dem Gebiet des Sehens. Er beschreibt, wie ihn Lucienne mit fast zwei Monaten beobachtete, wenn er seinen Kopf schnell von links nach rechts bewegte, und sie die Bewegung dann selbst ausführte. Mit zweieinhalb Monaten konnte sie zwischen Seitwärts- und Auf-und-nieder-Bewegungen unterscheiden und sie richtig nachahmen. Als Piaget jedoch zu komplexeren motorischen Aktionen überging, entdeckte er, daß ein Modell nur dann imitiert wird, wenn es einem sensomotorischen Verhaltensmuster assimiliert werden kann, das sich schon ausgeformt hat. Jacqueline konnte mit sechs Monaten greifen und ihre Finger um Spielsachen schließen, aber sie ahmte erst zwei Monate später ihren Vater nach, wenn er die Hand öffnete und schloß. Er beobachtete, daß sie damals ihre Finger abwechselnd streckte und schloß und ihre Hand mit großer Aufmerksamkeit betrachtete, als ob dies ein neues, isoliertes Stückchen Verhalten für sie wäre. Piaget schloß aus diesen und ähnlichen Beobachtungen, daß ein Kind lernt, neue motorische Verhaltensmuster nachzuahmen, wenn sie geübt werden, wo es sie deutlich sehen kann.

Dies wirft die Frage auf, wieso so viele Babys lernen können, »Winke-winke« zu machen, wenn das für sie eine sinnlose Bewegung ist, bei der sie sich selbst nicht sehen können. Piaget gibt zu, daß man kleinen Babys, »alle möglichen Tricks« beibringen kann, aber nennt das *Pseudo-Imitation*, nicht wirkliche Imitation, die dauernd geübt und vom erwachsenen Modell gelobt und bewundert werden muß. Solches Verhalten wird ohne enthusiastisches Beispiel, das immer wieder dazu auffordert, schnell vergessen. Wenn jedoch Papi jeden Morgen winkend und lächelnd weggeht, oder Mami ihren Mund weit aufmacht, um dem Baby das Essen hineinzuschmeicheln, lernt das Kind ihr Verhalten nachzuahmen und auf ihre herzliche Billigung zu reagieren.

Mit acht oder neun Monaten hat das Baby Stufe IV seiner sensomotorischen Entwicklung erreicht und ist bereit, komplexere Koordinationen der bereits beherrschten Verhaltensmuster zu lernen. Um diese Zeit wird es Bewegungen nachahmen, die ihm bereits bekannt, aber nicht sichtbar sind, wenn es ein Modell hat. Es fängt an, mit größerer Flexibilität und Reaktionsbereitschaft Laute und Gesten nachzuahmen, die ihm neu sind. So versuchte Lucienne mit zehn Monaten, ihren Vater nachzuahmen, wenn er sich auf den Bauch klopfte und wenn er einen Ball aufhob. Nicht ganz zwei Monate später imitierte sie ihn, wenn er Gegenstände unter einem Taschentuch versteckte. Vorher hatte sie eine Rassel unter der Decke versteckt und mit ihrem Vater versteckte Dinge gesucht, aber nie die Objekte selbst versteckt.

Piaget erklärt dieses Interesse an neuen Verhaltensmustern als Zeichen der sich entwickelnden Intelligenz des Kindes. Bis dahin hatte es sich nur für Aktivitäten interessiert, die eine Fortsetzung seiner eigenen zu sein schienen, angefangen von der Nachahmung des Geschreis, das es nicht von seinem eigenen unterscheiden konnte, bis zu den Versuchen, interessante Aktivitäten durch wiederholte Nachahmung zu verlängern. Nun reagiert es auf neuere und komplexere Weisen, angeregt »durch die angebotenen Modelle«, die zwar »der eigenen Aktivität hinreichend ähnlich sind, so daß sie die Tendenz zur Reproduktion auslösen, . . . sich aber gleichzeitig von den schon konstituierten Schemata unterscheiden.«[5]

Im fünften Stadium der Imitation fängt das Kind, nun etwa eineinhalb Jahre alt, an, neue Modelle nachzuahmen und bekannte Muster auf verschiedene Weise abzuwandeln, als ob es die verschiedenen Ergebnisse beobachten wollte. Man hört das im Geplapper des Kindes, wo es etwa von »Da-Da« über »Ba-Ba« zu »Pa-Pa« übergeht und so mit neuen Lautkombinationen experimentiert, um die Äußerungen der Erwachsenen nachzuahmen. Oder es erscheint im motorischen Verhalten, wenn etwa Jacqueline ihren Vater nachahmte, indem sie Linien auf ein Stück Papier zeichnete. Sie brachte mit ihrer rechten Hand einige Striche zustande und nahm dann den Stift in die Linke. Dabei drehte sie ihn um, so daß, als sie mit dem falschen Ende zeichnen wollte, nichts geschah. Um sie zu ermutigen, tat Piaget so, als ob er mit dem Finger Linien ziehe, woraufhin Jacqueline ihn sofort mit ihrem Finger imitierte.

Das sechste Stadium der Nachahmung, das Piaget beschreibt, ist sehr interessant und durch *aufgeschobene Imitation* charakterisiert. Piaget gibt mehrere Beispiele, in denen seine Kinder eines Tages etwas beobachteten und es später nachahmten; der Vorgang hatte also ein geistiges Bild in ihnen hinterlassen.

Mit 1;4 (3) bekommt J. Besuch, und zwar von einem kleinen Jungen von 1;6, den sie von Zeit zu Zeit sieht und der sich im Verlauf des Nachmittags in eine fürchterliche Wut hineinsteigert: Er heult und versucht, aus seinem Laufställchen herauszukommen und stampft mit den Füßen auf den Boden des Ställchens. J., die noch niemals solche Szenen gesehen hat, betrachtet ihn überrascht und bewegungslos. Doch am folgenden Tag ist sie es, die im Laufställchen schreit und es zu verschieben versucht, wobei sie mehrfach nacheinander leicht mit dem Fuß aufstampft. Die Nachahmung des ganzen Verlaufs ist frappierend; diese Nachahmung hätte natürlich eine Vorstellung nicht impliziert, wenn sie unmittelbar gewesen wäre, aber nach einer Zwischenzeit von mehr als 12 Stunden setzt sie zweifellos ein Element der Vorstellung oder Vor-Vorstellung voraus.

Mit 1;4 (17), nach einem Besuch desselben Jungen, ahmt sie diesen wiederum deutlich nach, aber bei einem anderen Verhalten: Sie wirft sich hin, den Kopf hintenübergebeugt und die Schultern vom Boden abgehoben, und sie lacht auf eine ganz bestimmte Art (wie ihr Vorbild).[6]

Der Vorfall erinnert an Lucienne, wie sie mit dem Mund das Öffnen einer Streichholzschachtel imitierte. Bei den Kindern dieser Stufe gibt es deutliche Anzeichen dafür, daß sie geistige Bilder oder konkrete Symbole vergangener Ereignisse oder nicht sichtbarer Objekte haben. Sie erheben sich aus der sensomotorischen Phase in die lange präoperationale Periode, in der sie lernen, mit dergleichen geistigen Vorstellungen umzugehen.

Die Anfangsstadien des Spiels überschneiden sich mit diesen Stadien der Imitation und sind oft untrennbar von ihnen; Piaget trifft die Entscheidung – Imitation oder Spiel – hauptsächlich nach dem *funktionalen Vergnügen,* ausgedrückt in Lächeln oder Gelächter, das die Aktivität begleitet. Bei der Nachahmung scheint das Kind, wie gesagt, eine ernsthafte Anstrengung zu machen, sich an neue Objekte und Tätigkeiten zu akkommodieren. Beim Spiel assimiliert es sich Objekten und Aktivitäten zu seinem eigenen Vergnügen. Nur »aus Spaß« baut es Sandburgen oder gibt vor, zu fliegen wie ein Supermensch. »Die Handlung impliziert kein Lernen mehr, sondern ist eine einfache lustvolle Entfaltung bekannter Handlungsvollzüge.«[7]

Sogar Piaget hat bei all seiner Leidenschaft für Klassifikation

Schwierigkeiten, die frühen Stadien des Spiels von sensomotorischem Verhalten im allgemeinen zu unterscheiden. Er erwähnt »das Vergnügen der Mahlzeiten« auf der Reflexebene des ersten Stadiums; und kann im zweiten und dritten Stadium nur auf die »mehr und mehr zunehmende Lust« verweisen, die seine Babys zeigten, als adaptive Verhaltensweisen leichter und vertrauter wurden. Im vierten Stadium beschreibt er, wie Laurent, der eben lernt, die Hand des Vaters zur Seite zu schieben, um ein Spielzeug zu erreichen, sich plötzlich mehr für den Kampf mit dem Vater interessiert als für das Spielzeug. Er stößt die Hand beiseite und bricht in lautes Gelächter aus – das Spielzeug ist völlig vergessen. So hat sich das Interesse vom Ziel der Handlung auf die Handlung selbst verlagert, und was intelligente Adaptation gewesen war, ist für einen Augenblick Spiel geworden.

Während des fünften Stadiums variiert das Kind bekannte Verhaltensmuster in charakteristischer Weise, um die verschiedenen Resultate zu beobachten. Es ereignet sich häufig, sagt Piaget, »daß ein Kind sich bei einem zufälligen Ereignis damit vergnügt, die verschiedenen Handlungen zu kombinieren, ohne eine Beziehung zwischen ihnen herzustellen und ohne einen wirklichen Versuch zum Experimentieren zu machen. Das Kind wiederholt dann einfach rituell diese Handlungen und macht daraus ein Spiel motorischer Handlungskombinationen.«[8]

Er schildert, wie die einjährige Jacqueline während des Bades mit der rechten Hand ihr Haar hielt. Die nasse Hand rutschte ab und schlug mit einem Platsch ins Wasser. Das war eine erfreuliche neue Erfahrung, und Jacqueline wiederholte sie sogleich. Sie variierte die Höhe und die Stellung ihrer Hand in ihrem Haar, aber während der folgenden Tage wiederholte sie dieses Verhaltensmuster mit der Regelmäßigkeit eines Rituals. Einmal schlug sie ins Wasser, sobald sie ins Bad gesetzt wurde, aber plötzlich hielt sie inne und hob ihre Hände empor zu den Haaren, um so das bekannte Spiel genau nach ihrem eingeführten Brauch zu spielen.

Diese Verhaltensweisen sind sonderbar, sagt Piaget, weil sie nicht an äußere Umstände angepaßt sind. Solche kindischen Rituale beruhen nicht auf Zwangsvorstellungen (wie bei älteren Kindern, die ängstlich vermeiden, auf eine Fuge im Pflaster zu treten, oder auf jedes Geländer schlagen, an dem sie vorbeigehen), sondern auf dem Vergnügen an der Selbstunterhaltung. Insofern dieses Spiel über die Notwendigkeit, zu adaptieren, hinausgeht, muß es als »Funktion der Assimilation« betrachtet werden.

Im sechsten Stadium beschreibt Piaget das Auftauchen des *ludischen Symbolismus*, bei dem ein Objekt das spielerische Symbol für etwas anderes wird, das ihm unter Umständen nur entfernt ähnlich ist. Jacqueline sah mit 1;3 ein Tuch mit Fransen, das sie an ihr Kopfkissen erinnerte. Sie legte sich darauf und tat, als ob sie schlafen wollte, dabei lachte sie die ganze Zeit. Fünf Monate später gibt sie vor, ein Stück Papier zu essen, und sagt dazu: »Schmeckt gut!« Lucienne tat im selben Alter, als wolle sie aus einer Schachtel trinken und hielt sie dann allen Anwesenden an den Mund. Dieser symbolischen Verwendung der Schachtel war das spielerische Trinken aus leeren Gläsern vorausgegangen, mit all den begleitenden Lauten von Lippen und Kehle.

So unterscheidet Piaget schon am Anfang des zweiten Lebensjahres die »Fiktion oder das Gefühl ›als ob‹«, dessen Charakteristikum »das spielerische Symbol« ist, von »den einfachen motorischen Spielen«.[9]

Das Phantasiespiel unterscheidet sich auch von der Nachahmung, insofern es die Funktion der Nachahmung ist, Gegebenheiten der Realität zu kopieren oder sich an sie zu akkommodieren, während das ludische oder symbolische Spiel die realen Gegebenheiten verdreht, so daß sie der Phantasie des Kindes entsprechen. Nachahmung (beruhend auf Akkommodation an die Wirklichkeit) und Spiel (beruhend auf Assimilation der Wirklichkeit an das private, egozentrische Denken) stellen daher die Extreme der beiden Funktionen dar, die zusammenwirken müssen, um das Gleichgewicht herzustellen.

Am Ende der sensomotorischen Periode (zwei Jahre) lassen sich nach Piagets Beobachtungen Nachahmung und symbolisches Spiel klar unterscheiden. Beide entfernen sich allmählich von der Abhängigkeit von konkreten Objekten in Richtung auf geistige Vorstellungen oder Gedanken. Aber bei der Nachahmung ist die geistige Vorstellung eine Kopie der Realität oder ein Bild des gedachten Objekts. Im Falle des ludischen Spiels ist das Objekt ein Symbol, das etwas anderes im Kind Existierendes suggeriert. Die Verbindung kann offensichtlich oder ganz lose sein, je nachdem wie egozentrisch das Denken des Kindes ist. Ein Eichelnäpfchen ist ein eingängiges Symbol für eine Schüssel, aber als Jacqueline (mit 1;11) eine Muschel an einer Schachtel entlanggleiten ließ, verriet nur ihre Erklärung »Katze auf der Mauer«, was das für sie bedeutete. Wichtig ist jedoch, daß sowohl im Spiel als auch in der Nachahmung das Zweijährige sich nicht mehr auf der sensomotorischen Ebene bewegt, sondern das Niveau des Denkens zu erreichen beginnt.

Piaget fährt dann fort, die Evolution des kindlichen Spiels zu studieren, Erklärungen für es und für sein Verschwinden in späteren Jahren zu suchen. Er folgert, daß es drei Hauptkategorien von Spielen gebe: Übungsspiele, symbolische Spiele und Spiele mit Regeln. Übungsspiele treten zuerst auf; sie sind eine Weiterentwicklung der Nachahmungstätigkeit während der sensomotorischen Periode: Kieselsteine werfen, Seilspringen, Perlen auffädeln, Bauklötze aufeinandertürmen. Solche Spiele können nur zu verbesserter motorischer Leistung führen, aber auch zu destruktiven Tätigkeiten, z. B. Bauklötze umwerfen. Sie können zufällig oder absichtlich zu neuen, befriedigenden Resultaten führen, wie bei vielen pädagogischen Spielen. Oder sie können sich zu symbolischen Spielen entwickeln, etwa zum Bau einer Sandburg, oder zu konstruktiven Spielen, oder auch zu Spielen mit Regeln wie Strichhüpfen oder Murmelspiel. Konstruktive Spiele wie Bauen oder Weben betrachtet Piaget nicht als richtige Spiele, sondern als Brücken zwischen Spiel und Arbeit; sie gehen unmerklich in die praktischen Tätigkeiten des Erwachsenenlebens über. Aber Spiele mit Regeln sind wesentlich sozial, sie führen zu vermehrter Adaptation. Da sie auch bei Erwachsenen anzutreffen sind, glaubt Piaget, hier die Erklärung gefunden zu haben, was aus den Kinderspielen wird: sie sterben aus zugunsten der sozialisierten Spiele.

Das Hauptinteresse Piagets aber konzentriert sich auf symbolische Spiele, welche »Darstellung eines nicht vorhandenen Objekts« implizieren und sowohl nachahmend als auch imaginativ sind. Insofern diese Spiele die eigenen Gefühle, Interessen und Aktivitäten des Kindes symbolisieren, helfen sie ihm, sich schöpferisch auszudrücken und ein reiches, befriedigendes Phantasieleben zu entwickeln. Während Piaget mit Freud darin übereinstimmt, daß Kinder Phantasiespiele benutzen können, um verbotene Gefühle oder unerfüllte Wünsche auszudrücken, geht sein Denken über die kognitiven Aspekte solcher Spiele viel weiter. Wie bereits erwähnt, glaubt er, ludischer Symbolismus sei ein notwendiger Schritt auf dem Wege zur angepaßten Intelligenz. Wenn die Kinder die lange Entwicklung von sensomotorischer Aktivität zu operationalem Denken vollendet haben, verschwinden die symbolischen Spiele allmählich; Tagträumen oder Spiele mit Regeln treten an ihre Stelle.

Zwischen zwei – Ende der sensomotorischen Periode – und vier Jahren erreicht das symbolische Spiel seinen Gipfelpunkt. Piaget klassifiziert wie üblich sorgfältig alle bei den Spielen seiner Kinder beobachteten Entwicklungen in Typen und Subtypen. Typ I umfaßt die Projektion der frühesten symbolischen Schemata auf neue Objekte. Jacqueline durchlief diese Phase, indem sie zuerst vorgab, selbst zu schlafen, dann ihren Hund und ihren Bären schlafen gehen ließ. Lucienne tat, als ob sie telefoniere, ließ dann ihre Puppe telefonieren und benützte schließlich alle möglichen Dinge, sogar Laubblätter, anstelle des wirklichen Hörers. In den folgenden Monaten benutzten die Kinder ihren Körper, um andere Menschen oder Dinge darzustellen (Typ II). Jacqueline bewegte mit zwei Jahren ihre Finger den Tisch entlang und sagte dazu: »Finger spazieren . . . Pferde laufen.« Lucienne war der Briefträger oder ihre Patin oder »Therese mit ihrem Samthut«.

Mit 4;3 steht L. unbeweglich neben mir und imitiert eine Art von Glockenton. Ich bitte sie, damit aufzuhören, aber sie tut es weiter. Ich lege ihr dann meine Hand auf den Mund. Sie stößt mich ungehalten weg, hält sich dabei aber immer noch sehr aufrecht und sagt zu mir: »Mach' das nicht. Ich bin eine Kirche (= der Glockenturm)!«[10]

Bei den Spielen von Typ I versucht das Kind, wie Piaget sagt, »seine individuellen Fähigkeiten frei zu gebrauchen, seine Handlungen zu reproduzieren aus Freude, sich und anderen damit ein Schauspiel zu geben, kurz, sein Ich zu entfalten und dem Ich ohne Beschränkung das zu assimilieren, was normalerweise Akkommodation an die Wirklichkeit und assimilatorische Anstrengung ist.«[11]

Aber bald schreitet es zu den Spielen von Typ II fort, in denen es Aussehen und Tun anderer Menschen reproduziert oder seine Spielsachen sein eigenes Leben darstellen läßt. In Typ III finden wir die Übertragung ganzer Szenen anstelle isolierter Stückchen und lange, komplizierte schauspielerische Episoden, die oft längere Zeit hindurch immer wieder aufgeführt werden. Mit zweieinhalb bereitete Jacqueline im Spiel ein Bad für Lucienne vor, wobei sie eine leere Schachtel als Wanne und ein Grasblatt als Thermometer benützte. Sie tauchte das Thermometer in die Wanne, und da sie fand, daß es zu heiß sei, wartete sie einen Augenblick, dann versuchte sie es noch einmal. »Jetzt ist's recht, Gott sei Dank!« sagte sie und tat dann so, als ziehe sie Lucienne aus, ein Kleidungsstück nach dem anderen, ohne sie auch nur zu berühren.

Etwa einen Monat später gab Jacqueline vor, ein Baby in Schlaf zu wiegen, wobei sie es in den Armen hielt und mit ihm sprach. Eine Woche später spielte sie dasselbe Spiel, hörte aber auf zu sprechen, wenn sich jemand näherte. Aus einer Entfernung konnte Piaget hören, wie sie etwa sagte: »Jetzt machen wir einen Spaziergang.« Schon wurde aus Jacquelines Phantasiespiel eine geheime innere Erfahrung.

In diesem Stadium des symbolischen Spiels treten oft imaginäre Gefährten auf. Jacqueline hatte mit vier einen Zwerg, dann eine Negerin namens Marrecage. Piaget meint, die Kinder imaginierten solche Persönlichkeiten, die »als wohlwollende Zuhörer oder als Spiegel für das Ich dienen«.[12]

Die Charaktere werden oft mit moralischer Autorität ausgestattet, die der der Eltern nahekommt, und machen es so für das Kind leichter, elterlichen Tadel hinzunehmen. Was wird später aus ihnen? Piaget sagt, daß diese imaginären Persönlichkeiten verinnerlicht werden und in Tagträumen ihre Fortsetzung finden, genau wie die Kinder aufhören, laut mit sich selbst zu sprechen, und ihre Rede »interiorisieren« wie Jacqueline in der oben erwähnten Beobachtung.

Zu den Spielen vom Typ III rechnet Piaget auch das *kompensatorische* (ausgleichende) *Spiel.* Hier wird in Phantasie getan, was in der Realität verboten ist. Jacqueline goß mit 2;4 Wasser mit aller Umsicht aus einer leeren Tasse, nachdem man ihr verboten hatte, mit der echten Waschwanne zu spielen. Mit 2;7 wollte sie Lucienne, die damals ein Baby war, tragen. Als ihre Mutter sagte, das könne sie jetzt noch nicht, legte Jacqueline die Arme vor der Brust zusammen und verkündete, sie hätte das Baby – es gäbe zwei Babys. Dann wiegte sie das imaginäre Baby und plauderte mit ihm und behauptete sogar, *sie* sei das Baby, wenn sie wegen Schreiens geschimpft wurde; so entschuldigte sie ihr schlechtes Benehmen. Mit vier hatte sie eine gut entwickelte Phantasie, und wenn sie in irgendeiner Weise eingeschränkt wurde, dachte sie sich eine »kompensatorische« Geschichte aus, aus der die Richtung ihrer Wünsche klar hervorging. Wenn sie sich über ihren Vater ärgerte, erzählte sie, daß Marecage – ihre imaginäre Freundin – »einen gräßlichen Vater habe. Er ruft sie ins Haus, wenn sie draußen spielt. Ihre Mutter hat schlecht gewählt«. Als sie nach dem Essen schlafen sollte, sagte sie: »Marecage legt sich nachmittags nie hin, sie spielt die ganze Zeit.« So verarbeitete sie im Phantasiespiel, was ihr in Wirklichkeit verboten war. Dem kompensatorischen Spiel eng benachbart ist Spiel, bei dem starke Gemütsbewegungen abgeschwächt in Handlung umgesetzt werden, so daß das Kind sie ertragen kann. Freud nennt diese Abschwächung der Emotion durch imaginäres Durchspielen »Katharsis«; man beobachtet es häufig bei Kindern, die mit Tod, Krankheit oder Krankenhausaufenthalt konfrontiert werden, um nur einige der möglichen Traumen der Kindheit zu nennen. Piaget gibt Lucienne als Beispiel, die sich mit zwei vor Traktoren und Flugzeugen fürchtete. Sie erzählte ihrer Puppe, daß »Puppa mir gesagt hat, daß sie gerne auf einer solchen Maschine führe«. Mit drei bemerkte sie, daß man einer ihrer Puppen, »als sie noch ganz klein war, eine kleine Walze und einen ganz kleinen Traktor gegeben hat«.[13]

Die Implikation ist hier offenbar, daß Lucienne durch ihre Puppe Erfahrung im Umgang mit Maschinen sammelte und allmählich ihre Furcht vor ihnen überwand.

Ein weiterer Verwandter dieses Typs ist das Spiel, in dem Kinder unangenehme Szenen oder Aktionen ausarbeiten. Sie übertragen diese Szenen ins Symbolhafte und lassen sie dann wieder lebendig werden, wodurch sie das Bedrückende zum Teil verlieren und erträglicher werden. Dies ist auch die übliche Erklärung dafür, warum Kinder gern Horrorfilme im Fernsehen anschauen. Sie wissen, die Szene ist nicht wirklich, sie können abschalten, wenn sie wollen; so lernen sie, mit dem Schrecken fertig zu werden und ihre Furcht allmählich zu beherrschen. In der folgenden Beobachtung zeigt Jacqueline, wie ein Kind die unangenehmen Realitäten des Lebens verarbeitet und so mit ihnen leben lernt.

Mit 3;11 (21) ist sie beeindruckt, als sie eine tote und zerrupfte Ente auf dem Küchentisch liegen sah. Am folgenden Tage finde ich J. allein unbeweglich auf dem Sofa meines Büros liegen, ihre Arme an den Körper gedrückt und die Beine übereinandergeschlagen: »Aber was machst du denn dort, J.? – . . .– Ist dir nicht gut? – . . .– Bist du krank? – *Nein, ich bin die tote Ente.*«

Mit 4;6 stoße ich J. mit einem Rechen an die Hände, so daß sie weint. Ich entschuldige mich sehr mit meiner Ungeschicklichkeit. Erst glaubte sie mir nicht und bleibt wütend, als ob ich es absichtlich gemacht hätte. Dann plötzlich sagt sie halb beruhigt zu mir: *»Du bist Jacqueline, und ich bin Papa. Schau* (sie schlägt mir auf die Finger)! *Sag mir: Aber du hast mir weh getan.* – (Ich sage das.) – Pardon, mein Mädchen. Ich habe es nicht absichtlich gemacht. Du weißt, daß ich sehr ungeschickt bin . . . usw. Kurz, sie begnügte sich damit, die Rollen zu vertauschen und genau meine Worte zu wiederholen.[14]

Durch diese Spielformen vertieft das Kind, wie Piaget aufzeigt, sein Bewußtsein durch neue Erfahrungen oder rächt sich an der Realität für unangenehme Erlebnisse. Es kann sogar die Resultate seiner Handlungen vorwegnehmen und in seiner Imagination die Konsequenzen ausmalen, die sich einstellen würden, wenn es Anweisungen nicht befolgte oder in Schwierigkeiten käme. Damit ist die Funktion der Phantasiespiele bei den Zwei- bis Vierjährigen klar gesehen. Sie besteht darin, »die Wirklichkeit an das Ich zu assimilieren und dieses Ich von den Notwendigkeiten der Akkommodation zu befreien«.[15]

Es ist dies das Alter, in dem sich das Phantasiespiel am weitesten von der Realität entfernt und das Wirklichkeitsbild des Kindes am stärksten verzerrt ist. Ursache dafür ist wahrscheinlich, daß sein Egozentrismus noch beherrschend ist und es in so kurzer Zeit so viele neue Anpassungen zu vollziehen hat.

Während der zweiten Hälfte der präoperationalen Periode verlieren symbolische Spiele an Wichtigkeit. Zwar nehmen sie zahlenmäßig kaum ab, aber sie nähern sich mehr und mehr der Realität, wenn sich das Kind in immer größerem Ausmaß seiner Umwelt akkommodiert. Piaget vermerkt, daß symbolische Spiele nach dem vierten Lebensjahr viel geordneter werden im Vergleich zu der Zusammenhanglosigkeit früherer Spiele. Das Kind macht sprachliche Fortschritte und begibt sich allmählich aus der egozentrischen Welt seiner eigenen Bedürfnisse in das Reich der Realität. Es erkennt, daß Ereignisse einander in Zeit und Raum folgen, und seine Geschichten werden präziser und kohärenter. Ein weiteres Kennzeichen des Spiels in diesem Alter ist, daß es ein zunehmend klares Abbild der Wirklichkeit reproduziert. »Man muß aber vor allem die wachsende Sorge um Exaktheit in den materiellen Konstruktionen aufdecken, die das Spiel begleiten: Häuser, Wiegen, Tische und Küchen, Zeichnungen und Gestaltungen usw.«[16] Dies alles wird beachtet und möglichst getreu nachgeahmt. Jetzt ist die Zeit, wo kleine Mädchen vor Puppenhäusern, die bis zum winzigsten Topf und Pfännchen komplett sind, in Entzücken geraten, und Jungen realistische Festungen und Kanonen lieben. Und nicht nur hinsichtlich des Drum und Dran, sondern auch hinsichtlich der Ereignisse, die das Spiel darstellt, wird es immer echter und wirklichkeitsnäher. Von fünfeinhalb Jahren aufwärts baute Jacqueline ein ganzes Dorf auf, das sie Ventichon nannte. Sie, und später Lucienne, verbrachten Stunden mit dem Darstellen lebensechter Szenen aus dem Leben der Dorfbewohner – Hochzeiten, Familienbesuche, Dinnerparties usw. Die kleinen Mädchen haben »permanente Rollen gespielt, und zwar die Rollen von Müttern mit zahlreichen Kindern, Großeltern, Cousins, Besuchen usw., die Ehegatten sind ein wenig in den Hintergrund geraten. ›Madame Odar‹, ›Madame Anonze‹ usw. werden also zu den fruchtbaren Zentren neuer Zyklen, die analog denen des vorhergehenden Stadiums sind, die aber dem wirklichen Leben sehr viel näher stehen, immer wirklichkeitsgetreu und immer begleitet von – immer genaueren – materiellen Konstruktionen.«[17]

Als drittes Charakteristikum vermerkt Piaget, daß das symbolische Spiel nach dem vierten Lebensjahr zunehmend sozial wird. Er verwendet den Terminus *kollektiver Symbolismus* für Spiel, in dem die Kinder verschiedene Rollen übernehmen und unter bewußter Kenntnisnahme des Partners darstellen, wie oben im Fall der Frau Odar und Frau Anonze. Dies steht im Gegensatz zu dem symbolischen Spiel jüngerer Kinder, das in der Regel allein gespielt wird, selbst wenn sich das Kind in Gesellschaft anderer befindet. Wie das Parallelspiel, bei dem das Vorschulkind neben einem anderen Kind herspielt, ohne *mit* ihm zu spielen, wird das frühe symbolische Spiel für gewöhnlich individuell ausgeführt, wobei Puppen oder viel jüngere Kinder als Partner dienen, die ihre Rollen passiv über sich ergehen lassen, ohne wirklich zu verstehen oder teilzunehmen. (»Du kannst das Baby sein und im Wagen schlafen«, wird das Vierjährige zu einem viel jüngeren Kind sagen.) Aber Piaget zeichnet den Weg nach, auf dem sich diese Art imaginären Parallelspiels zum Gruppenspiel entwickelt, bei dem jedes Kind eine bestimmte Rolle übernimmt und auf die anderen Beteiligten eingeht. Die folgende köstliche Beobachtung zeigt deutlich, wie Jacqueline mit vier für ein kollektives, sozialisiertes Spiel reif war, während Lucienne, damals erst zwei, noch nicht so weit war.

Mit 4;7 (12) macht J. ihr Möglichstes, um eine Szene beim Spazierenfahren im Auto zu bewerkstelligen. L. ist mit 2;2 (18) dabei, ein Bett zu bauen und macht »Brr«, um ihre Teilnahme an der Bewegung des Autos darzutun, aber sie gibt keineswegs ihr eigenes Spiel auf. Die Folge ist zunächst eine unentwirrbare Mischung der beiden Spiele für L., während J. ihre Rollen ausdauernd gestaltet. J. trägt schließlich den Sieg davon, macht aus L. die Frau einer Puppe: »(Du, du bist die Frau dieses Mannes. – Ja.) und sie macht aus sich selbst eine andere Frau: (J.) Zwei Damen sind im Auto. – (L.) *Sie fahren im Auto, Madame?* – (J.) Ja, und ich werfe jetzt ihren Mann und ihr Kind aus dem Fenster hinaus (sie wirft die Puppe hinaus).« Aber L. liest sie wieder auf und vergißt das Spiel.[18]

Nach dem siebenten und achten Lebensjahr ist nach Piaget ein endgültiges Verschwinden des symbolischen Spiels festzustellen. Dieses Alter ist gekennzeichnet durch das erste Auftreten konkreter Operationen; gleichzeitig wächst das Interesse an der Schule, an sozialisierten Aktivitäten und an Spielen mit Regeln. Die symbolischen Spiele nehmen in dem Maße ab, in dem die Sozialisation fortschreitet, bis sie mit elf oder zwölf (Periode der formalen Operationen) verschwinden oder sich zu Tagträumen umformen.

Das symbolische Spiel scheint mit der Kindheit abzuschließen; wir sahen, wie die ludischen Symbole der Wirklichkeit immer näher kommen. Wenn das Kind sich besser an die Außenwelt akkommodiert, hat es nicht mehr so viel Gelegenheit, die Realität seinen Bedürfnissen zu assimilieren und damit umzugestalten. Akkommodation und Assimilation, die in der frühen präoperationalen Periode zunehmend differenziert werden, konvergieren in den Jahren nach fünf wieder, bis sie einander in etwa die Waage halten. Für das gut angepaßte Kind unterscheidet sich das Spiel jetzt gar nicht mehr sehr von intellektuellen Aktivitäten. Piaget zeichnet diesen Übergang von symbolischem Spiel zu spontaner schöpferischer Tätigkeit bei seinem Sohn Laurent nach, der wie seine Schwester ein imaginäres Dorf erschuf. Mit etwa sieben fing er an, Landkarten der Gegend zu machen, wo sein Dorf lag, und alle möglichen Menschen zu imaginieren, die dort lebten, und Schicksale für sie zu erfinden. Nach dem achten Jahr verschwanden die imaginären Personen, aber die sorgfältigen, detaillierten Karten wurden zu kartographischen Modellen. Während einer Krankheit arbeitete Laurent in diesem Jahr Beschreibungen des Klimas in den verschiedenen Zonen seines Landes aus, dem er den Namen Siwimbal gab. Mit neun verlegte sich sein Interesse auf wirkliche Karten aller Teile Europas. Zuletzt, mit etwa zehn, erschien Laurents symbolisches Spiel auf einer neuen Ebene. Seine Karten waren ganz korrekt und objektiv, aber nun faszinierte die Geschichte den Jungen und er rekonstruierte die Kostüme, die Möbel und die Architektur verschiedener Epochen. Er kleidete winzige Spielzeugtiere in die Kostüme des Mittelalters, der Renaissance oder des 18. Jahrhunderts. Er und ein Schulfreund gingen sorgfältig durch die Literatur jedes Zeitabschnitts, so daß sie exakte Reproduktionen zustandebrachten. Hier begann sich das symbolische Spiel mit intellektueller und künstlerischer Kreativität zu vermischen. Wie Piaget sagt: »Man muß einen kleinen Affen mit Perücke, Dreispitz, Seidenhose und spitzenbesetzter Hemdkrause in einem Mobiliar des 18. Jahrhunderts aus Karton gesehen haben, um das Vergnügen zu begreifen, das zwei Schüler von 11 Jahren dabei empfinden können, wenn sie ihre Freizeitstunden auf eine geistige Wiederentdeckung der Vergangenheit verwenden.«[19] Aus dieser Schilderung sehen wir klar, wie sich das ludische Symbol weiter entwickelt: »Das Symbol ist also Bild geworden, und dieses dient nicht mehr der Assimilation an das Ich, sondern der Adaptation an die Wirklichkeit.«[20] Laurents Aktivität ist keine private Phantasie mehr, sondern sozialisiertes Studium. Die lange Periode der Kindheit ist zu Ende.

Doch gibt es eine Form, in der Kinderspiele ins Erwachsenenleben hinübergenommen werden: das sind die Spiele mit Regeln, welche Piaget »die ludische Aktivität des sozialisierten Wesens« nennt. »Wie das Symbol die einfache Übung ersetzt, sobald das Denken aufgetaucht ist, so ersetzt in der Tat die Regel das Symbol und ordnet sich in die Übung ein, sobald gewisse soziale Beziehungen aufgebaut sind.«[21] Wir erörterten bereits in Kapitel 9, wie sich die Einstellung zu Regeln entwickelt. Die meisten Regeln erben sich von einer Kindergeneration zur folgenden weiter, bis sie institutionalisiert werden. Aber es gibt auch eine Kategorie, die Piaget *spontane* Regeln nennt, die sich aus bloßen sensomotorischen Ritualen heraus entwickeln, die sich das Kind selbst setzt, wie etwa, nicht auf Fugen im Pflaster zu treten. Oder sie sind das Ergebnis symbolischer Spiele wie »Räuber und Gendarm«, die sozialisiert wurden und sich einfach zu Jagdspielen mit Regeln entwickelten.

Piaget schließt seine Analyse der Kinderspiele mit einer Zusammenfassung der Entwicklung von Spielen ab. Übungsspiele erwachsen aus sensomotorischer Aktivität und reichen von bloßer Wiederholung zu zufälligen Variationen und absichtlichen Kombinationen. Wenn das Kind z. B. anfängt, Bausteine nach Größe und Form zu ordnen, geht es von bloßem Spiel zur Konstruktion über, der Zwischenstufe zwischen Spiel und angepaßter Arbeit. Wenn das Kind andererseits die Bausteine benützt, um einen imaginären Zug zu machen, ist seine Aktivität mehr symbolisch als konstruktiv.

Symbolische Spiele werden nach dem vierten Lebensjahr seltener, während das Interesse für Spiele mit Regeln bei den Kindern zunimmt und sogar bis in die Erwachsenenzeit andauert. Die Ursache ist, daß das Kind durch die Sprache sozialisiert wird und sich nicht mehr mit den Verdrehungen seiner eigenen Phantasie begnügt, sondern sich lieber an die Wirklichkeit anpaßt. Die Verdrehungen wurden durch seinen ursprünglichen Egozentrismus verursacht, der sich nur langsam umformt, und durch sein emotionales Bedürfnis, verbotene Gefühle abzureagieren. Solche Gefühle können unbewußt sein oder offen ausgedrückt werden; in jedem Fall finden sie im Phantasiespiel des Kindes ein Ventil und helfen ihm so, sich an die Sozialisationsforderungen der Autorität der Erwachsenen anzupassen. Spiel gestattet demnach dem Ich, »die ganze Wirklichkeit zu assimilieren, d. h. sie zu inkorporieren, damit sie wiedererlebt, beherrscht oder kompensiert werden kann«.[22]

In seiner Theorie des Spiels geht Piaget weit über das Denken anderer Autoritäten auf diesem Gebiet hinaus. Für ihn ist Spiel nicht einfach eine Vorübung der Tätigkeiten, die das Kind im Erwachsenendasein benötigen wird, oder ein Instinktivverhalten. Auch ist es nicht, wie Freud erklärte, lediglich der Ausdruck unerfüllter Wünsche oder unterbewußter Gefühle. »Symbolisches Denken, das sich im Spiel entfaltet«, sagt Piaget, »ist nichts anderes als das egozentrische Denken im reinen Zustand«.[23] Sein einziges Spiel ist die freie und ungehinderte Befriedigung des Ich in einer Periode seines Lebens, in der es diese am nötigsten braucht. Obwohl Piaget es nicht ausdrücklich sagt, würde er wahrscheinlich zustimmen, daß das Kind zwischen zwei und vier Jahren mehr elterliche Forderungen zu erfüllen hat als jemals sonst in seinem Leben. Beständig muß es hören: »Nicht, nicht! – Faß das nicht an! – Bleib weg von der Straße! – Mach dich nicht schmutzig! – Zeit zum Insbettgehen!« Es muß sauber werden, muß richtig sprechen lernen, sich an einen Zeitplan halten und ordentliche Tischmanieren erwerben. Sein tägliches Leben polarisiert sich um seine Anstrengungen, sich an die Realität anzupassen und dadurch seinen Eltern zu gefallen (imitative Akkommodation), und um seine Bemühungen, diesen Forderungen zu entfliehen und sein Ich zu befriedigen (assimilatives symbolisches Spiel). Wenn die Akkommodation an die Realität leichter wird, nimmt die Spannung zwischen diesen beiden Prozessen ab. Sie konvergieren allmählich zu immer besser angepaßtem Funktionieren, bis sich das Spiel des Kindes kaum mehr von seiner täglichen Realität unterscheidet.

Was die Frage betrifft, ob Kinder an ihr symbolisches Spiel glauben, so meint Piaget, daß dies vom Alter des Kindes abhängt. Kinder, sagt er, unterscheiden zwar sehr früh zwischen Phantasie und Wirklichkeit, aber sie weigern sich, zuzulassen, daß die Erwachsenen oder die gewöhnliche Realität sich in die Vergnügungen ihrer Privatwelt einmischen. Erst nach dem siebenten Jahr wird Spiel wirklich Vorwand und Phantasie. »Das Kind von 2 bis 4 Jahren fragt sich nicht, ob seine Spielsymbole wahr sind oder nicht. In einem Sinne weiß es wohl, daß sie nicht wahr sind, nämlich für die anderen, und es versucht auch nicht ernstlich, die Erwachsenen seiner Umgebung zu überzeugen. Aber es stellt sich auch nicht die Frage nach der Wahrheit, . . . weil das Symbolspiel eine unmittelbare Befriedigung des Ich bedeutet und seine Glaubwürdigkeit hat, die eine subjektive Wahrheit ist.«[24]

Eine letzte Frage bleibt noch. Was wird aus der Phantasie, der glücklichen Welt des schönen Scheins, wenn die Kindheit zurückbleibt? Piaget vermutet, daß sie zum Teil in Tagträumen verinnerlicht wird, zum Teil aber auch aufkommende intellektuelle Interessen bereichert, wie bei Laurents Studien historischer Epochen. Er erklärt ferner: »Die schöpferische Phantasie . . . vermindert sich mit zunehmendem Alter keineswegs, sondern reintegriert . . . allmählich in die Intelligenz, die sich im gleichen Maße ausweitet.«[25]

Mit dieser Behauptung nähert sich Piaget den Ansichten kognitiver Psychologen und allen jenen, die sich während der letzten Jahre in steigendem Maße mit der Entwicklung der Kreativität bei Kindern befaßt haben. Dr. Jerome Singer von der City University of New York glaubt, daß Phantasie eine kreative, konstruktive Fähigkeit ist, gekoppelt mit Selbstkontrolle und dem Vermögen, Befriedigung aufzuschieben und für Ziele auf weite Sicht zu arbeiten. Seine Untersuchungen zeigten, daß Jungen mit aktivem Phantasieleben in einem Spiel, bei dem sie sich selbst als zukünftige Astronauten denken mußten, länger still sitzen konnten als Jungen mit schwach entwickelter Phantasie. Sie erzählten auch Geschichten, die als kreativer beurteilt wurden als die anderer Jungen.[26]

Dr. Nina Lieberman vom Brooklyn College hat Forschungsergebnisse veröffentlicht, aus denen hervorgeht, daß verspielte Vorschulkinder mehr Originalität des Denkens zeigen als andere, deren Spiel weniger flexibel und komisch ist.[27]

Dr. David P. Weikart, der einen kognitiv orientierten Lehrplan auf der Grundlage der Piagetschen Untersuchungen ausgearbeitet hat, legt bewußt größten Wert auf »soziodramatisches Spiel« in der Überzeugung, daß die Kinder dadurch auf die Möglichkeiten ihrer Phantasie aufmerksam gemacht werden und nicht mehr auf die Spielsachen in ihren Händen begrenzt sind.[28]

In einer Untersuchung des Phantasiespiels von Grundschulkindern stellte die Autorin fest, daß Kinder mit gut entwickelter

Phantasie ihre Geschichten mit viel mehr imaginierten Einzelheiten ausstatteten als Kinder mit schwacher Phantasie. Sie konnten sich besser auf das Erfinden von Geschichten konzentrieren, und wenn man sie unterbrach, reagierten sie mit größerer Bereitwilligkeit und Flexibilität auf die Aufgaben, die von ihnen verlangt wurden.[29] Die kognitive Psychologie fängt demnach an, ihre Überzeugung zu erhärten, daß Phantasiespiel oder Tagträume eine höchst wünschenswerte Fähigkeit ist, eng verwandt mit Originalität, Flexibilität und schöpferischer Imagination. Lehrer und Eltern würden offensichtlich gut daran tun, wenn sie Piagets Beispiel folgten und ludisches Spiel, vor allem in den Vorschuljahren, begünstigten. Allerdings wird der gesunde Menschenverstand der Mitwirkung der Erwachsenen Grenzen setzen: er sollte in das Phantasiespiel der Kinder höchstens insofern verwickelt werden, als er klarzumachen hat, daß es eben Phantasie *ist*. Da es seine Funktion ist, für das Kind die Realität darzustellen, kann er sich gutmütig entschuldigen, wenn er sich auf einen imaginären Kameraden gesetzt hat: »Tut mir wirklich leid, aber ich konnte ihn natürlich nicht sehen!«

Anmerkungen

1 J. Piaget: Nachahmung, Spiel und Traum. Die Entwicklung der Symbolfunktion beim Kinde. Klett, Stuttgart 1969, S. 117.
2 Ebda.
3 Ebda., S. 120.
4 Ebda., S. 28.
5 Ebda., S. 73.
6 Ebda., S. 85.
7 Ebda., S. 125.
8 Ebda.
9 Ebda., S. 129.
10 Ebda., S. 165.
11 Ebda., S. 160.
12 Ebda., S. 171.
13 Ebda., S. 173.
14 Ebda., S. 174.
15 Ebda.
16 Ebda., S. 177.
17 Ebda., S. 179.
18 Ebda., S. 180.
19 Ebda., S. 182.
20 Ebda., S. 183.
21 Ebda.
22 Ebda., S. 198.
23 Ebda., S. 213 f.
24 Ebda., S. 216.

25 Ebda., S. 363.
26 Siehe J. L. Singer: Daydreaming: An Introduction to the Experimental Study of Inner Experience. Random House, New York 1966.
27 N. J. Lieberman: Playfulness: A Attempt to Conceptualize a Quality of Play an the Player, in: *Psychological Reports*, H. 19 (1966), S. 278.
28 D. P. Weikart: The Cognitively Oriented Curriculum. A Framework for Preschool Teachers. In: *Education Daily*, Dez. (1970). S. 4–6.
29 M. A. S. Pulaski: Pay as a Function of Toy Structure and Fantasy Predisposition, in: *Child Development*, H. 41 (1970), S. 531–537.

12 Vorstellung

Vorstellung ist nach Piaget alles, was außerhalb der unmittelbaren Wahrnehmung liegt. Dazu gehört, was in der Vergangenheit erfahren wurde oder für die Zukunft imaginiert werden kann. Erinnerungen, geistige Bilder, Begriffe und abstrakte Symbole sind als Vorstellungen anzusehen. Mit anderen Worten, Vorstellung im weitesten Sinne ist identisch mit Denken; in engerem Sinn bezieht sich der Terminus auf ein spezifisches geistiges Bild, eine Kopie der Realität. Piaget verwendet den Ausdruck *Vorstellungsbild,* um eine spezifische Erinnerung zu bezeichnen, während der Ausdruck *Symbol* für eine lose Verknüpfung stehen kann. Wir sahen, wie Jacqueline ihre Finger benützte, um ein trabendes Pferd darzustellen; die einzige Verknüpfung war hier die trommelnde Bewegung. Kindergartenkinder, die mit Wasser spielen, brauchen es oft als Substitut für Urin, aber hier ist die Verknüpfung dürftig und oft unbewußt. Das Wasser kann auch ein Symbol für Ungezwungenheit werden, für die Gelegenheit, etwas zu tun, was in unserer zur Sauberkeit erzogenen Gesellschaft verboten ist. So kann sich eine Menge emotionaler Bedeutungen um das Wort »Wasser« scharen, Bedeutungen, die durchaus persönlich sind und nicht von allen Menschen geteilt werden. Dies ist der Unterschied zwischen Symbol und Bild; beide zusammen tragen zur Evolution des weiteren Begriffes »Wasser« bei.

Piaget meint, daß sich Begriffe langsam, vom Spezifischen zum Abstrakten, entwickeln. Das Ausmaß der auf jeder Stufe im Leben des Kindes möglichen Abstraktion hängt vom Ausmaß seiner Erfahrung ab, von der Menge der Bedeutungen, die es im Zusammenhang mit einem gegebenen Symbol anzuhäufen Gelegenheit hatte. Für ein Kind, das nur einen Hund kennt, ruft das Wort »Hund« nur *seinen* Hund ins Gedächtnis, einen braun-weißen Beagle namens Fido. Kennt es viele Hunde, so schließt sein Begriff »Hund« große und kleine Hunde ein, wilde und freundliche, lebendige und Spielzeughunde und sogar Bilder von Hunden, die es nie wirklich gesehen hat. Offensichtlich benötigt die Bildung eines so allgemeinen Begriffs Zeit und Erfahrung. Das Wort »Hund« ist ein verbales Symbol für alle diese Geschöpfe, aber das Symbol kann, wie Piaget bemerkt, fast bedeutungslos sein, oder eine ganze Flut von Erfahrungen evozieren, die mit Hunden zu tun haben. Daher ist nach Piaget Sprache abhängig von der Entwicklung des Symbolismus. Imitation gibt ein konkretes Bild, den Hund, wie er unmittelbar erfahren wird. Symbolisches Spiel heftet an den Terminus »Hund« alle möglichen verwandten Bedeutungen, Erfahrungen, die dem Bewußtsein des Kindes assimiliert und von diesem Wort angeregt werden. Schließlich ist »Hund« ein ganzes begriffliches Schema, das sich langsam um das sozial akzeptierte, verbale Symbol entwickelt hat. Durch das Medium der Sprache kann die Welt individueller, egozentrischer Erfahrungen mit anderen geteilt werden; durch dieses Teilen werden falsche Begriffe korrigiert und eine bessere Anpassung an die soziale und intellektuelle Realität erreicht. Der Übergang von den frühesten verbalen Symbolen zu begrifflichen Schemata erfolgt langsam und schrittweise, wie dieses Exzerpt beweist:

Mit 1;1 (0) gebraucht J. das klassische Phonem »tsch, tsch«, um einen Zug zu bezeichnen, der vor ihrem Fenster vorbeifährt, und sie wiederholt das bei jedem Zug, nachdem man es ihr zweifellos ein erstes Mal vorgemacht hatte. Aber sie sagt in der Folge »tsch, tsch« in zwei verschiedenen Situationen. Einerseits verallgemeinert sie den Gebrauch, und zwar bei Fahrzeugen, die sie aus einem anderen Fenster sieht: Autos, Pferde, Fuhrwerke und selbst bei einem Mann zu Fuß, und zwar mit 1;1 (4). Gegen 1;1 (6) und an den folgenden Tagen löst irgendwelcher Lärm auf der Straße »tsch, tsch« ebenfalls aus, auch die Züge selbst. Aber auf der anderen Seite, wenn ich Verstecken spiele (ich tauche auf und verschwinde, ohne etwas zu sagen), sagt J. mit 1;1 (4) auch »tsch, tsch«, zweifellos in Analogie zu dem plötzlichen Auftauchen und Verschwinden der Züge.[1]

Hier steht der Laut »tsch, tsch« zuerst für eine sensomotorische Erfahrung: Geräusch und Bewegung des vorbeifahrenden Zuges. Dann assimilieren sich andere Arten von Erfahrung demselben verbalen Symbol, so daß es eine weitere Bedeutung annimmt, die jeden Lärm, jede Bewegung, jedes Erscheinen und Verschwinden umfaßt. Die Bedeutungen sind privat und egozentrisch; sie sind nur in Jacquelines Erfahrung miteinander verwandt und werden vom Rest der Gesellschaft nicht geteilt. Piaget nennt diese frühen Bedeutungsaggregate *verbale Schemata* und sagt, sie stünden in der Mitte zwischen sensomotorischen und begrifflichen Schemata.

Der nächste Entwicklungsschritt ist der Vorbegriff, ein undifferenzierter, uneigentlicher Begriff ohne richtige Verallgemeinerung. Kinder zwischen zwei und vier z. B. haben Schwierigkeiten, zwischen dem Allgemeinen und dem Besonderen, zwischen der Klasse und dem Individuum, das nur ein Glied einer Klasse ist, zu unterscheiden. Wir schilderten wie Jacqueline mit ihrem Vater spazierenging, um die Schnecken zu beobachten. »Da ist sie«, rief sie, als sie eine entdeckte, und wenn sie einige Meter weiter die nächste sah, »da ist die Schnecke wieder!« Für sie waren sämtliche

Schnecken »die Schnecke«. Dieselbe Konfusion zeigt folgendes Beispiel:

Mit 3;2 (23) gelingt es J. nicht zu verstehen, daß Lausanne »alle diese Häuser zusammen ist«, weil sie für das Haus ihrer Großmutter »Le Crèt«, den Ausdruck »das Haus von Lausanne« reserviert hat. Z. B. sagt sie auch von einer Eidechse, die an der Mauer hochläuft: »Sie klettert auf das Haus von Lausanne.« Am folgenden Tag will ich sehen, ob meine Erklärung begriffen worden ist: »Was ist Lausanne? – *Das sind alle diese Häuser* (und zeigt auf das ganze Viertel). *Alle diese Häuser, das ist Le Crèt.* – Was ist Le Crèt? – *Das ist das Haus der Großmutter, das ist Lausanne.*« »Alle Häuser« stellt also ein komplexes Objekt dar, das von einem einzigen Haus abhängt, das als repräsentativ für die Gesamtheit angesehen wird.

Ebenso mit 4;3 (8): L. versteht nicht, daß einige Sous, die von einem Ganzen weggenommen werden, einen Teil dieses Ganzen darstellen.[2]

Diese Art verschwommenen, ungenauen Denkens war es, die Piaget veranlaßte, die erste Hälfte der präoperationalen Periode das *vorbegriffliche Stadium* zu nennen (von zwei bis vier oder fünf Jahren). Wir behandelten bereits das magische, animistische unlogische Denken des Kindes dieser Altersstufe (Kapitel 6). Wir sahen auch, daß das symbolische Spiel, welches auf der Verzerrung der Wirklichkeit beruht, in diesen Jahren seinen Höhepunkt erreicht. Wir betonten die Abhängigkeit des jungen Kindes von der unmittelbaren Wahrnehmung bei den Erhaltungsexperimenten (Kapitel 5). Nun sehen wir die Unfähigkeit, Dinge in verwandte Gruppen zu klassifizieren und die Eigenschaften einer Gruppe von denen einer anderen zu unterscheiden. Folgendes ist ein hervorragendes Beispiel vorbegrifflichen Denkens:

Mit 2;10 (8) hat J. Fieber und verlangt Orangen, aber die neue Ernte ist noch nicht zu haben, und man versucht ihr klarzumachen, daß die Orangen noch nicht reif seien: »Sie sind noch grün, man kann sie noch nicht essen. Sie haben noch nicht diese schöne gelbe Farbe.« (J. kennt nur dieses Wort, um deren Farbe zu bezeichnen.) J. scheint zunächst zu resignieren, aber einen Augenblick später, während sie Kamillentee trinkt, sagt sie: »Die Kamillen sind nicht grün, sie sind schon gelb, gib mir Orangen!« Man sieht, worin hier der Schluß besteht: Wenn die Kamillen schon gelb sind, können die Orangen es auch sein; das ist Analogie oder symbolische Partizipation.[3]

In der zweiten Hälfte der präoperationalen Periode jedoch beginnt das Kind intuitiv und unsicher die Beziehungen von Gruppe und Gruppenmitglieder zueinander zu erfassen und vom Teil auf das Ganze zu schließen. Jacqueline sucht mit 6;7 zusammen mit ihrem Vater »Pulverbälle«. »Sie heißen alle Pilze, nicht wahr?« fragte sie. Am nächsten Tag entspann sich folgende Unterhaltung:

Mit 6;7 (9): »*Die Raben haben Angst vor uns. Sie fliegen weg.* – Ja. – *Die Amseln haben keine Angst.* – Nein. – *Es ist doch die gleiche Familie, die Amseln und die Raben, also warum haben sie Angst, wenn sie zur gleichen Familie gehören?*«[4]

Hier dachte Jaqueline intuitiv, daß eine Aussage über eine bestimmte Vogelart auch auf eine andere zutreffen müsse, ohne Rücksicht auf sonstige Merkmale. Da beide Vogelschwärme schwarz waren, hätten sich beide fürchten sollen – eine unlogische Folgerung. Piaget nennt dieses Stadium (von vier oder fünf bis sieben) *intuitiv*, weil es den logischen, reversiblen Charakter des echten begrifflichen Denkens noch nicht hat. Die Schlußfolgerungen sind noch symbolisch und beruhen mehr auf persönlichen Gefühlen als auf sozialisierter Logik. Piaget führt Lucienne an, die mit 4;10 eines Nachmittags, als sie nicht geschlafen hatte, bemerkte: »Ich hab nicht geschlafen, also ist nicht Nachmittag.« Für sie waren Nachmittage irreversibel mit Schlaf identifiziert. Kein Schlaf bedeutete daher, daß nicht Nachmittag sein konnte. Sie bemühte sich, ihr Denken umzukehren, war aber dazu nicht richtig imstande, weil Nachmittage für Lucienne noch mehr ein privates Symbol als ein sozialisierter Begriff waren.

Wir kennen diese Art intuitiven Tastens nach der Wahrheit aus den verschiedenen Stadien von Unschlüssigkeit und Konflikt, die wir beobachteten, ob nun beim Verständnis des Kindes für Spielregeln oder Träume oder seinem Erfassen der Erhaltungsexperimente. Immer bemerkten wir eine Übergangsperiode, in der das Kind unsicher war, ob die Tonwurst ebenso groß sei oder nicht, ob Regeln von Gott kämen oder von Menschen gemacht würden, ob Namen ein unwiderruflicher Teil von ihm seien oder ihm von den Eltern beigelegt würden. Das Denken dieses Stadiums, sagt Piaget, »bleibt bildhaft und anschaulich, d. h. das Gleichgewicht zwischen Assimilation und Akkommodation ist noch nicht dauerhaft . . . Dieses anschauliche Denken ist infolgedessen semi-reversibel, aber ohne die klare Struktur von Kompositionen, und es garantiert den Übergang zwischen den Vorbegriffen und den Begriffen . . .«[5]

Wie wir sahen, nimmt die Beliebtheit des symbolischen Spiels während der intuitiven Periode zugunsten der Nachahmung von Tätigkeiten des wirklichen Lebens ab. Das Kind erreicht jetzt ein ausgewogeneres Gleichgewicht zwischen Assimilation und Akkommodation und interessiert sich mehr für die wirkliche Welt als für private Phantasien. Mit sieben oder acht Jahren, sagt Piaget, »kann man von einer wirklichen Reintegration des Spiels und der Nachahmung in die Intelligenz sprechen«.[6]

Angepaßtes Denken erlangt einen Zustand dauerhaften Gleichgewichts, der in die Periode der konkreten Operation einmündet. Dies wird durch die Entwicklung der Vorstellungen ermöglicht. Die ludischen Symbole der frühen Kindheit nähern sich immer mehr der Wirklichkeit, die sie symbolisieren; anders gesagt, sie gleichen sich den durch Imitation entwickelten Vorstellungsbildern an.

Doch werden sie keineswegs bloße mechanische Kopien der Realität, sondern sind bereichert und erweitert durch die imaginativen Erfahrungen des Kindes im Phantasiespiel. Mit der Herstellung des Gleichgewichts zwischen den Vorstellungen aus Imitation und jenen aus Phantasie geht eine Beschleunigung der Denkprozesse einher, eine Fähigkeit, räumlich und zeitlich vorwärts und rückwärts zu streifen. Daraus folgt Reversibilität, die Fähigkeit, die eigenen Denkschritte nach rückwärts zu verfolgen und sowohl induktiv als deduktiv zu denken.

Auch die Sprachentwicklung spielt eine bedeutende Rolle beim Übergang von Vorstellungsbildern zu echten Begriffen. Wie wir bereits zeigten, ermöglicht sie die Mitteilung von Bedeutungen und sozialem Verkehr, der die privaten Verdrehungen der frühen Kindheit korrigieren hilft. Faktisch sind echte Begriffe nach Piaget ohne Sprache und die Sozialisation der Bedeutung, die mit ihr verbunden ist, nicht denkbar. Dies alles sowie die erwähnte vermehrte Geschwindigkeit und Reversibilität vervollständigt den Übergang vom präoperationalen Denken in das Reich des höheren begrifflichen Denkens. »Die Entwicklung des Denkens erscheint also wie ein fortschreitendes Gleichgewicht zwischen nachahmender Akkommodation und Assimilation, und zwar quer durch die aufeinanderfolgenden Stadien hindurch, während Spiel und Nachahmung sich korrelativ in Richtung ihrer komplementären Reintegration entwickeln.«[7]

Anmerkungen

1 J. Piaget: Nachahmung, Spiel und Traum. Die Entwicklung der Symbolfunktion beim Kinde. Klett, Stuttgart 1969, S. 276.
2 Ebda., S. 287.
3 Ebda., S. 293 f.
4 Ebda., S. 292.
5 Ebda., S. 339.
6 Ebda., S. 361.
7 Ebda., S. 364.

13 Zahlen

Ihre durchschlagendsten Wirkungen hatten die Theorien Piagets auf die Methodik des Mathematik- und Naturlehreunterrichts in den Volksschulen. Vor allem auf dem Gebiet der Mathematik hat der alte, auf Routine und gedächtnismäßige Einprägung eingestellte Lehrstil Wunden fürs Leben hinterlassen. Es gibt Tausende von Erwachsenen, die sagen: »Mathematik konnte ich nie«, oder: »Ich haßte Arithmetik und Algebra verstand ich überhaupt nicht«. Aber ihre Kinder kommen aus den Primärklassen nach Hause und reden fachmännisch, ja sogar eifrig über Sets und Venn-Diagramme und binäre Zahlensysteme. Das ist die Sprache der »neuen Mathematik«, eine Revolution der Lehrmethode, die an den Universitäten begann und in den vergangenen zehn Jahren ihren Weg bis in die Grundschulen herunter gefunden hat.

Piaget war nicht der einzige, der diese Revolution zustandebrachte. Viele Professoren und Wissenschaftler gaben schon 1955 den Anstoß, nicht weniger die Russen, als sie 1957 ihren ersten Sputnik in den Weltraum schossen. Aber Piaget war, wie ein englischer Mathematiker sagte, »die einflußreichste Kraft in den jüngsten Anläufen, das Wesen der mathematischen Erfahrung bei Grundschulkindern neu durchzudenken«.[1] Er hat dafür gesorgt, daß man der Entwicklung der Begriffe und der konkreten Erfahrung bei der Manipulation von Materialien größere Aufmerksamkeit zuwendete. Ein halbes Jahrhundert lang hat er ruhig immer wieder darauf hingewiesen, daß »Wissen Aktion an Objekten« ist[2] und daß Mangel an Erfahrung im Umgang mit konkreten Materialien zu unzulänglichen geistigen Operationen und unzulänglicher Entwicklung der für die Höhere Mathematik erforderlichen Abstraktionsfähigkeit führt. Piaget meint, daß Kinder im Schulzimmer an »kognitiver Passivität« leiden; sie müssen aktiver an der Entdeckung von Fakten und Beziehungen beteiligt werden. Immer wieder hat er gezeigt, wie sensomotorische Strukturen allmählich zu intellektuellen Strukturen verinnerlicht werden, daß Lernen vom Konkreten zum Abstrakten fortschreiten muß. Anstatt also zu leiern $2 + 2 = 4$, $4 + 2 = 6$, $6 + 2 = 8$, arbeiten die Schulanfänger mit lebhaft bunten hölzernen Stäbchen oder spielen Spiele mit der »hüpfenden 2«, bei denen sie in strukturaler Form sehen, daß, wenn man zu einer Zahl »2« hinzufügt, das Ergebnis nicht die nächst größere Zahl ist wie bei »1«, sondern zu der übernächsten Zahl hüpft. Oder sie lernen die Struktur gerader und ungerader Zahlen, indem sie sie paarweise aufreihen oder kleine Klötze in Stern-Mustertafeln einordnen, wobei sie sehen, daß ungerade Zahlen jeweils keine »Partner« haben.[3] Durch aktives Gruppieren von Objekten in bestimmte Klassen oder durch Aufreihen in serieller Folge entwickeln die Kinder ein verinnerlichtes Zahlenverständnis. Sie merken, daß man Zahlen umkehren kann – durch Subtraktion – oder kombinieren – durch Addition –, und daß sie die für logische Gruppen charakteristische Struktur haben, die wir in Kapitel 7 diskutierten (Kombinationsfähigkeit, Assoziationsfähigkeit, Identität und Reversibilität). So vollzieht sich der Aufbau der Zahl in der geistigen Entwicklung des Kindes gleichzeitig mit dem Aufbau der Logik; aus ganz einfachen Tätigkeiten, wie Perlen zählen, Dinge klassifizieren und nach Länge oder Höhe aufreihen, wachsen logische Operationen.

Piaget meint, daß Kinder bis zu einem bemerkenswerten Ausmaß mathematische Begriffe unabhängig und spontan selbst entwickeln. Die Eltern können Stunden damit zubringen, das Kind zählen zu lehren, aber was dabei herauskommt, ist nicht mehr als bloße Wortroutine. Jedermann hat schon ein kleines Kind zählen gehört: eins, zwei, drei, fünf, sieben, zehn. Es kennt die Namen der Zahlen, aber nicht, was sie bedeuten. Lehrer, die mit Kindergartenkindern und Erstkläßlern arbeiteten, wissen, wie lang es dauert, bis der Zahlenbegriff sich klärt und wie mühsam und schwierig der Arithmetikunterricht ist, bevor die Struktur der Zahl erfaßt ist. Piaget gibt zu verstehen, daß es sinnlos ist, diesen Prozeß beschleunigen zu wollen. Das junge Kind kann nur mit kleinen Zahlen, die es intuitiv versteht, umgehen. Ein Dreijähriges kann bis drei zählen, und rechnen, ein Vierjähriges bis vier, ein Fünfjähriges bis fünf – dies sind wahrnehmbare Größen, sagt Piaget. Aber die unendliche Zahlenreihe und vor allem die Operationen der Addition (und ihrer Umkehrung, der Subtraktion) und Multiplikation (und ihrer Umkehrung, der Division), sind im Durchschnitt erst nach dem siebenten Lebensjahr zugänglich.[4] Ursache dafür ist, wie er erklärt, daß es Kardinalzahlen – 1, 2, 3 usw. – gibt wie auch Ordinalzahlen 1., 2., 3. usw. Das bedeutet, daß Kinder verstehen müssen, daß eine ganze Zahl nicht nur eine Ansammlung gleicher Einheiten (3 = 3 Einheiten) darstellt, sondern auch den Platz in einer geordneten Folge (3. = 3. in einer Reihe). Erst nach viel konkreter Erfahrung erfaßt das Kind diesen Doppelaspekt der Zahl und kann die Logik der unendlichen Zahlenreihe verstehen. Hier scheint Piaget für Lernen durch Tun einzutreten. Wir können die Struktur der Zahlen nicht lehren, sagt er, wir können nur Situationen schaffen, in denen das Kind

Strukturen erfinden und für sich allein entdecken kann.

Bevor das Kind den Zahlbegriff entwickeln kann, muß es das Prinzip der Erhaltung der Quantität erfaßt haben. Dies ist, wie wir gesehen haben, ein logisches Konzept, keine numerische Vorstellung. Wenn die Kinder erkennen, daß die Quantität trotz geänderter Erscheinung erhalten bleibt, sind sie auch reif, zu verstehen, daß sich die Zahl der Objekte einer Gruppe nicht ändert, wenn sie anders angeordnet werden. Wir besprachen bereits die Experimente mit Knöpfen, bei denen die Kinder, denen man zwei gleiche Knopfreihen zeigte, sie für ungleich erklärten, wenn man die eine Reihe weiter auseinander streute oder enger zusammenschob. Wir sahen auch, daß der nächste Schritt die Entwicklung einer 1:1-Korrespondenz zwischen den beiden Reihen war. Schließlich erkannten die älteren Kinder, daß die Anzahl der Knöpfe in jeder Reihe die gleiche blieb, wie weit sie auch voneinander entfernt lagen. »Wenn man's einmal weiß, weiß man's für immer«, wie wir oben zitierten.

Piaget zeigte in seinem Buch *Die Entwicklung des Zahlbegriffs beim Kinde*, wie die Unterscheidung zwischen Kardinal- und Ordinalzahlen sich sehr langsam herausbildet, wenn das Kind immer wieder Gruppen von Objekten in der 1:1-Beziehung anordnet. Dieser Prozeß ist fundamental für den Aufbau der Zahl, weil er die einfachste und direkteste Messung der Äquivalenz zweier Gruppen darstellt. Piaget ließ die Kinder Flaschen und Gläser einander zuordnen, wobei jede Flasche in ein korrespondierendes Glas entleert werden mußte. Dann sollten sie Blumen in Vasen stecken, aber er entdeckte, daß manche Kinder mehr als eine Blume in eine Vase steckten! Deshalb griff er zu Eiern und Eierbechern und fand wieder dieselben drei Stadien: Das erste, in dem die Gruppen nicht als gleich erkannt wurden; das zweite, in dem eine Art intuitiver Korrespondenz auf perzeptuelle Beobachtung gegründet wurde; und das dritte, in dem die Gruppen ohne Rücksicht auf ihre Anordnung als zahlenmäßig gleich betrachtet wurden.

Lau (6;2). Er läßt 6 Gläser 6 Flaschen korrespondieren. Wir stellen die Gläser auf einem Haufen zusammen: »Ist das noch dasselbe? – *Ja, es ist dasselbe an Gläsern. Sie haben sie nur so zusammengerückt, aber es sind gleich viel.* – Und jetzt? Gibt es mehr Flaschen (auf einem Haufen) oder mehr Gläser (auseinandergerückt)? – *Es ist immer dasselbe. Sie haben* (die Flaschen) *nur zusammengestellt.*«[5]

Als nächstes stellte Piaget ein Problem, bei dem das Kind eine gewisse Anzahl Objekte auswählen mußte, die einer vom Experimentator beigebrachten Gruppe entsprechen sollten. Es bekam etwa eine Reihe von fünf Bohnen, oder sechs in Sechseckform angeordnete Spielmarken vorgelegt. Dann gab man ihm eine Schachtel mit Bohnen oder Spielmarken und sagte ihm: »Suche mir dieselbe Anzahl heraus!« Die jüngeren Kinder sagten vielfach: »Ich weiß nicht, wie viele es sind«, oder: »Ich weiß nicht, wie ich das anfangen soll.« Die Kinder in Stadium II schätzten die Anzahl in etwa ab oder konstruierten eine Figur, die dem Modell ähnlich sah, aber meist mehr als sechs Spielmarken enthielt. Ältere Kinder brachen die Figuren in der Regel ab und ordneten sie in einer Reihe an, so daß sie leicht die entsprechende Anzahl Spielmarken finden konnten. Ein Kind, dem man eine Kollektion von elf Spielmarken vorgelegt hatte, nahm vierzehn aus der Schachtel, jeweils eine oder zwei, und ordnete sie zu, bis es die elf beisammen hatte. Die drei überzähligen legte es wieder in die Schachtel. Piaget führt aus, daß diese Unabhängigkeit von der Wahrnehmung (die Kollektion der elf sah fast ebenso aus wie das Häufchen der vierzehn) den Anfang operationalen Denkens markiert.

Interessanterweise fand Piaget, daß lautes Abzählen dem Kind erst dann half, die Gleichheit zweier Gruppen zu erkennen, wenn es Stadium III erreicht hatte und gleiche Quantitäten schon operational verstand. »Zweifellos kann das laute Zählen im Augenblick, da die Korrespondenz quantifizierend wird und so zur Entstehung von Anfängen der Äquivalenz führt, den Entwicklungsprozeß beschleunigen. Als solche aber führen die Zahlennamen ihn nicht herbei, und das ist alles, was wir zeigen wollten.«[6]

An diesen Experimenten sehen wir, daß der Begriff der Kardinalzahlen aus einer geordneten Beziehung erschlossen wird, einer Beziehung, die abgezählt werden kann. Die einzige Möglichkeit, eine Bohne oder eine Spielmarke von der anderen zu unterscheiden, ist, sie räumlich und zeitlich entweder vor oder nach ihr anzuordnen. So ergibt sich die Ordnung der Zahlenreihe aus der 1:1-Korrespondenz äquivalenter Gruppen. Aber die Kardinalzahlen gehen nach den Beobachtungen Piagets den Ordnungszahlen nicht voraus, beide entwickeln sich gleichzeitig. In einer Gruppe gleicher Elemente – Bohnen, Spielmarken – unterscheidet sich ein Element vom anderen nur durch seine Position. Die vierte Bohne ist der fünften genau gleich, außer daß sie eben die vierte ist; die Bohnen können in jeder Ordnung hingelegt werden, falls es überhaupt eine Ordnung gibt, so daß jede einmal und nur einmal gezählt wird.

Aber wenn die Elemente einer Gruppe hinsichtlich eines Merkmals, wie Länge oder Weite, differieren, können sie in einer durch diese Eigenschaften bestimmten Reihenfolge angeordnet werden. In diesem Fall ist die ordinale Position jedes Elements wichtig; das kleinste muß immer am einen, das größte am anderen Ende der Reihe sein. Piaget studierte die Entwicklung dieser Vorstellung von ordinaler Korrespondenz, indem er zehn Holzpuppen von deutlich unterschiedener Größe beschaffte, die längste doppelt so groß wie die Kleinste. Ebenso besorgte er zehn Stäbe, auch sie von verschiedener Länge, aber untereinander weniger stark unterschieden. Nun erzählte er seinen kleinen Versuchspersonen, die Puppen gingen spazieren und jede soll den Spazierstock haben, der zu ihr passe. Wenn die zwei Reihen der Länge nach geordnet waren, brachte er die Stöcke durcheinander, griff aufs Geratewohl eine Puppe heraus und fragte, welcher Stock zu dieser speziellen Puppe gehöre. Nur wenn das Kind eine Vorstellung von der ordinalen Folge hatte, konnte es etwa der drittgrößten Puppe den drittlängsten Stock zuordnen.

Die jüngsten Kinder arrangierten die Objekte, wie zu erwarten, irgendwie, ohne systematische Entsprechung. Manchmal ordneten sie die größten oder kleinsten Elemente einander zu, nicht aber den Rest. Dann kamen zusehends intuitive Versuche, eine Reihe auf der Basis lediglich der Wahrnehmung zu bilden. Schließlich konnten die Kinder die beiden Reihen sofort aufstellen und zeigten operationales Verständnis der zwischen ihnen bestehenden Entsprechung. Piaget vermerkte, daß es drei Arten gab, wie sie die Aufgabe anpackten. Die Kinder reihten etwa zuerst die Puppen nach der Größe auf, dann die Stöcke, und dann gaben sie jeder Puppe den zugehörigen Stock. Oder sie ordneten die Puppen an und suchten dann für jede Puppe den passenden Stock, angefangen beim kleinsten, dann kam der kleinste der noch übrigen, usw. Die dritte Möglichkeit forderte gutes visuelles Urteil; das Kind wählte die kleinste Puppe und dann sogleich den kleinsten Stock, so stellte es die zwei Reihen gleichzeitig auf, ohne irgendwelche Anhaltspunkte. Hier konstruierten die Kinder eine doppelte asymmetrische Reihe des Typs, den wir bei der Multiplikation von Beziehungen erörterten (siehe Kapitel 7), den Piaget durch die folgende Formel darstellt:

$$\begin{array}{ccccccc} A & < & B & < & C & < & D \\ & & \downarrow & & \downarrow & & \downarrow \\ A_1 & < & B_1 & < & C_1 & < & D_1 \end{array}$$

Wenn die Reihenfolge der Stöcke umgekehrt oder durcheinandergebracht wurde, waren die Kinder des Stadiums I, fand Piaget, verwirrt und wählten den Stock, der gerade neben der bezeichneten Puppe lag. Kinder im Stadium II versuchten das korrespondierende Objekt durch Zählen oder visuelles Abschätzen herauszufinden; beide Methoden erwiesen sich als unzuverlässig. Wenn die Kinder zählten, machten sie durchweg einen Fehler von einer Einheit. So zählte etwa ein Kind beim Versuch, die fünfte Puppe zu lokalisieren, die vier vorhergehenden und sagte: »Vier sind vor ihr.« Dann zählte es die Stöcke, 1, 2, 3, 4, und verkündete, daß der vierte Stock zur fünften Puppe passe. Kinder des Stadiums III hatten natürlich keine

Schwierigkeiten.

Piaget schrieb den Mangel an Koordination in Stadium II dem Umstand zu, daß der Begriff der ordinalen Folge noch nicht völlig operational war. Ordinale Folge beruht auf der Stellung in einer Reihe; wenn die Reihe in Unordnung gebracht wurde, konnte das Kind die korrekte serielle Korrespondenz nicht wieder herstellen und wendete sich deshalb der kardinalen Entsprechung – dem Zählen – zu. Es richtete sich dann nach der Zahl der Stöcke, die zu dem Platz der Puppe hinführten, und nicht nach der Länge des Stocks, der mit der Puppe korrespondierte.

Diese Verwechslung von Kardinal- und Ordinalzahlen, wenn die Reihenfolge der Puppen in Unordnung gebracht wurde, führte Piaget zu einem weiteren, sehr interessanten Experiment. Er gab jedem Kind einen Satz von zehn Stöcken von allmählich zunehmender Länge (gekennzeichnet durch die Großbuchstaben A bis K) und bat es, sie in serielle Ordnung zu bringen. Wenn dies geschehen war, gab er dem Kind einen weiteren Satz von neun Stöcken (a bis i), deren Längen zwischen die Stöcke des ersten Satzes paßten, in dieser Folge: AaBbCcDdEeFfGgHhIiK. Diese Stöcke in den Zwischengrößen bekam das Kind auf einmal ohne Ordnung; es wurde nun aufgefordert, jeden einzelnen an seinen richtigen Platz in die erste Reihe einzuschieben. War dies geschehen, ließ Piaget die ganze Reihe zählen. Je nachdem, wie weit das Kind ohne Anstoß zählen konnte, kürzte Piaget nun die Stockreihe; wenn das Kind bei zehn stolperte, ließ er nur acht Stöcke vor ihm liegen, so daß es mit einer bekannten Zahl, mit der es umgehen konnte, konfrontiert wurde.

Abb. 8

Dann brachte Piaget eine kleine Puppe zum Vorschein und sagte zu dem Kind, es solle diese nun die Treppe erklettern lassen (die durch die gleichmäßig zunehmenden Längen der Stöcke gebildet wurde).

Wenn die Puppe nun etwa auf der fünften Stufe war, hielt Piaget das Kind an und fragte es, wie viele Stufen die Puppe schon erklettert habe und wie viele noch übrig seien. Dieses Experiment demonstrierte sehr klar, ob das Kind die Beziehung zwischen Kardinal- und Ordinalzahlen verstanden hatte; die Puppe auf der fünften Stufe mußte vier Stufen erklettert haben (Ordinalposition – 1) und noch drei vor sich haben (Gesamtzahl der Stufen — Zahl der Ordinalposition). Der letzte Schritt bei diesem Experiment war, die Reihe in Unordnung zu bringen, irgendeine Stufe wahllos herauszugreifen und zu fragen wie vorher: wie viele kamen nach, wie viele vor ihr?

Die Ergebnisse waren sehr aufschlußreich für alle, die an der Entwicklung des Zahlbegriffs beim Kinde interessiert sind. Vorschulkinder konnten nicht einmal die erste Reihe aus zehn Elementen bilden. Sie konnten den kürzesten Stock heraussuchen, aber als »größten« bezeichneten sie jeden langen Stock, unabhängig von seinem Verhältnis zu anderen Stöcken. Ein anderes Kennzeichen, das wir bei der Entwicklung der Zeit- und Geschwindigkeitsbegriffe wieder finden werden, war, daß diese kleinen Kinder nur auf ein Ende des Stockes achteten, so daß sie eine Treppe bauten, indem sie die oberen Enden der Stöcke in die entsprechende Ordnung brachten, ohne sich um die unteren, die Grundlinie, zu kümmern.

Lil (4;0). Frage I: »Zeig mir die ganz kleine Stufe. – (Richtig.) – Jetzt suche eine, die ein ganz klein wenig größer ist als diese. – (Sie nimmt eine große, die sie neben A legt.) – Zeig mir die ganz große. – (Sie zeigt auf eine beliebige große, ohne einen Vergleich zu versuchen.) – Versuche jetzt mal, zuerst den ganz kleinen Stab hinzulegen, dann einen ein wenig größeren, dann ein wenig größer, dann noch ein wenig größer usw. – (Lil nimmt J, um ihn neben A zu legen, dann E, dann H usw., ohne irgendwelche Ordnung.) – Sieh mal, man legt zuerst so hin (A, B, C). Das ist eine Treppe. Jetzt mache weiter. – (Lil fährt fort: K, F, D, I, G, also ohne Ordnung.) So?« – Wenn sie diesen Punkt erreicht hat, entdeckt Lil ein für dieses erste Stadium typisches Verfahren, die Treppe zu konstruieren: Sie nimmt den Stab B und läßt den Stab H darauf folgen, aber so, daß die Spitze von H ein wenig über die Spitze von B hinausragt, also ohne Rücksicht auf die Basis. Dann fügt sie K, F, D, I, G usw. hinzu, indem sie nur die Spitzen zur Reihe aufreiht. – Dann bittet man Lil, von vorne anzufangen, aber mit einem Lineal, das als horizontale Unterstützung dient: Lil reiht, A, C, H, G, E auf. Diese Reihe wird aufgelöst; man baut die ganze Treppe, nimmt sie auseinander und fordert Lil auf, sie neu zu bilden: A, B, C, D, H, F, E, G.[7]

Hier haben wir ein gutes Beispiel für das, was Piaget den »globalen« Ansatz des Stadium I-Kindes nennt. Es gibt keine Analyse der Details, kein Verständnis für die Forderungen der Situation – nur einen manipulativen, manchmal wirren Versuch, zu tun, was der Experimentator verlangt. Im zweiten Stadium sehen wir, was Piaget »perzeptuelles Lesen der Situation« nennt. Durch Versuch und Irrtum, abhängig vom visuellen Eindruck, tastet sich das Kind zur richtigen Lösung hin. Im folgenden Beispiel sehen wir sogar »das Dämmern der Relation«, das Kind vergleicht Stock D mit jedem anderen, um sich seiner richtigen relativen Position zu versichern. Aber wenn nun die Frage nach der Puppe kommt, muß es die ganze Treppe noch einmal bauen, um zu zählen, wie viele Stufen sie erklettert hat. Wie die meisten Kinder im Stadium II ist es unfähig, die bereits erkletterten Stufen von der ganzen Summe zu trennen, wenn es gefragt wird, wie viele Stufen noch zu ersteigen sind.

San (5;0). I. Er wählt richtig den kleinsten und den größten Stab; dann ordnet er A, B, C an. Bei D angekommen, vergleicht er ihn einzeln mit jedem anderen, selbst mit den größten, und legt ihn hinter C. Danach werden die Stäbe E-K aufgereiht, mit einigen Versuchen (d. h. Korrekturen an der Reihe selbst).

II. Er schiebt *i* richtig vor K ein, vergleicht dann *e* mit E, F, D, E und dann mit allen anderen der Reihe nach, bevor er ihn hinlegt. Ebenso macht er es mit *g*. Stab *h* wird vor G eingeschoben, und dann ruft San: *»Nein das geht nicht, es ist zu schwierig.«*

III. Richtige Reihenfolge bis 9. Man läßt 8 Bestandteile übrig, und San zählt richtig.

IV. Die Stäbe liegen durcheinander: San zeigt auf die Stufen A, *b* und B als Stufen, die zurückgelegt seien, wenn man bei C ist (und vergißt *a*) usw. Für die Stufen vor D stellt er die ganze Leiter neu zusammen. Als Stufen, die noch zu besteigen seien, bezeichnet er das Ganze.[8]

Trotz der Tatsache, daß die Kinder im Stadium II die ursprüngliche Reihe richtig aufstellen können, beweist die Schwierigkeit, die sie mit dem Einschieben der neuen Elemente haben, daß sie mehr intuitiv als logisch vorgehen; die Betonung liegt auf dem perzeptuellen Vergleich, nicht auf der logischen Operation. San ist ein ausgezeichnetes Beispiel für die Starre und Unsicherheit einer Lösung, die auf Wahrnehmung und Intiution beruht, während das auf logische Operation gegründete Denken flexibel, reversibel und zuverlässig ist. Piaget erklärt, daß manche Kinder in Stadium II die Reihe so gut aufstellen können, daß sie fast logisch zu operieren scheinen; aber wenn man sie mit einer doppelten Reihe konfrontiert, wie bei der Einreihung von a–i, machen sie nicht nur Fehler, sondern sind mit den unrichtigen Ergebnissen zufrieden. Dies ist für Piaget der Nachweis des perzeptuellen Durcheinanders.

Im Gegensatz dazu baut das echt operationale Kind die Reihe in dem klaren Verständnis auf, daß jeder Stock länger ist als der vorhergehende und kürzer als der nächstfolgende. Wenn es die Stöcke in den Zwischenlängen einreihen soll, betrachtet es sie nicht als »Fremdkörper«, sondern kann sie flexibel seinem Schema einordnen. Was das schwierigste von allem ist: es weiß ohne zu zählen, wie viele Stufen die Puppe erklettert hat, weil es die Relation zwischen der N-ten-Stellung der Puppe und den N-1-Stufen, die sie bereits erstiegen hat, begriffen hat. Es weiß auch, daß die ordinale Position der Puppe, die N-te Stufe, einer Kardinalzahl entspricht, N, die, wenn von der Gesamtzahl der Stufen (T) subtrahiert, die Zahl der Stufen ergibt, die noch zu ersteigen sind (T-N). All dies bedeutet eine neuartige Reaktion, sagt Piaget, die »den Zugang zu einem operatorischen Niveau, sowohl unter logischem als auch numerischen Gesichtspunkt« zeigt.[9]

Es gibt noch mehr Experimente in dieser Reihe, und jeder Grundschullehrer sollte sie kennen. Piaget benützte zum Bau der Treppe Karten, auf denen die Einheiten markiert waren, um die Vorstellung der Zahlen als aus Einheiten bestehend – jede ganze Zahl eine Einheit größer als die vorhergehende – zu entwickeln. Um die Unterscheidung von Ordinal- und Kardinalzahlen zu klären, erfand er eine Folge von Hürden. Jede Hürde brauchte eine Matte vor und eine hinter sich, damit der Springer darauf landen konnte. Die Versuchspersonen mußten also mit N-Hürden und N + 1-Matten umgehen, um Fragen über die Ordinalzahl jeder Hürde — die N-te — zu beantworten, die eine Kardinalzahl von Matten (N + 1) benötigte. Wenn er dem Kind z. B. die vierte Hürde zeigte und es korrekt antworten konnte, daß man fünf Matten brauche, um die Reihe bis dahin aufzubauen (eine vor und eine hinter jeder Hürde), war es eindeutig imstande, Ordinalzahl (vierte Hürde) von Kardinalzahl (fünf Matten) zu unterscheiden und mit beiden Reihen richtig umzugehen. Die Ergebnisse dieser Experimente zeigen, wie Piaget sagt, den Sieg der Operation über die Intuition: jetzt wird vom Kind die »Gesamt-Koordination verwirklicht, und zwar dank des Triumphes der Operation über die Wahrnehmungs-Intuition, d. h. der umkehrbaren Gruppierung über die statische Konstatierung.«[10]

Piagets Experimente, die die Entwicklung arithmetischer Prozesse beleuchten, gleichen denen, die wir bei den logischen Gruppierungen konkreter Operationen geschildert haben. Er erörtert den Stolperstein, den die Probleme der Teil-Ganzes-Beziehungen darstellen, wie bei dem wohlbekannten Experiment mit den braunen und weißen Holzperlen (Kapitel 5). Seine jüngsten Versuchspersonen sträubten sich so hartnäckig gegen die Erkenntnis, daß die braunen Perlen auch Holzperlen sind, so daß er weitere Experimente dieses Typs entwarf. Wie das folgende Beispiel zeigt, erwies es sich für das junge Kind als außerordentlich schwierig, die Zugehörigkeit einzelner Klassen zu übergeordneten Klassen zu verstehen, z. B. Mohn und Glockenblumen sind Blumen.

Arl (5;0, Mädchen). »Sieh mal, sind auf dieser Wiese (einer Zeichnung, die 20 Mohnblumen und 3 Kornblumen darstellt) viele oder wenige Blumen? – *Viele.* – Wie sind sie? – *Rot und blau.* – Sind die roten Mohnblumen und die blauen Kornblumen? – *Ja.* – Ich möchte einen ganz dicken Strauß machen. Muß ich dann die Blumen oder die Mohnblumen pflücken? – *Die Mohnblumen.* – Zeigst du mir die Mohnblumen? – (Sie zeigt richtig.) – Zeige mir die Blumen. – (Sie zeigt mit kreisender Handbewegung auf die gesamte Zeichnung.) – Also welcher Strauß wird am dicksten, wenn ich die Blumen nehme oder wenn ich die Mohnblumen nehme? – *Die Mohnblumen.* – Wenn ich die Mohnblumen pflücke, was bleibt dann übrig? – *Die blauen.* – Und wenn ich die Kornblumen pflücke, was bleibt dann? – (Nachdenken.) *Gar nichts.* – Also, welcher Strauß wird am dicksten, der mit den Blumen oder der mit den Mohnblumen? – *Aber das habe ich dir doch schon gesagt.* – Denk mal nach. (Man wiederholt die Frage.) – *Der Strauß aus Mohnblumen wird am dicksten.* – Und der aus den Blumen? – *Der wird nicht ebenso dick sein.* – Dicker oder dünner? – *Dünner.* – Warum? – *Weil man eine große Menge Mohnblumen hat.*«[11]

Nur durch Versuch und Irrtum, fand Piaget, entdeckten die Kinder des Stadiums II die richtige Lösung solcher Probleme, und erst mit etwa sieben Jahren verstanden sie das, was Piaget die »additive Komposition der Klassen« nennt: $A+A'=B$; $B-A'=A$.

Piaget zog hier die Unterscheidung zwischen logischen Gruppierungen und mathematischen Gruppen. Klassen können einschließend zusammengesetzt sein, aber Zahlen sind quantitativ zusammengesetzt. Mit anderen Worten, Holzperlen können braune, weiße, rote, grüne und gelbe einschließen; sie alle gehören zur Klasse der Holzperlen. $A+A'=B$ ist keine quantitative Beziehung, sie ist nur einschließend. Wir haben keine Möglichkeit, zu erfahren, ob A (Anzahl der braunen Perlen) größer ist als B (Zahl der weißen Perlen). Andererseits ist ein Dutzend braune Perlen plus ein Dutzend weiße Perlen gleich zwei Dutzend Holzperlen, $A+A=2$ A. Dies ist eine präzise quantitative Beziehung.

Die Addition von Zahlen ergibt eine neue Zahl; dieser Prozeß kann durch Subtraktion umgekehrt werden. Wir haben damit die Eigenschaften Kombinationsfähigkeit $2+2=4$ und Umkehrbarkeit (Reversibilität), $4-2=2$, die wir oben anführten. Ebenso erwähnten wir Assoziationsfähigkeit, die Tatsache, daß die Summe einer Reihe unabhängig ist von ihrer Anordnung. Piaget studiert das Verständnis der Kinder für diese Eigenschaft der Zahlen, indem er ihnen acht Bonbons gab, von denen die einen am Morgen, die anderen nachmittags gegessen werden sollten. Für den ersten Tag gab Piaget die Bonbons in zwei Häufchen zu je vier Bonbons aus (I), für den zweiten Tag gab er ihnen sieben Bonbons für den Morgen, eines für den Nachmittag (II). Dann befragte er sie, um zu sehen, ob sie die Äquivalenz der zwei Gruppen verstanden hätten.

An (6;11). »Ist das gleich viel, dies (I) und das (II)? – *Nein, da (II.1) ist 1 und da (I.4) gibt es 4.* – Wieviel Bonbons gab es hier (II) vorher? (Man stellt die beiden Quadrate aus 4 Bonbons wieder her, dann nimmt man von neuem, vor den Augen des Kindes, 3 Bonbons aus dem ersten der beiden Quadrate fort, um sie den 4 Bonbons des zweiten hinzuzufügen.) Ist das nicht gleich viel, das (II) und da (I)? – *Aber nein, jetzt gibt es hier (II) nur einen und da (I) 4.* – Kann man hier (II) wieder 4 und 4 machen? – *Ja.* (Er tut es.) – Ißt du gleich viel an den beiden Tagen (4+4)? – *Ja.* – Und jetzt (man stellt 7+1 wieder her)? – *Nein, weil es hier weniger gibt (II).*«[12]

Dieser Junge konnte offensichtlich die Erhaltung der Zahl nicht begreifen, auch wenn sie vor seinen Augen demonstriert wurde. Doch ein geringfügig älteres Kind sagte erstaunt, nachdem es die Transformationen aufmerksam beobachtet hatte: »Es sind ja immer gleich viel!« Als Piaget fragte: »Wie hast du das herausgebracht?« sagte es: »Ich schaute genau hin, und da sah ich, daß man drei von denen da (den 7) hierher tun kann (zu der 1)«. Das Kind rekonstruierte also die 4+4-Ausgangslage im Geist nach. Von diesem Stadium ist es nicht mehr weit zu dem logischen Gedankengang des Stadiums III, in dem sogar die eigenen Fehler verbessert werden können:

Laur (7;3). »Ist das beide Male gleich viel? – *Warten sie. Da (7+1) ist es anders angeordnet als da (4+4), aber es ist gleich viel, weil hier (II.7) die 3 von hier (II.1) sind.* – Wie viele ißt er? – *Da (I) 4 und 4 und hier (II) zuerst 1 und dann die 5 anderen.* – Warum 5? – *Weil es drei mehr gibt. Ah, nein! Da sind 7. Er hat 8 an beiden Tagen.*«[13]

Beim Studium der multiplikativen Beziehungen von Zahlen verwendete Piaget die bereits geschilderten Korrespondenz-Techniken: Beziehungen von Blumen zu Vasen, von Eiern zu Eierbechern usw. So ließ er z. B. die Kinder blaue Blumen in zehn Vasen stecken, dann rote Blumen in jede Vase, bis sie allmählich eine Vorstellung von zwei Zehnergruppen entwickelten, die auf drei oder mehr Zehnergruppen erweitert werden konnte, wobei die zehn Vasen als Originalstandard dienten. Vom Zählen jeder Gruppe gingen die Kinder dazu über, sich vom einen zum folgenden Tag zu erinnern: »Es sind gleich viel . . . ich sah gestern, daß es gleich viel sind.« Als die Gruppen einmal als äquivalent erkannt waren, konnten sie mit jeder Zahl multipliziert werden; drei oder vier oder siebzehn Blumengruppen für die zehn Vasen konnten durch Multiplikation von drei oder vier oder siebzehn mit zehn ausgedrückt werden. So ist das Verständnis der 1:1-Korrespondenz in der Multiplikation enthalten; früher oder später wird das Kind Multiplikation als eine Möglichkeit der Herstellung von Korrespondenz zwischen verschiedenen Gruppen begreifen.

Wie wir bereits sahen und noch weiter unten sehen werden (Kapitel 16 und 17), ist, wenn immer von gleichen Einheiten

gesprochen wird, der Begriff der Messung nicht fern. Ob es sich um gleiche Klassen handelt (A=B=C, was dasselbe ist wie A+A+A=3 A) oder gleiche Beziehungen (A B C D um einen bestimmten Betrag X, so daß A+X=B und B+X=C), sobald der Unterschied zwischen den Einheiten quantifiziert wird, ist genaue Messung möglich. Um diesen Prozeß zu klären, griff Piaget zu den verschieden großen Gläsern, die er bei den Experimenten über die Erhaltung von Flüssigkeiten (Kapitel 5) verwendet hatte. Nur setzte man dem Kind diesmal zwei oder drei Quantitäten farbiger Flüssigkeit in zwei oder drei Behältern von unterschiedlicher Form vor, so daß es durch bloßes Anschauen nicht sagen konnte, welche Gläser mehr oder weniger enthielten. Auch einige leere Behälter standen da, und Piaget wartete, wie lange es dauern würde, bis das Kind einen von ihnen als Maß verwenden würde, um eine Lösung für sein Problem zu finden.
War das geschehen, dann bekam das Kind eine gewisse Menge Flüssigkeit in einem weiten, niedrigen Behälter und es sollte nun dieselbe Flüssigkeitsmenge in ein hohes, enges Gefäß füllen. Während es beim Umgießen von einem Gefäß ins andere mit seinem Standardgefäß experimentierte, entdeckte es allerhand additive und multiplikative Beziehungen. Wenn z. B. der Behälter (C) zweimal gefüllt werden mußte, damit ein weites niedriges Glas (L) voll wurde, war L=2 C. Wenn nur ein Behälter voll Flüssigkeit das hohe dünne Glas (T) füllte, war offensichtlich C=T und T=½ L. Die Lösungen solcher und ähnlicher Probleme implizierten alle additiven und multiplikativen Operationen, die nötig sind, um Teile zu einem Ganzen zu vereinigen, ein Ganzes in Teile zu teilen, gleiche Mengen einander beizuordnen und Beziehungen zu multiplizieren. Am Schluß seines Buches *Die Entwicklung des Zahlbegriffs beim Kind* weist Piaget noch einmal auf die Beziehungen zwischen logischen Gruppierungen und mathematischen Gruppen hin. Um die Multiplikation von Klassen und Beziehungen ebenso möglich zu machen wie die Multiplikation von Zahlen, ist es nur notwendig, daß die Unterschiede zwischen den Klassen und die zwischen den Beziehungen gleich gemacht werden. Ist dies geschehen, sind die Unterschiede gleich und können dann gemessen, quantifiziert, addiert, multipliziert und allen Prozeduren unterworfen werden, die bei mathematischen Gruppen möglich sind.

Wie wir in den Studien über Zeit, Geschwindigkeit und Geometrie noch einmal sehen werden, glaubt Piaget, daß Experimente über Kinderpsychologie oft Licht auf die logische Entwicklung wissenschaftlicher Begriffe wirft. Auf der Grundlage der von uns geschilderten Experimente widerspricht Piaget dem berühmten britischen Mathematiker Bertrand Russell. Nach Russell, sagt er, entwickeln sich die Begriffe von Kardinal- und Ordinalzahl gesondert; Kardinalzahlen werden von dem Begriff der Klasse abgeleitet (eine Zahl wäre danach eine Klasse, die aus äquivalenten Klassen besteht), während Ordinalzahlen sich aus der logischen Beziehung entwickeln. Aber Piaget zeigte, daß schon sehr junge Kinder keinerlei Unterschied zwischen Kardinal- und Ordinalzahl machen, und daß die Kardinalzahl genauso eine ordnende Beziehung voraussetzt wie die Ordinalzahl. Seine diesbezüglichen Arbeiten dürften für alle Grundschullehrer von großem Interesse sein.

Anmerkungen

1 L. G. Marsh: Approach to Mathematics. A. & C. Black Ltd., London 1969, S. 19 (Übers.).
2 Ebda.
3 Siehe C. und M. B. Stern: Children Discover Arithmetic. Harper & Row, New York 1971.
4 Siehe J. Piaget: Sechs psychologische Studien, in: Theorien und Methoden der modernen Erziehung. Molden, Wien–München–Zürich 1972. (Zit. nach Fischer Taschenbuch, Bücher des Wissens, Bd. 6263, Fischer Taschenbuch Verlag, Frankfurt 1974, S. 248 f.)
5 J. Piaget/A. Szeminska: Die Entwicklung des Zahlbegriffs beim Kinde. Klett, Stuttgart 1965, S. 68.
6 Ebda., S. 87.
7 Ebda., S. 169.
8 Ebda., S. 172.
9 Ebda., S. 180.
10 Ebda., S. 205.
11 Ebda., S. 218.
12 Ebda., S. 245.
13 Ebda., S. 249.

14 Räumliche Geometrie

In seiner Studie über die Entdeckung der räumlichen Beziehungen durch das Kind – seine »spontane Geometrie« – weist Piaget darauf hin, daß die Reihenfolge der Entwicklung geometrischer Begriffe beim Kind die historische Ordnung umzukehren scheine. Die Euklidische Geometrie (die sich mit Flächen, Winkeln usw. befaßt) wurde von den alten Ägyptern erfunden, die mit ihrer Hilfe nach den jährlichen Nilüberschwemmungen die Grenzen ihrer Felder wieder feststellten. Die Projektive Geometrie, die sich mit Problemen der Perspektive beschäftigt, erschien im siebzehnten Jahrhundert. Im neunzehnten Jahrhundert endlich kam die Topologie, das Studium räumlicher Beziehungen und unregelmäßiger Kurven und Flächen. Sie behandelt offene und geschlossene Figuren, wie etwa eine einfache geschlossene Kurve, die eine Ebene in zwei Regionen teilt, eine innerhalb und eine außerhalb. Die Ebene kann verbogen, gedehnt, verdreht werden wie ein Gummituch, so daß Vierecke und Dreiecke die Form verlieren und nur mehr abgerundete Polygone sind. Aber der Unterschied zwischen innen und außen, offenen und geschlossenen Kurven, geht nicht verloren.

Kinder, sagt Piaget, begreifen zuerst topologische Figuren. Mit drei Jahren kann das Kind zwischen offenen und geschlossenen Figuren unterscheiden; wenn man es ein Viereck oder Dreieck nachzeichnen läßt, zeichnet es einen geschlossenen Kreis (Abb. 9 A). Wenn man ihm offene Figuren zeigt, wie in Abb. 9 B, zeichnet es einfache offene Kurven. Legt man ihm einen Kreis zum Nachzeichnen vor, mit einem kleineren Kreis entweder innen oder außen oder ihn überschneidend (Abb. 9 C), kann es diese Beziehung ganz richtig wiedergeben. Aber erst mit etwa fünf Jahren fängt es an, ein Viereck zu zeichnen und noch später kann es die Zahl oder Seiten und Winkel eines Rechtecks genauer darstellen, wie es die Euklidische Geometrie verlangt. Nach Piaget entwickelt das Kind Vorstellungen der Euklidischen und der Projektiven Geometrie gleichzeitig, etwas später als die topologischen Beziehungen. »Seltsam genug«, schreibt er, »ist diese psychologische Reihenfolge der modernen geometrischen Ordnung deduktiver oder axiomatischer Konstruktion viel näher als der Reihenfolge der historischen Entdeckungen. Es ist dies ein weiteres Beispiel für die Verwandtschaft psychischer Strukturen mit den logischen Konstruktionen der

Wissenschaft selbst.[1]

Um zu zeigen, wie Kinder projektive Strukturen entwickeln, stellten Piaget und seine Assistenten kleine, in Plastilinklümpchen gesteckte Stäbe auf, die sie »Zaunpfosten« nannten. Sie setzten zwei Pfosten auf einen Tisch, etwa vierzig Zentimeter voneinander entfernt, und forderten die Kinder auf, andere Pfosten in einer geraden Linie dazwischen aufzustellen. Das junge Kind betrachtet das Problem von einem topologischen Standpunkt aus. Es setzt jeden Pfosten neben den vorhergehenden und operiert mehr auf der Basis der Nachbarschaft als durch die Projektion einer geraden Linie. Das Ergebnis ist eine mehr oder weniger wellige Linie, die die zwei Endpunkte verbindet.

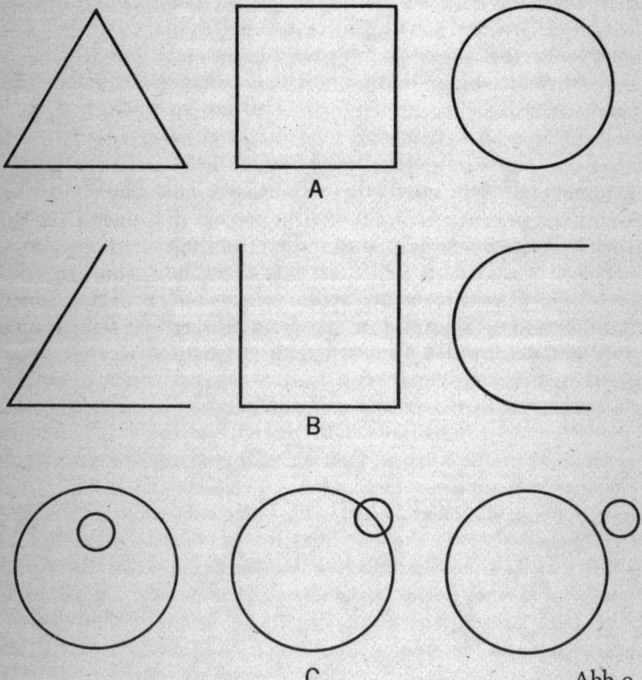

Abb. 9

Im mittleren Stadium versuchten die Kinder, die gerade Linie zustandezubringen, indem sie sich auf eine Art Führung verließen. Wenn die Endpfosten der Tischkante parallel standen, nahmen sie diese als Führungslinie. Aber wenn die Endpfosten diagonal über den Tisch hin standen, war die Aufgabe schwieriger. Das Kind fing dann oft parallel zur Kante an, machte aber dann einen Bogen, um zum anderen Pfosten zu kommen. Mit etwa sieben Jahren jedoch konnte das durchschnittlich begabte Kind einen geraden Zaun in jeder Richtung über den Tisch hin bauen. Es schloß ein Auge und visierte an der Pfostenreihe entlang »wie ein Gärtner an seinen Bohnenstangen«. Die Linie war noch topologisch, aber das Kind hatte die projektive Beziehung verstanden.

Piagets Interesse für die Fähigkeit des Kindes, verschiedene Perspektiven zu koordinieren, wurde durch das Erlebnis mit seinem Sohn Laurent geweckt, als er ihn auf eine Autofahrt mitnahm und merkte, daß der Junge den vertrauten Berg, den er von seinem Garten aus sah, aus einer anderen Perspektive nicht wiedererkannte. Um das Problem zu studieren, fertigte er eine Bergkette an, die auf einen Tisch zwischen Experimentator und Kind aufgestellt wurde. Natürlich hatte jedes nun eine andere Ansicht von der Bergkette. Das Kind bekam nun mehrere Zeichnungen, aus denen es die heraussuchen sollte, die von seinem eigenen Standpunkt aus aufgenommen war, und jene, welche dem Standpunkt des Experimentators auf der Gegenseite entsprach. Die jüngsten Kinder im Alter Laurents konnten nur die Zeichnung, die ihre eigene Ansicht wiedergab, heraussuchen. Sogar wenn das Kind mit dem Experimentator den Platz tauschte, so daß es die Berge nun von der Gegenseite aus sah, erkannte es nur, was es selbst vor den Augen hatte; es konnte die Aussicht, die vor so kurzer Zeit seine eigene gewesen war, nicht rekonstruieren. Dies, sagt Piaget, »ist ein klares Beispiel des für Kinder so charakteristischen Egozentrismus – des primitiven Denkens, das sie nicht verstehen läßt, es könne mehr als einen Standpunkt geben.«[2]

Bei ähnlichen Experimenten stellte man eine Puppe auf den Tisch und legte dann einen Bleistift der Länge nach, diagonal oder quer in ihr Gesichtsfeld. Das Kind sollte nun zeichnen, wie die Puppe den Bleistift sah, oder auch ihre Ansicht aus verschiedenen Zeichnungen heraussuchen. Die Ergebnisse waren fast dieselben; erst mit sieben oder acht Jahren konnte der Gesichtswinkel der Puppe richtig angegeben werden. Weiterhin, sagt Piaget, kann das Kind erst mit neun oder zehn Jahren zwischen verschiedenen möglichen Perspektiven genau unterscheiden und sie koordinieren.

Zu der selben Zeit, in der sich im Kind der Begriff der räumlichen Projektion bildet, lernt es auch den Euklidischen Raum aufzubauen, beide bedingen einander, sagt Piaget. Die Erhaltung der Länge und des Abstands sind für den Euklidischen Raumbegriff wesentlich. Experimente über die Erhaltung der Länge wurden bereits erörtert

(Kapitel 5), wenden wir uns also dem Studium des Abstands zu.[3] Piaget setzte zwei Spielzeugbäume etwa sechzig Zentimeter voneinander entfernt auf den Tisch und fragte seine Versuchspersonen, ob sie nahe beisammen oder weit auseinander stünden. Dann setzte er eine Trennwand aus Pappe zwischen die Bäume und wiederholte seine Frage. Die meisten jüngeren Kinder meinten, daß die Bäume nun näher beisammen wären; die Aufstellung der Wand schien den Abstand zwischen ihnen verringert zu haben. Ein Kind sagte, der Abstand sei nun geringer, aber er wäre das nicht, wenn in der »Mauer« ein Loch wäre. Piaget tat ihm den Gefallen und schnitt ein »Fenster« in den Pappschirm, worauf ein anderes Kind meinte: »Jetzt sind sie weiter auseinander, weil da ein Loch drin ist!« Als Piaget einen großen Würfel in die Mitte stellte, schien der Abstand sofort vermindert.

Auch Kinder im Stadium II unterlagen der perzeptuellen Illusion der verminderten Distanz, vor allem wenn der Würfel eingeschoben wurde. Eines sagte: »Sie sind näher, weil er dicker ist«, ein anderes erklärte: »Es ist näher, weil's mehr voll ist«, ein drittes: »Es macht es näher, wenn der Ziegelstein da steht . . . weil dann weniger Platz ist.« Für diese Kinder ist Abstand gleich leerem Raum; Raum, der von Objekten ausgefüllt ist, zählt nicht. Erst im Alter von fast sieben Jahren, sagt Piaget, erkennen die Kinder, daß dazwischentretende Objekte den Abstand nicht ändern. Die Erhaltung der Länge und der Entfernung ist also unerläßliche Voraussetzung für den Aufbau geometrischer Begriffe, wie auch für die Zahlvorstellungen.

Sobald die Kinder die Erhaltung der Länge begriffen haben, entwickeln sie spontan den Begriff der Messung, wie wir bei unserer Untersuchung über den Zahlbegriff gesehen haben. Piaget und seine Gehilfen studierten die Entwicklung des Messens mittels des folgenden interessanten Experiments. Sie zeigten dem Kind einen Turm aus zwölf Bausteinen auf einem Tisch und forderten es auf, einen gleich hohen Turm auf einen niedrigeren Tisch zu bauen. Es gab eine Menge Bausteine, aber von anderer Größe als die des Modells, so daß eine Eins-zu-eins-Rekonstruktion nicht möglich war. Es gab auch Stöcke und Papierstreifen zum Messen, wenn das Kind wollte, aber die Spielregeln erlaubten nicht, einen der beiden Türme zu versetzen. »Die Versuche der Kinder, das Problem zu lösen«, berichtet Piaget, »durchlaufen eine faszinierende Evolution.«[4] Die Vierjährigen, abhängig von visuellen Vergleichen wie die Türme vorher waren, bauten sie nun, daß sie so hoch wie das Modell aussahen, wobei sie oft die unterschiedliche Tischhöhe nicht berücksichtigten. Wenn man ihnen einen Stock gab mit dem Vorschlag, damit zu messen, wußten sie nicht damit umzugehen.

Cla (4;1) bekommt die üblichen Instruktionen. Er betrachtet das Modell lange und macht dann sorgfältig seinen eigenen Turm, ohne das Modell anzusehen. Sowie er fertig ist, schaut er auf das Modell zurück, bricht seinen Turm ab und baut ihn neu. Dasselbe geschieht ein drittes Mal. »Ist Deiner ebenso hoch? – *O ja.* – (Er bekommt einen kleinen Stock.) Schau her. Kannst Du damit messen? – *Ich kann den Stock da nicht brauchen. Der da ist ganz recht.*« Der zweite Stock ist kürzer, er befestigt ihn oben auf seinem Turm als Verschönerung und sagt: *»Er ist genau so hoch.«*[5]

Auf einem etwas fortgeschritteneren Niveau kann das Kind einen langen Stock über die beiden Turmspitzen legen, und selbst wenn der Stock nicht waagerecht liegt, erklären, daß die beiden Türme gleich seien. »Wie kannst du das sagen?« fragte Piaget. »Weil ich gute Augen habe«, erklärte eines der Kinder.

Kinder im Stadium II bemerkten gewöhnlich, daß die Tische verschieden hoch waren, so daß die Basis des Turms des Kindes tiefer lag. Dann suchte es gewöhnlich nach einer Methode, die beiden Türme zu messen. Interessanterweise war das erste Maß, das ihm in den Sinn kam, sein eigener Körper. Es legte die eine Hand an den Boden seines Turms, die andere an die Spitze und ging dann zu dem Modellturm, wobei es sich bemühte, den Abstand seiner Hände gleich zu halten. »Kinder von etwa sechs Jahren«, schreibt Piaget, »führen diese Prozedur oft mit der größten Zuversicht aus, so als ob ihre Hände unterwegs ihre Stellung nicht ändern könnten.«[6] Als Alternativlösung bot sich in diesem Alter an, die Höhe des Turms gegen den eigenen Körper zu messen und dann zum Modellturm hinüberzugehen, um zu vergleichen. Manchmal kam es dabei zu recht komplizierten Manövern, wie im folgenden Beispiel:

Dom (6;5) trägt Steine zum Modell, um ihre Höhe zu vergleichen. Sobald er fertig ist, legt er seine Hand auf die Spitze des Modells, die andere an seinen Boden. Er hält seine Hände in diesem Abstand und überträgt die Höhe auf seinen Bau. Noch nicht zufrieden, geht er zum Modell zurück und klettert auf einen Stuhl: *»Ich bin nicht groß genug. Ich muß ebenso groß sein, damit ich richtig sehen kann.«* Er benützte seinen eigenen Körper als Maßstab, indem er einen Finger in Höhe des Bodens an sich selbst anlegt und die Turmspitze durch ein Lineal mit seinem Kopf verbindet. Dann geht er zu dem anderen Turm hinüber und wiederholt diese Prozedur. »Könntest du das auch auf andere Weise machen? – *Ich könnte meinen Arm nehmen* (er hält ihn abwechselnd gegen die beiden Türme). – Wie wär's mit diesem Baustein?« (Er hält den Stein in Basishöhe an einen der Türme und überträgt, eine Hand in der Luft, den Abstand zu dem anderen Turm.)[7]

Piaget nennt diese beiden Ansätze »manuellen Transfer« und »Körpertransfer«. Sie sind ein erstes Anzeichen dafür, daß die Erhaltung der Länge begriffen wird; als Meßwerkzeug dient der eigene Körper des Kindes, ihm zunächst liegend und vertraut. Ein kleiner Junge klettert einfach auf einen Stuhl und umarmte seinen Turm, um zu sehen, wie hoch er an ihm hinaufreichte. Dann ging er zu dem Modellturm und machte es dort ebenso. Andere Kinder erfanden wieder andere Methoden, sie spreizten die Finger oder markierten die Höhe an ihren Beinen. Wenn sie merkten, wie unzuverlässig alle diese Methoden waren, suchten sie nach einem symbolischen Objekt, griffen zu Bausteinen, Stöcken oder Papierstreifen. Ein Junge baute sogar einen dritten Turm neben dem Modell, trug dann die Bausteine hinüber auf den niedrigeren Tisch und baute ihn dort, Stein für Stein, als Maß für seinen Turm wieder auf. Hier sehen wir die Anfänge der logischen Überlegung. Wenn A (der Modellturm) = B (dem beweglichen Turm) und C (der Turm des Kindes) = B, dann ist A = C.

Lineale wurden in den ersten Stadien des Messens auf die verschiedenste Weise verwendet. Anfangs konnte das Kind mit dem Lineal nur dann etwas anfangen, wenn es genau so lang war wie der Turm hoch. Dann lernte es, ein längeres zu benützen und die Höhe des Turms mit dem Finger zu markieren. Ein Junge war sogar imstande, die Neigungswinkel der beiden Lineale in Anschlag zu bringen, die von Turmspitze zu Turmspitze und von Basis zu Basis gelegt waren, und aus dem Umstand, daß sie parallel waren, zu schließen, die Türme seien gleich hoch.

Lau (6;1) verläßt sich anfangs nur auf sein Augenmaß, findet dies aber bald schwierig wegen des Unterschieds der Basishöhe. Er trägt Steine hin und her, um sie näher zu vergleichen, und streckt später seine Arme aus, um die Spitzen der Türme zu umspannen. Aber dann fährt er fort: *»Der Tisch reicht nicht bis hier her«*, wobei er auf jenen Punkt des Modells zeigt, der dem Basisniveau seiner Kopie entspricht. Nun steht er da, mit dem Gesicht seinem Turm zugewandt, und sucht nach einem Bezugspunkt an seinem eigenen Körper (seine Schultern), aber es fällt ihm etwas Besseres ein und er findet ein Lineal zum Messen der beiden Türme. Es gelingt ihm, da das Lineal zufällig genauso lang ist wie die Türme. Als man ihn auffordert, mit einem längeren Lineal zu messen, schätzt er den Unterschied nach Augenmaß ab und verliert dabei seinen Bezugspunkt. Er legt ein Lineal über die beiden Turmspitzen und ein zweites unten an die Türme; dabei sieht er, daß die Lineale parallel sind. *»Er ist genau so hoch, weil die Neigung dieselbe ist.«* Als man ihm ein kürzeres Lineal gibt, mißt er den Turm und benützt seine Hand, um die fehlende Länge zu ergänzen.[8]

Das Endstadium war erreicht, wenn das Kind merkte, daß es zum Messen einen Stab benützen konnte, der kürzer war als der Turm, wenn es diesen mehrmals anlegte. Diese Entdeckung enthielt zwei neue logische Operationen: die Teilung des Turms in Abschnitte, so daß Abschnitt A = Abschnitt B = Abschnitt C war; und die Übertragung dieser Teile auf den zweiten Turm, um ein System von Einheiten aufzubauen. Aus A = B = C wurde, da die Einheiten ja gleich waren, A + A + A = 3 A, womit die Anfangsgründe echter Messung gelegt sind.

Um das Verständnis des zweidimensionalen Raums zu prüfen, gab Piaget seinen Versuchspersonen zwei Bögen weißes Papier, von denen eines einen roten Punkt ungefähr in der Mitte zwischen dem Schnittpunkt der Diagonalen und der oberen rechten Ecke hatte. Die Kinder sollten auf dem leeren Blatt den Punkt an genau derselben Stelle markieren. Lineale, Schnüre und andere Hilfsmittel waren vorhanden. Die jüngsten Kinder ignorierten sie und schätzten nur nach dem visuellen Eindruck oberflächlich ab, Kinder im zweiten Stadium maßen entweder von oben herunter oder von der Seite hinüber und waren überrascht, daß diese eine Messung ihnen nicht die korrekte Position lieferte. Dann versuchten sie von der Ecke her zu messen, wobei sie sich bemühten, ihre Lineale in derselben Neigung zu halten. Endlich, mit acht oder neun Jahren, merkten die Kinder, daß die Koordination zweier Messungen erforderlich war ». . . um zu wissen, wohin der Punkt gehörte, nach dieser Richtung und auch nach jener«.[9] Sie hatten begriffen, daß ein Punkt auf einer Ebene durch zwei Koordinaten eindeutig bestimmt ist – eine Zentralvorstellung des Euklidischen Raums.

Nur mehr eines dieser geometrischen Experimente sei hier geschildert, obwohl in die Entwicklung des räumlichen Denkens beim Kinde von Piaget und Inhelder noch viele andere zu finden sind. Es handelt sich um das bekannte »Kühe auf der Weide«, entworfen, um die Erhaltung der Fläche und ihre Messung zu studieren. Grundlage des Experiments ist das Euklidische Axiom: »Wenn zwei gleiche Teile von zwei gleichen Ganzen subtrahiert werden, sind auch die beiden Reste gleich.« Um dies zu illustrieren, benützten Piaget und seine Mitarbeiter zwei identische Stücke grüner Pappe, die zwei Kuhweiden darstellten. Auf jeder Weide stand eine kleine hölzerne Kuh, und die Versuchspersonen wurden gefragt, ob jede Kuh dieselbe Menge grünes Gras zu essen hätte. Dies wurde bejaht; nun brachte der Experimentator ein kleines Bauernhaus zum Vorschein und erklärte, daß der Bauer Platz zum Wohnen brauche. Hätten die beiden Kühe jetzt auch noch gleich viel zu essen? Auch die kleinsten Kinder stimmten darin überein, daß eine Weide ohne Haus mehr Platz zum Grasen hätte als eine mit Haus. Dann bekam auch die zweite Weide ihr Bauernhaus, und die Kühe hatten wieder gleich viel Weidegrund zur Verfügung. »Der zwingende Charakter des Euklidischen Axioms«, schrieb Piaget, »scheint allen Altersstufen einzuleuchten«.[10]

Nun stellte Piaget immer mehr Bauernhäuser hinzu, jeweils eines auf jedes Stück Land, und wiederholte seine Frage. Der einzige Unterschied war, daß auf einer Weide die Bauernhäuser alle am Rand Seite an Seite aufgestellt wurden, während sie auf der anderen über die ganze Fläche hin verstreut wurden, daß sie einen sehr wirren und unübersichtlichen Anblick boten. Piaget wollte wissen, wann die Kinder dem visuellen Eindruck unterliegen und erklären würden, daß die noch mehr unverbaut aussehende Weide mehr Weidegrund hätte. Einige Kinder blieben bis zu vierzehn Paar Häusern dem logischen Axiom treu und verließen es plötzlich beim fünfzehnten, weil der Anschein von mehr Weideland auf der unverbauten Fläche »irgendwie unwiderstehlich« war. Die Kinder, die sich aus logischen Gründen gegen den Augenschein behaupten konnten, waren gewöhnlich siebeneinhalb Jahre alt. Die jüngeren verließen sich auf ihre Wahrnehmung und fühlten darüber hinaus intuitiv, daß die beiden gleich sein *müßten*, doch sie konnten sich nicht überwinden, es zuzugeben, wenn die Weideflächen so verschieden groß schienen.

Wir haben hier ein interessantes Beispiel eines Erhaltungsproblems in der Umkehrung. Es beweist wieder, wie fundamental für alles mathematische und naturwissenschaftliche Denken das Prinzip der Erhaltung ist. Die Versuche Piagets enthüllten uns manche unerwarteten Aspekte der Entwicklung mathematischer Begriffe und menschlicher Erkenntnis im allgemeinen.

Anmerkungen

1 J. Piaget: How Children Form Mathematical Concept, in: R. C. Anderson and D. P. Ausubel (Hg.): Reading in the Psychology of Cognition. Holt, Rinehart and Winston, New York 1965, S. 409 (Übers.).
2 Ebda., S. 410.
3 Siehe J. Piaget/B. Inhelder/A. Szeminska: The Child's Conception of Geometry. Basic Books, New York 1960. (Dt. Ausg.: Die natürliche Geometrie des Kindes. Klett, Stuttgart 1973.)
4 J. Piaget: How Children Form Mathematical Concepts. In: R. C. Anderson/D. P. Ausubel (Hg.): Readings in the Psychology of Cognition. Holt, Rinehart and Winston, New York 1965, S. 412 (Übers.).
5 J. Piaget/B. Inhelder/A. Szeminska: The Child's Conception of Geometry, a.a.O., S. 34.
6 J. Piaget: How Children Form Mathematical Concepts, a.a.O., S. 412.
7 J. Piaget/B. Inhelder/A. Szeminska: The Child's Conception of Geometry, a.a.O., S. 45–46.
8 Ebda., S. 52–53.
9 Ebda., S. 168.
10 Ebda., S. 263.

15 Wahrnehmung und Lernen

An erster Stelle steht in Piagets Interesse die Kognition, an zweiter die Perzeption, die Wahrnehmung. Seit etwa 1940 berichteten er und seine Mitarbeiter regelmäßig über ihre Untersuchungen auf diesem Gebiet; bis jetzt veröffentlichten sie etwa fünfzig Artikel in französischen Zeitschriften. Die hier geschilderten Experimente sind daraus entnommen, doch ist die Autorin für einen Großteil der theoretischen Erklärung Flavell und Baldwin verpflichtet.

Die Wahrnehmung ist ein Thema, das Naturwissenschaftler und Philosophen schon seit den Zeiten Decartes' beschäftigt. Es gibt viele Lehrmeinungen, von den Assoziationisten, wie Hume und Locke, zu den modernen »Transaktionalisten«, für welche die Wahrnehmung eine Transaktion zwischen dem Wahrnehmenden und der Umgebung, in der der Reiz wahrgenommen wird, beinhaltet. Der Hauptgegensatz besteht prinzipiell zwischen Nativismus und Empirizismus. Die nativistische Schule glaubt, daß Wahrnehmung angeboren und unmittelbar gegeben ist. Wir sehen die Dinge so, wie sie für uns aussehen, weil sie so sind. Die Empirizisten behaupten, daß wir durch sinnliche Erfahrung lernen, die Dinge zu sehen, und daß wir sie so sehen, wie wir erwarten oder wünschen. Um die nativistische Position zu widerlegen, führen sie optische Täuschungen an, wie die bekannte Müller-Lyersche Täuschung,

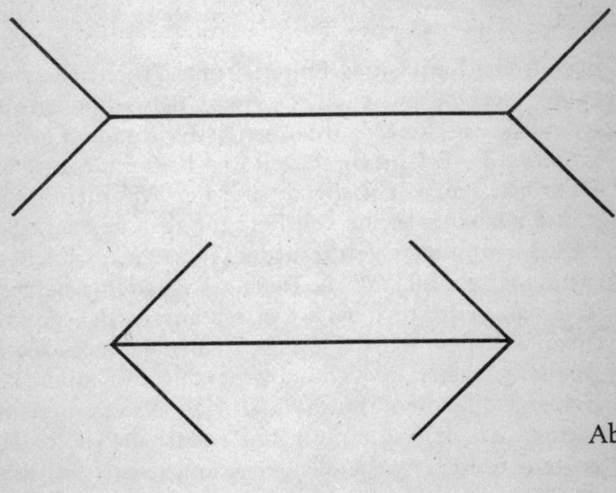

Abb. 10

bei der zwei gleich lange Linien ungleich lang zu sein scheinen (Abb. 10). Ames hat in einem berühmten Experiment gezeigt, wie die Erfahrung unsere Wahrnehmung beeinflußt; seine Konstruktion sieht halbwegs aus wie ein rechteckiges Fenster, das sich vor- und zurückbewegt (Abb. 11). In Wirklichkeit ist es ein Trapezoid, dessen eine Seite länger ist als die andere, weshalb es aussieht wie ein perspektivisch verkürztes Rechteck. Außerdem rotiert das ganze »Fenster«, aber da die Vorderkante (A) länger ist, erscheint sie näher als die Hinterkante (B) und bewegt sich deshalb scheinbar dem Beobachter näher vor und zurück als B. Dergleichen Experimente machen auf die Tatsache aufmerksam, daß wir sehen, was wir zu sehen erwarten – was wir vorher erfahren haben und was uns daher vertraut ist.

Abb. 11

Piaget trug dem Nativismus/Empirizismus-Problem Rechnung, indem er unterscheidet zwischen *Perzeption*, dem schnellen unmittelbaren Eindruck des Reizes auf den ersten Blick, und der *perzeptuellen Aktivität*, die Erfahrung, Urteil und Korrektur unrichtiger erster Eindrücke einbezieht. Beide sind am Wahrnehmungsakt beteiligt, der aus einer Reihe von Begegnungen besteht. Piagets Theorie der Begegnungen beruht auf der Wahrscheinlichkeitsrechnung. Wenn man ein Bild mit 100 Details (Begegnungselementen) sieht, wird man vermutlich bei der ersten kurzen Begegnung die Hälfte davon wahrnehmen und fünfzig Elemente unberücksichtigt lassen. Bei der nächsten Begegnung wird man etwa auf die Hälfte der verbleibenden Elemente aufmerksam, läßt also 25 unbemerkt. Bei der dritten Begegnung nimmt man wieder die Hälfte davon, 12½ Elemente, wahr, usw., bis alle Begegnungselemente beobachtet sind. Eine graphische Darstellung der Begegnungen würde also durch eine erst steil ansteigende und dann abflachende Kurve repräsentiert – 50 Elemente nach der ersten Begegnung, 75 (50 + 25) nach der zweiten, 87½ nach der dritten (75 + 12½), usw.

Piaget definiert nicht genau, was eine Begegnung ist (vielleicht eine Mikrobewegung des Auges),[2] aber er lanciert seine Theorie, weil sie verschiedene Phänomene erklärt, vor allem den Irrtum bei der Wahrnehmung. In der Hast der ersten Begegnung können eine Menge Einzelheiten übersehen werden; das Auge neigt dazu, sich auf die auffälligsten Elemente einzustellen oder, um den Ausdruck Piagets zu verwenden, zu *zentrieren.* Dadurch wird die Wahrnehmung verunstaltet, was allmählich durch *Dezentrieren* korrigiert werden muß. Während der folgenden Begegnungen hat das Auge Zeit, auch die übrigen Elemente zu fixieren und visuell zu explorieren. Fehlerhafte Impressionen werden richtiggestellt, wenn die vielfachen Begegnungen verglichen und integriert werden; so tritt Genauigkeit der Wahrnehmung an die Stelle der Verunstaltung.

Der Prozeß der Dezentration hat in Piagets Theorie eine sehr wichtige Funktion, sowohl was die Wahrnehmung als auch was das Denken betrifft. Wir sahen bei den Erhaltungsexperimenten, wie Fehlurteile dadurch entstanden, daß das Kind sich auf die Länge des Tonklumpens zentrierte und seine Dicke außer acht ließ. Beim Studium der Zahl sahen wir, wie Kinder eine Treppe bauten, indem sie sich nur auf die oberen Enden der Stöcke oder Karten zentrierten, ohne sich um eine durchlaufende Basislinie zu kümmern. Dezentration sorgt für Korrektur und Regulierung, sie führt Gleichgewicht herbei. Zentrierung führt zu Irrtümern.

Grund dafür ist nach Piaget, daß im Raum gesehene Objekte nicht alle gleich gut wahrgenommen werden. Angenommen der Reiz ist eine Linie; wenn die Begegnung nur kurz ist (etwa für den Bruchteil einer Sekunde auf einen Schirm geworfen), sieht man sie kürzer als eine gleichlange Linie bei voller Belichtung. Erscheint die Linie direkt vor den Augen, so reizt sie den mittleren Teil der Netzhaut und wirkt länger als dieselbe Linie an der Peripherie des Gesichtsfeldes. Die Dauer der Belichtung, die Helligkeit des Blitzlichts, in dem man die Linie sieht, ihre Entfernung von den Augen und der Grad der Aufmerksamkeit, mit dem der Beobachter sie fixiert – all diese Faktoren konstituieren eine Tendenz zur Über- oder Unterschätzung. Eine im Mittelpunkt des Gesichtsfeldes ausreichend hell und lang beleuchtete Linie wird von einem aufmerksamen Bobachter länger wahrgenommen als sie in Wirklichkeit ist. Piaget nennt dies den *Elementarirrtum I*: Überschätzung als Folge der Zentration.

Ein weiterer verwandter, durch Zentration verursachter Irrtum ist der »Irrtum des Standards« (*Elementarirrtum II*). Dieser entsteht, wenn die Versuchsperson Objekte vergleichen soll, von denen eines seinen Platz behält (der Standard), während die anderen nur kurze Zeit vorgezeigt werden. »Der Standard wird systematisch überschätzt«, erklärt Piaget, »nur weil er bei dem Vergleich eine privilegierte Rolle spielt.«[3] Die Versuchsperson kehrt immer wieder zum Standard zurück, um zu urteilen, wodurch sie sich öfter auf ihn zentriert.

Ein mit Marc Lambercier, einem Assistenten Piagets, durchgeführtes Experiment demonstriert dies deutlich. Die Versuchspersonen, Kinder und Erwachsene, sollten einen senkrechtstehenden Standardstab mit einer Anzahl anderer Stäbe, die teils länger, teils kürzer als der Standard waren, vergleichen. Man fragte sie: »Ist dieser (die Variable) kürzer oder länger als dieser (der Standard), oder ist er gleich lang?« Wenn die beiden Stäbe nah beisammen standen (d. h. im Mittelpunkt der Netzhaut), wurde der Standard unterschätzt. Aber sobald man die Entfernung zwischen ihnen vergrößerte, wurde der Standard durchweg überschätzt. Piagets Erklärung dafür ist: »Die Versuchsperson, beständig gezwungen, zu dem Standard zurückzukehren, um über größere Abstände hin vergleichen zu können, zentrierte sich häufiger, oder für längere Zeit, oder mit größerer Aufmerksamkeit usw. auf ihn und konnte gerade deshalb nicht umhin, ihn zu überschätzen. Auf kleinere Entfernungen dagegen – kleiner für Kinder als für Erwachsene – hat die Versuchsperson den Standard und die Variable beständig gleichzeitig vor Augen, und da sie mit dem Standard vertraut ist, den sie nicht in jedem Fall aus dem Blickfeld entlassen muß, zentriert sie sich überwiegend auf die Variable und überschätzt dann diese.«[4]

Diese Hypothese wurde durch zwei Variationen des Experiments unterstützt. Wenn Standard und Variable gleichzeitig entfernt wurden, und wenn man dann den Standard wieder hinsetzte, ohne daß die Versuchspersonen wußten, daß es derselbe Standard sei, waren sie weniger geneigt ihn zu überschätzen. Gab man aber neue Instruktionen, so daß nun die Variable der Standard war, und ließ die Versuchsperson den früheren Standard mit der Variablen vergleichen, so geschah es oft, daß die Variable jetzt überschätzt wurde!

Piaget faßte großes Interesse für diese Frage der Beziehung zwischen Vergleichsfiguren und stellte sich die Aufgabe, folgendes Problem zu lösen: Warum wird, wenn A kleiner ist als B, B größer wahrgenommen, wenn es von A begleitet wird, als wenn man es allein betrachtet? Er drückte das so aus: B (A) > B; oder: B im Verhältnis zu A ist größer als B allein. In der für ihn kennzeichnenden rigorosen Art nahm sich Piaget vor, mindestens ein Dutzend bekannter optischer Täuschungen zu studieren und seine Ergebnisse in mathematischen Formeln auszudrücken, die die Größe des zu erwartenden Irrtums in Relation zu den variablen Werten der Elemente in der wahrnehmbaren Situation ausdrückten – der Länge der Strecken, der Entfernung der Reize untereinander, des Alters der Versuchspersonen usw. Im Falle der Müller-Lyerschen Täuschung fand er, daß der Irrtum in der Einschätzung der Länge in vorhersagbarem Ausmaß von der Länge der Widerhaken an den Enden der gleichen Strecken und der Größe der Winkel, den diese mit den Strecken bildeten, abhing. Piaget nannte seine Formulierung *das Gesetz der relativen Zentrierungen*; es bedeutet, wie Flavell sagt, »die Hochwassermarke der Quantifizierung in Piagets theoretischem System«.[5] Der Kontrast zwischen den präzisen, sorgfältig kontrollierten, statistisch belegten Experimenten über die Wahrnehmung und Piagets rein praktischem und klinischem Ansatz beim Studium der Intelligenz ist in der Tat auffallend. Da aber das Verständnis dieser Experimente viel technisches Wissen und Spezialkenntnisse auf dem Gebiet der Wahrnehmung voraussetzt, verfolgen wir sie nicht weiter und wenden uns der Erörterung der Beziehungen zwischen Wahrnehmung und Intelligenz zu. Piaget glaubt, daß sich Wahrnehmung und Intelligenz unabhängig voneinander entfalten; daß sich die Intelligenz kontinuierlich entwickelt, während die Wahrnehmung keine solche Entwicklung zeigt, sondern durch die sich formenden Strukturen der Intelligenz gewissermaßen »bereichert« wird. Um dies zu illustrieren, beschreibt er ein Experiment, das den Unterschied zwischen Perzeption und Konzeption – Wahrnehmen und Verstehen – zeigt.[6] Als Teilaufgabe bei der Erforschung eines konstanten Irrtums im Vergleich der Längen zweier paralleler Strecken wurden den Versuchspersonen – Kindern von fünf, acht und elf Jahren, aber auch Erwachsenen – zwei gleichlange Parallelen vorgelegt, von denen die eine nach links versetzt war (Abb. 12). Man fand, daß Fünfjährige

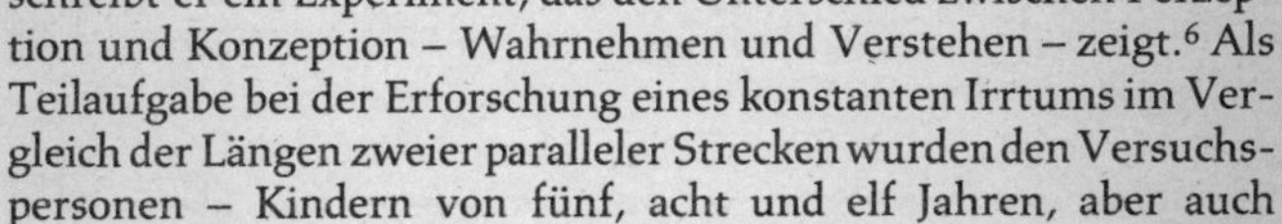

Abb. 12

der perzeptuellen Illusion weniger unterlagen als Ältere. Sie neigten dazu, die versetzte Strecke als nur ganz geringfügig länger zu beurteilen, während die Achtjährigen sich in der Einschätzung am meisten irrten. Geringer war der Irrtum bei den Elfjährigen, noch geringer bei den Erwachsenen; doch die Fünfjährigen leisteten wesentlich Besseres als die Erwachsenen. Piaget erklärt, daß die jüngeren Kinder noch nicht gelernt haben, ihren Wahrnehmungsraum im Sinne der natürlichen Koordinaten zu strukturieren; dieser Euklidische Raumbegriff entwickelt sich erst im Alter der konkreten Operationen (Kapitel 14). Ältere Kinder, die gewohnt sind, in den Termini vertikal und horizontal zu denken, überschätzen die Strecke, wenn sie horizontal versetzt ist.

Als Gegensatz zu dieser perzeptuellen Aufgabe beschreibt Piaget ein Erhaltungsexperiment mit zwei gleich langen Stäben; sie wurden den Versuchspersonen gezeigt und diese stimmten zu, daß sie gleich seien.[7] Als aber dann der eine Stab verschoben wurde, so daß er über den anderen vorstand, behaupteten die jüngeren Kinder, er sei länger, weil er »weiter reicht«. Kinder im Stadium II schwankten zwischen der ungleichen Erscheinung der Stäbe und ihrer demonstrierten Gleichheit unentschlossen hin und her. Aber mit sieben waren die Versuchspersonen sicher, daß die Stäbe gleich lang seien, nicht weil sie gleich aussahen, sondern weil sie gleich *waren*.

Die Nebeneinanderstellung dieser beiden Experimente verdeutlicht sehr klar den Unterschied zwischen Perzeption und Konzeption (oder Operation). Perzeption, Wahrnehmung, beruht auf unmittelbarer Erfahrung und ist dem Irrtum unterworfen. Konzeption beruht auf Denken, das zeitlich zurückgehen kann bis zu dem Punkt, an dem die zwei Stäbe als gleich erkannt wurden und sich ein Urteil bildete, das die perzeptuelle Illusion überwindet.

Obwohl die Wahrnehmung weniger stabil und zuverlässig ist als die Denkstrukturen, glaubt Piaget doch, daß Kinder durch perzeptuelle Aktivität lernen, Verzerrungen zu korrigieren und Illusionen zu kompensieren. Das Zweijährige erkennt seine Spielsachen aus jeder Perspektive, wenn es sich auch nicht *begrifflich* klar macht, daß Dinge von einem anderen Gesichtswinkel aus anders aussehen. Tatsächlich ist das Kind während der präoperationalen Periode durch seine perzeptuelle Aktivität besser an die Welt angepaßt als durch sein Denken. Wir wissen, daß das Denken des jungen Kindes magisch, unlogisch, animistisch und mehr auf Intuition als Realität gegründet ist. Es glaubt, daß der Mond es begleitet, daß Wolken aufziehen, um die Nacht zu bringen, daß Berge aus vorher gepflanzten Steinen gewachsen sind. Trotz all dieser falschen Vorstellungen findet das Vorschulkind seine Wege durch die Nachbarschaft und operiert ganz realistisch in einer Welt ständig wechselnder Wahrnehmungen. Farben sehen gegen andere Hintergründe anders aus, Menschen sind kleiner, wenn sie einen Straßenblock entfernt sind, und Gegenstände bieten sich ganz verändert dar, wenn ihre Oberseite unten oder ihr Inneres nach außen gestülpt ist. Aber das kleine

Kind lernt schnell, mit diesen wechselnden Impressionen konstanter Objekte umzugehen, indem es die sogenannte *Perzeptualkonstanz* entwickelt.

Das bedeutet, daß wir lernen, Größen, Formen und Farben so wahrzunehmen wie sie sind, auch wenn wir sie unter Winkeln und Perspektiven sehen, die sie verzerrt erscheinen lassen. Wie das Baby lernt, daß Gegenstände dauernd existieren, auch wenn sie gerade außerhalb seines Gesichtsfeldes sind, so lernt das Vorschulkind, daß Papi noch einen Meter und achtzig Zentimeter groß ist, auch wenn er einen Häuserblock weiter weg ist und klein aussieht. Perzeptualkonstanz bereitet die Szene vor für die Erhaltung, die in Wirklichkeit nichts anderes ist als Konstanz der Masse, der Zahl und des Gewichts usw. trotz Veränderung der Form. Aber Erhaltung beruht auf Denken und gehört somit einer höheren Ordnung an als jegliche perzeptuelle Aktivität. »Wahrnehmung ist deshalb nicht die Quelle des Wissens«, schreibt Piaget, »weil sich Wissen von den operativen Schemata des Handelns als solchen ableitet. Wahrnehmungen fungieren als Verbindungsglieder, die konstante und lokale Kontakte zwischen Handlungen oder Operationen einerseits und Gegenständen oder Ereignissen andererseits herstellen.«[8]

Auf diese Weise macht Piaget ganz klar, daß die Wahrnehmung strukturell und funktional der Intelligenz untergeordnet ist. Die Wahrnehmung liefert uns direkte Kenntnisse von unserer Umwelt, ist aber dem Irrtum ausgesetzt. Sie korrigiert sich selbst durch Dezentration, ist aber nicht umkehrbar wie das Denken. Die Wahrnehmung übermittelt Botschaften über die Welt wie sie scheint, aber die Intelligenz entziffert sie. Die Wahrnehmung erreicht bestenfalls das Niveau präoperationalen Denkens und ist wie dieses unmittelbar, intuitiv und manchmal irrig.

Was Piaget hier tatsächlich zurückweist, ist die Position der Gestaltpsychologen, die das Gebiet der Wahrnehmung seit den dreißiger Jahren des zwanzigsten Jahrhunderts beherrschen. Sie behaupten, daß die Gesetze der Organisation, der Figur/Grund-Unterscheidung und der Perzeptualkonstanz angeboren und unmittelbar gegeben seien, während Piaget gezeigt hat, daß sie allmählich durch sensomotorische Erfahrung erworben werden. Er steht damit nicht allein; es gibt eine Anzahl amerikanischer Psychologen[9], deren Forschungsergebnisse die Theorien Piagets bestätigen. Die Bedeutung ihrer Arbeiten und derjenigen Piagets besteht darin, daß sie Eltern und Lehrern helfen, die Lernprobleme ihrer Kinder zu verstehen. Wenn es, wie Piaget zeigt, systematische Verzerrungen wie den *Irrtum des Standards* in der kindlichen Wahrnehmung gibt, fangen wir an zu begreifen, warum kleine Kinder Schwierigkeiten haben können, Buchstaben von der Tafel abzuschreiben oder dasselbe Wort in verschiedenen Lettern zu lesen. Bei uns Erwachsenen ist die Wahrnehmung durch Jahre perzeptueller Aktivität so hoch entwickelt, daß wir vergessen, daß eine Druckseite für Kinder nicht so aussieht wie für uns. Kinder neigen dazu, sich auf bestimmte Wörter zu zentrieren und den Rest des Satzes nicht zu sehen, während unser dezentrierter Gesichtssinn die ganze Zeile mit einer einzigen Schwenkung des Auges erfaßt. Dank Piaget haben wir nun eine vernünftige, wissenschaftlich begründete Verfahrensweise, mit der wir die Unzulänglichkeiten des Kindes korrigieren und seine Schulreife herbeiführen können.

Tatsächlich ist perzeptual-motorisches Training zur Zeit in diesem Lande große Mode. Seine Ursprünge liegen allerdings anderswo; Hans Werner von der Clark Universität, der Alfred Strauss und Newell Kephart beeinflußte, war der Initiator dieser Bewegung. Nichtsdestoweniger haben Piagets Theorien diesem Ansatz neue Tiefe und Bedeutung verliehen und einen umfassenden theoretischen Rahmen geliefert, in den er sich einfügen läßt. Kurz zusammengefaßt ist der Zweck des perzeptual-motorischen Trainings, jeden beobachteten Mangel in der Perzeption oder motorischen Koordination von Kindern mit Lernschwierigkeiten auszugleichen. Um Dr. Gloria Wolinsky vom Hunter College zu zitieren:

> Man könnte sagen, daß die Verhaltensaktivität eines gehirngeschädigten Kindes möglicherweise die Aktivität eines Kindes ist, welches das sensomotorische Stadium auf gewissen Gebieten noch nicht vollendet hat und das nun versucht, Intelligenzakte auf einer Struktur aufzubauen, die sich noch nicht von den Forderungen der sensomotorischen Periode befreit hat.[10]

In einem derartigen Fall ist mehr Erfahrung auf dem sensomotorischen Niveau nötig, damit sich die erforderlichen perzeptuellen Prozesse entwickeln. Piaget sagt, daß die »Wahrnehmung der sensomotorischen Aktivität unerläßliche Dienste leistet, aber umgekehrt auch selbst durch diese Aktivität bereichert wird . . . so ist z. B. die Größe eines Objekts für den Gesichtssinn variabel, aber konstant für den Tastsinn.«[11]

Wenn ein Kind die von einem Kindergarten- oder Vorschulkind im allgemeinen erwarteten Fähigkeiten nicht besitzt, wird eine in den Theorien Piagets versierte Lehrerin es sorgfältig beobachten und feststellen, auf welchem Niveau es tatsächlich operiert. Vielleicht kann es nicht, wie die anderen Kinder, Buchstaben von der Tafel nachmalen. Sie könnte ihm dann ein Blatt Papier geben und es für sie einen Kreis oder ein Viereck zeichnen lassen. Wenn es nicht weiß wie, wird sie ihm vorzeichnen und es auffordern, nachzuzeichnen. Wenn es aber nur einen einseitigen Kreis oder ein Viereck mit »Ohren« an Stelle scharfer Winkel zustandebringt, greift sie auf ein früheres Entwicklungsniveau zurück und verschafft ihm Erfahrung im Hantieren und Nachmachen von Formen auf einem gröberen motorischen Niveau. Sie könnte ihm Formbretter geben, in die es große Kreise, Quadrate und Dreiecke einfügen kann, nachdem es sie betastet und ihre besonderen Kennzeichen beobachtet hat. Oder sie kann es an der Tafel mit Kreisen große Kreise zeichnen lassen, bis es das Gefühl für den Kreis in seinen Muskeln und das Bild davon in seinem Geiste hat.

Wenn das Kind nun ein kinästhetisches und taktiles wie auch ein visuelles Bild des Kreises hat, wird die Lehrerin den Maßstab seiner Produktionen allmählich verkleinern. Vielleicht gibt sie ihm Plastikschablonen, die es ausfüllen kann, oder sie macht Linien an die Tafel, so daß die Kreise kleiner werden. Schließlich ist das Kind so weit, daß es Kreise von der Tafel, an seinem Platz sitzend, auf Papier nachzeichnen kann. Durch das Anfügen von Strichen kann das Kind nun Buchstaben wie a, b oder p nachmalen.

Verständnisvolle Lehrer haben viele Möglichkeiten, Mängel und Unzulänglichkeiten der Erfahrung ihrer Schüler zu erkennen und auszugleichen. Vielleicht ist das Kind ungeübt im Hören und verwechselt in manchen Zusammensetzungen P mit T oder M mit N. Dadurch hat es Schwierigkeiten mit dem Lesen und Buchstabieren. Hier müßte das Hören von hohen und tiefen Tönen, das Unterscheiden der Klänge verschiedener Instrumente geübt werden. Lausch-Spiele wären zu erfinden, damit die Lücke in der Erfahrung des Kindes gefüllt wird, bevor sie ihm Probleme macht. Der Lehrer müßte dahin kommen, daß er bestimmte Übungen verordnet wie der Arzt das Heilmittel, indem er das Entwicklungsdefizit des Kindes genau feststellt und für perzeptuelle Aktivitäten sorgt, die speziell in seinem Fall Hilfe versprechen.

Diese Art Übung bietet auch viele Möglichkeiten konkreter Erfahrung, durch die das Kind allmählich lernt zu verallgemeinern. So könnte etwa der Lehrer, der die Begriffe »gleich« und »verschieden« entwickeln will, zwei Jungen und ein Mädchen vor die Klasse hinstellen und fragen, welches Kind verschieden sei. Oder er wählt drei Jungen aus und läßt einen zur Tafel schauen, die anderen zur Klasse. Er kann die Kinder die Stühle in einer Reihe aufstellen lassen, wobei ein Stuhl nach einer anderen Richtung schaut. Er kann einen Stoß aus vier Büchern machen und das Kind auffordern, einen anderen aus der gleichen Anzahl von Büchern aufzuschichten. Es gibt tausend Möglichkeiten für einen guten Lehrer, dem Kind Erfahrungen zu vermitteln, aus denen es einen abstrakten Begriff, den es auf seinem speziellen Intelligenzniveau gerade benötigt, ableiten kann, angefangen mit seinem eigenen Körper und ausgreifend in die Umwelt.

Dies bringt uns auf das Problem der richtigen Zeitwahl. Wir müssen den Unterricht dem Entwicklungsniveau des Kindes anpassen, sei es auf der Vorschulebene oder auf dem Niveau anspruchsvollerer Lehrpläne. Wenn wir unter dem Entwicklungsniveau des Kindes bleiben, langweilt es sich, weil es sich nicht anstrengen muß. Unterrichten wir über seinen Kopf hin, so fühlt es sich überfordert und frustriert. Passen wir uns aber seinem operationalen Niveau an, dann liefern wir ihm gerade die richtige Dosis »kognitiven Konflikt«, um es zu reizen und zu interessieren. So müssen Lernen und erzieherische Erfahrung in Gleichgewicht mit dem Entwicklungsniveau des Kindes gehalten werden, es muß, wie F. H. Hooper in einem kürzlich veröffentlichten Artikel sagt, »die rechte Erfahrung zur rechten Zeit« haben.[12]

Es bleibt noch viel Forschungsarbeit zu leisten, wenn wir genau wissen wollen, was wir wann lehren müssen und wie wir den Unterricht dem einzelnen Kind am besten anpassen. Aber wir machen Fortschritte; die genialen Ideen Piagets finden immer häufiger Anwendung sowohl in Sonderschulen als auch bei normalen Kindern.

Anmerkungen

1 A. Ames Jr.: Visual Perception and the Rotating Trapezoidal Window, in: *Psychological Monographs*, 65, Nr. 7 (1951).
2 J. Piaget: The Mechanism of Perception. Basic Books, New York 1969, S. 84 (Übers.).
3 Ebda., S. 71.
4 Ebda.
5 J. H. Flavell: The Developmental Psychology of Jean Piaget. Van Nostrand Co., Princeton N. Y. 1963, S. 231 (Übers.).
6 J. Piaget: The Mechanism of Perception a.a.O., S. 315 ff.
7 J. Piaget/B. Inhelder/A. Szeminska: The Child's Conception of Geometry. Basic Books, New York 1960, S. 95 ff. (Übers.). (Dt. Ausg.: Die natürliche Geometrie des Kindes. Klett, Stuttgart 1973.)
8 J. Piaget: The Mechanism of Perception a.a.O., S. 359.
9 Zusammenfassung siehe: E. Gibson/V. Olum: Experimental Methods of Studying Perception Children, in: P. Mussen (Hg.): Handbook of Research Methods in Child Development; and J. Wohlwill: Developmental Studies of Perception, *Psychological Bulletin*, 57 (1960), S. 249–288.
10 G. Wolinsky: Piaget's Theory of Perception, in: *Training School Bulletin*, 62 (1965) (Übers.).
11 J. Piaget/B. Inhelder: The Psychology of the Child. Basic Books, New York 1969, S. 32 (Übers.). (Dt. Ausg.: Die Psychologie des Kindes. Walter, Olten, 2. Aufl. 1973.)
12 J. Sigel/F. H. Hooper (Hg.): Logical Thinking in Children: Research Based on Piaget's Theory. Holt, Rinehart and Winston, New York 1968, S. 424 (Übers.).

16 Zeit

Es ist eine interessante Tatsache, daß Piagets Studien über Zeit und Geschwindigkeit von Albert Einstein, dem Vater der Relativitätstheorie, angeregt wurden. Auf einem Symposium über die Philosophie der Naturwissenschaften im Jahre 1928 zeigte sich Einstein, der den Vorsitz führte, von einem Bericht Piagets über seine Experimente über das kindliche Denken sehr beeindruckt. Er schlug Piaget vor, das Verhältnis zwischen Zeit und Geschwindigkeit im Denken des Kindes zu untersuchen, festzustellen, was sich zuerst entwickelte, wie sie voneinander abhängen und wie sie sich gegenseitig bedingen. In Einsteins Relativitätstheorie sind Zeit und Raum relativ zur Lichtgeschwindigkeit. In der Physik jedoch wird Zeit durch Geschwindigkeit gemessen und Geschwindigkeit durch Zeit definiert, wodurch sich ein Circulus vitiosus ergibt. Um zu entdekken, wie sich diese Begriffe bei Kindern entwickeln, entwarf Piaget Experimente, die es erlaubten, alle Aspekte dieser komplexen Beziehung zu beleuchten. Er veröffentlichte seine Ergebnisse in zwei Bänden: *Die Entwicklung des Zeitbegriffs beim Kinde* (Zürich 1947) und *The Childs Conception of Movement and Speed.*

Der Zeitbegriff, sagt Piaget, »wird nach und nach aufgebaut und geht Hand in Hand mit der Ausarbeitung eines Bezugssystems einher«.[1] Die erste zeitliche Erfahrung des Babys ist wahrscheinlich ein vages Gefühl von Dauer; es wartet auf seine Flasche und merkt, daß es wartet, weil es hungrig ist. Bald lernt es, daß Ereignisse in einer Reihenfolge ablaufen; wenn die Mutter ins Zimmer kommt, erscheint bald darauf die Flasche. So lernt es eine Reihe von Ereignissen in Vorher/Nachher-Sequenz zu erwarten. Viele Eltern haben beobachtet, daß das Baby zu schreien aufhört, wenn es seine Mutter in der Küche hört. Es weiß also, daß es dann sehr bald gefüttert wird. Wenn das Baby ungefähr ein Jahr alt ist, sucht es nach der Flasche, wenn Mutter sie unter einem Kissen versteckt hat. Es erinnert sich an die Flasche, auch wenn sie außer Sicht ist. Dies beweist nicht nur, daß es Objektkonstanz erreicht hat, sondern auch, daß es sich an ein Ereignis erinnert, das zeitlich früher ablief.

Aber Piaget beobachtete eine merkwürdige Sache. Eines Tages schaute er seinem dreizehn Monate alten Neffen zu, wie er einem Ball nachlief. Er rollte unter einen Sessel, wo er ihn wieder hervorholen konnte. Dann rollte er unter ein Sofa, wo er ihn nicht sehen konnte – und der Kleine lief zurück und suchte unter dem Sessel! Piaget testete diese Beobachtung aus und fand, daß, wenn er ein Spielzeug zuerst unter einem Kissen und dann sehr langsam vor den Augen des Kindes unter einem zweiten versteckte, Kinder unter einem Jahr unter dem ersten Kissen suchten. Erst nach etwa drei Wochen lernten die Kinder, gleich unter dem zweiten Kissen zu suchen, aber wenn sie das Spielzeug nicht sofort fanden, gingen sie wieder zum ersten Kissen. Erst viel später suchten sie nur unter dem zweiten Kissen. Piagets Erkärung ist, daß die Zeitwahrnehmung eines Babys – die Reihenfolge, in der wahrgenommene Phänomene ablaufen – subjektiv und genau ist. Babys sind »noch nicht in der Lage, die Geschichte äußerer Vorgänge selber zu rekonstruieren«.[2] Damit meint er, daß das Kind in der ihm bekannten Reihenfolge starr nachspielt, was es gesehen hat. Es geht zu dem ersten Ort, an dem es das Spielzeug verschwinden sah, weil dies in seiner Zeitfolge zuerst kam; vielleicht vergißt es den Rest der Ereignisse. Es hat nicht die Flexibilität des Denkens, das erste Kissen zu überspringen und gleich zum zweiten zu gehen, bevor es älter ist.

Aber in demselben Maße wie es wächst, vermehrt sich seine Fähigkeit, Ereignisse im Gedächtnis festzuhalten und dehnt sich auf immer ferner zurückliegende Geschehnisse aus. Jacqueline konnte sich mit noch nicht zwei Jahren an Ereignisse von vor zwei Tagen erinnern, wie folgende Beobachtung zeigt.

1;7 (27): Jacqueline, auf der Terrasse einer Berghütte, lokalisiert die Menschen, die ich ihr nenne und berücksichtigt dabei ihre kürzlich erfolgten Ortsveränderungen. »Wo ist Mutter?« Sie deutet auf die Hütte. »Wo ist Großvater?« Sie deutet hinunter in die Ebene, wohin ihr Großvater vor zwei Tagen ging. »Wo ist der Junge?« Sie deutet auf die Hütte. »Wo ist Vivianne?« Sie deutet auf den Wald, wo Vivianne spazieren ging.[3]

In der sensomotorischen Periode lernte das Kind sein zeitliches Schema in Beziehung zu jenem der äußeren Dinge zu ordnen. Mit zwei Jahren kennt es in einer gewissen praktischen Weise die Reihenfolge von Ereignissen und die Dauer der dazwischen liegenden Zeiten (»Zeit zum Essen« oder »Schlafenszeit«). Aber sein Denken ist noch egozentrisch und auf seine eigenen Bedürfnisse und Wünsche zentriert, wie Piaget entdeckte, als er Vier- und Fünfjährige über ihr Alter befragte. Er fand, daß Kinder Alter mit Körpergröße verwechselten. Wer größer ist, ist älter, ohne Rücksicht auf die Reihenfolge der Geburt. Viele Kindergärtnerinnen oder Lehrerinnen von Erstkläßlern, die von ihren Schutzbefohlenen nach ihren »Vätern« gefragt wurden, wissen das. Meist handelt es sich um Ehegatten, die der Schule einen Besuch abstatten, aber mindestens einmal war mein »Vater« ein hochgeschossener Sohn im College-Alter, der bei einem Weihnachtsspiel helfen sollte!

Diese Konfusion der Generationen entsteht, wie Piaget meint, weil die Vorstellung des Kindes vom Alter statisch und diskontinuierlich ist: »Die erlebte Zeit ist nicht ein ständiger und zusammenhängender Strom: sie ist eine Veränderung, die auf gewisse Zustände hinstrebt, und sie fließt nicht mehr, wenn diese erreicht sind. So ist für die Kleinen Älterwerden gleichbedeutend mit Größerwerden.«[4] Er fand, daß junge Kinder nicht wußten, wer zuerst geboren war, ihre Großmütter oder ihre Mütter, und häufig behaupteten, sie seien schon dagewesen, wenn Eltern oder ältere Geschwister geboren wurden, wie im folgenden Interview:

> Bor (4;9): *»Ich habe zwei Brüder, Philipp und Robert.* – Älter als du oder jünger? – *Älter als ich.* – Viel? – *Ja.* – Wie alt? – *Ich weiß nicht.* – Gehen sie in die große Schule? – *Ja, beide.* – Ist der eine älter als der andere? – *Nein, beide gleich alt* (falsch). – Sind sie am gleichen Tag geboren? – *Ja* (falsch). – Sind sie Zwillinge? – *Nein.* – Sind sie genau gleich alt? – *Ja, gleich alt wie ich.* – Wer ist zuerst, früher geboren? – *Philipp, dann Robert* (richtig). – Wer ist zuerst geboren, Philipp oder du? – *Ich* (falsch). – Wer ist also der älteste von euch dreien? – *Keiner.* – Wenn du sagst, du bist vor Philipp geboren, dann warst du doch da, als Philipp geboren wurde? – *Jaja, ich war da!* (das scheint ihm sogar selbstverständlich zu sein). – Wer von der ganzen Familie ist zuerst geboren? – *Niemand. Der zweite ist Philipp, dann Robert, dann ich der vierte, weil ich vier Jahre bin.«*[5]

Piaget schreibt solche unverständlichen Gedankengänge der egozentrischen Zeitvorstellung des Kindes zu, in der objektive Realität mit subjektiver Intuition vermengt wird. Vom Standpunkt des Kindes aus beginnt die Existenz der anderen in seinem eigenen Gedächtnis; bevor es da war, waren sie auch nicht. Auch nimmt das Kind andere hin, wie sie sind, ohne zu begreifen, daß auch sie einmal jung waren. Ein kleiner Junge erzählte Piaget, sein Großvater sei »von Anfang an alt« gewesen. Da außerdem Alter mit Größe gleichgesetzt wird, hält man alle, die nicht mehr wachsen, wie Mutter und Großmütter, für gleich alt oder auch für nicht mehr alternd, weil sie ja »schon alt« sind. Andererseits glaubt das Kind, das selbst noch wächst, es werde dereinst seine älteren Geschwister ein- und seine Eltern überholen können. Ein Viereinhalbjähriger vertraute Piaget an, er habe einen zwei Jahre älteren Bruder, hoffe aber, ihn eines Tages einzuholen, »wenn ich viel Suppe esse«.

Piaget schildert dann ein Zwischenstadium, in dem das Kind die Begriffe Nachfolge oder Dauer kennt, aber nicht koordinieren kann. Im ersten Fall weiß es vielleicht, daß sein Vater älter ist als die Mutter, weil er früher geboren wurde, versteht aber nicht, daß er auch immer älter bleibt. Oder er versteht, daß Altersunterschiede bleiben, kann aber nicht sagen, in welcher Reihenfolge die Menschen geboren werden, wie im folgenden Beispiel:

Dour (7;5): »Wie alt bist du? – $7\frac{1}{2}$. – Hast du Geschwister? – *Nein.* – Einen Freund? – *Ja, Gerold.* – Ist er jünger oder älter als du? – *Ein klein bißchen älter, er ist 12.* – Wieviel Jahre älter als du? – *Fünf Jahre.* – Ist er vor dir oder nach dir geboren? – *Ich weiß nicht.* – Überleg einmal, du hast mir doch schon gesagt, wie alt er ist. Ist er vor dir oder nach dir geboren? – *Ich könnte ihn ja fragen gehen.* – Aber gerade jetzt kannst du das nicht wissen? – *Nein.* – Wird Gerold jünger oder älter sein als du, wenn er einmal Papa ist? – *Älter.* – Wieviel? – *Fünf Jahre.* – Werdet ihr gleich schnell alt? – *Ja.* – Wie wird er sein, wenn du einmal ein alter Herr geworden bist? – *Ein Großvater.* – Wird er gleich alt sein wie du? – *Nein, ich werde fünf Jahre jünger sein.* – Und wenn ihr sehr, sehr alt geworden seid, wird dann immer noch derselbe Unterschied bestehen? – *Ja, immer noch.*«[6]

Wenn schließlich die Kinder das operationale Niveau erreicht haben, mit etwa sieben bis acht Jahren, fangen sie an, die Begriffe Nachfolge und Dauer zu koordinieren und die Vorstellungsverbindung zwischen Alter und Körpergröße zu lösen.

Pol (8;3): *»Ich habe einen kleinen Bruder und einen noch kleineren, Charly und Jean.* – Wer ist zuerst geboren? – *Ich, dann Charly, dann Jean.* – Wie alt werdet ihr sein, wenn ihr groß seid? – *Ich der älteste, dann Charly, dann Jean.* – Wirst du viel älter sein? – *Eben wie jetzt.* – Warum? – *Man bleibt immer gleich auseinander, es kommt darauf an, wann man geboren ist.«*[7]

Piaget meint, daß vor dem operationalen Stadium das Denken nicht umkehrbar ist, deshalb könne das Kind nicht begreifen, daß seine Eltern eine Vergangenheit haben. Sein Verständnis vom Alter beruht auf dem offensichtlichen, wahrnehmbaren Kennzeichen der Größe; einer ist der Größere, so muß er auch der Ältere sein. Allmählich entwickelt es eine primitive intuitive Auffassung, die noch in mancher Hinsicht unklar und verwirrt ist, bis es endlich das Gleichgewicht zwischen allen beim Alter beteiligten Faktoren herstellen und dieses dann sogar in die Vergangenheit oder die Zukunft projizieren kann. Das sind die drei bekannten Stufen, die wir bereits mehrfach angetroffen haben.

Piaget ging nun daran, die Beziehungen zwischen Alter und Wachstumsrate noch sorgfältiger zu untersuchen. Er zeigte den Kindern Zeichnungen eines Apfel- und eines Birnbaums, die in einem Jahr Abstand gepflanzt worden waren (Abb. 13). Zuerst war der Apfelbaum größer, dann waren beide gleich, aber mit fünf Jahren hatte der jüngere Birnbaum den Apfelbaum größenmäßig überholt. Das bedeutete, daß das Kind beim Anordnen der Zeichnungen die zunehmende Größe jedes Baums in Anschlag bringen und dann das Wachstum des einen Baums zu dem des anderen in Beziehung setzen mußte, wobei der Birnbaum immer ein Jahr jünger blieb. Das Kind war somit gezwungen, Alter und Größe zu trennen, wenn es Piagets Fragen, welcher Baum in einem bestimmten Jahr älter sei, richtig beantworten wollte. Die ersten drei Jahre bildeten kein

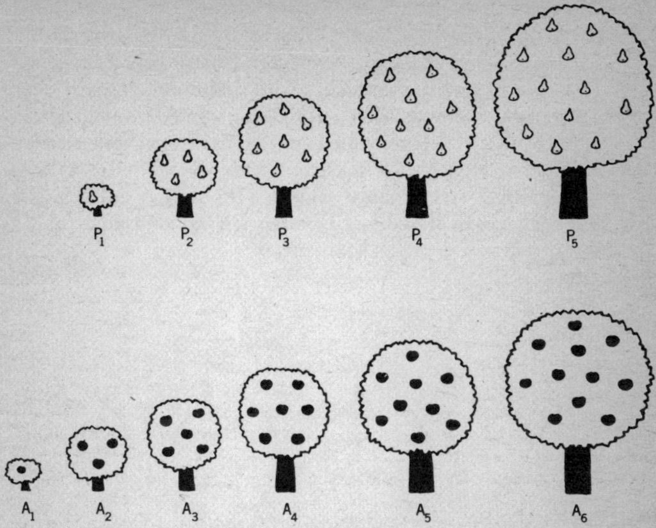

Abb. 13

Problem, aber wenn der Birnbaum größer wurde als der Apfelbaum, ergaben sich wieder dieselben Schwierigkeiten. Die jüngeren Kinder behaupteten, jetzt sei der Birnbaum älter, weil er größer sei, die Kinder im zweiten Stadium schwankten und zögerten zwischen dem Apfelbaum, der früher gepflanzt, und dem Birnbaum, der größer war. In der Gruppe der Sieben- bis Neunjährigen endlich antwortete ein Kind: »Der Apfelbaum ist immer älter, weil er vorher angefangen wurde. Der Birnbaum ist stärker gewachsen, aber der Apfelbaum ist älter.«[8]

Nun wurde die Zeit von der Größe getrennt und »eine eigene Struktur auf Grund der Einschachtelung von Zeitstrecken (Alter) und der Reihenfolge der Zustände (Geburten und Geburtstage), die beide in einem einzigen System koordiniert werden«, erworben.[9]

Piaget fand es kennzeichnend, daß junge Kinder Urteil über das Alter von Menschen nicht wie die Erwachsenen auf innere Kriterien gründen, sondern auf äußerliche Charakteristiken, wie die Körpergröße. Er ging deshalb dazu über, introspektive Schätzungen der Zeit zu studieren. Er verwendete dazu Metronome, schnelle oder langsame Klopffolgen, oder er ließ das Kind fünfzehn Sekunden lang schnell oder langsam zeichnen. Er fand fast ohne Ausnahme, daß jüngere Kinder glaubten, schnelle Arbeit müsse mehr Zeit in

Anspruch nehmen als langsame. Ein Vierjähriges behauptete, es brauche zu den schnellen Zeichnungen länger, denn »es ist schneller vorbeigegangen, wie ich schnell machte . . . weil es länger ist.«[10]

Die Kinder schienen da von erreichten Leistungen auszugehen: mehr Striche = mehr verbrauchte Zeit. Erst in fortgeschrittenem Alter waren sie imstande, Zeit unabhängig von Aktionen zu beurteilen. Sie mußten fähig sein, die Länge eines verstrichenen Zeitabschnitts zu bewerten, ohne Rücksicht darauf, wie schnell sie arbeiteten. Kinder über sieben Jahre sagten: »Da bin ich nur schneller gegangen, aber es ist dieselbe Zeit«, oder »ich war langsamer, aber es scheint mir, es war derselbe Moment.«[11]

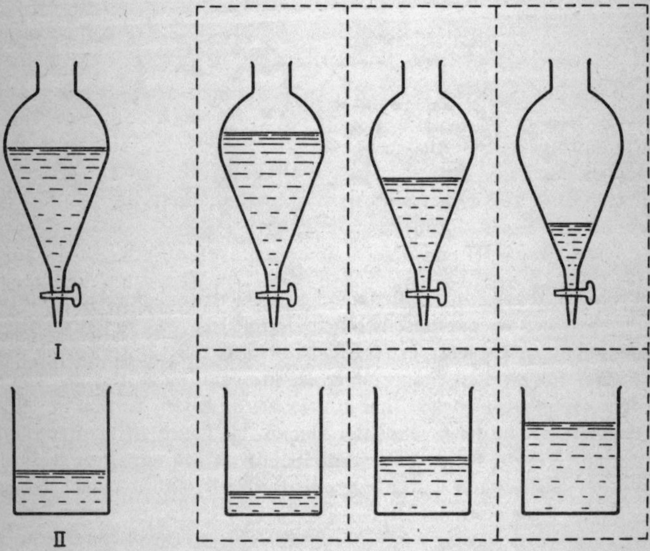

Abb. 14

Mit anderen Worten, der Zeitbegriff hängt ab von der Reihenfolge der Ereignisse und der Dauer von Zeitintervallen; das sind zwei gesonderte und grundlegende Systeme, die koordiniert werden müssen. Um jedes für sich zu studieren, entwarf Piaget genial einfache Experimente, von denen einige hier beschrieben werden sollen. Um die Reihenfolge der Ereignisse zu untersuchen, zeigte er seinen Versuchspersonen zwei Flaschen; eine, ein umgekehrt birnenförmiges Gefäß (I), hatte einen Hahn, mit dem man den Abfluß des Wassers in ein darunter angebrachtes zylindrisches Gefäß (II) regulieren konnte. Piaget ließ bestimmte Mengen gefärbten Wassers aus I in II fließen, so daß, wenn der Wasserspiegel in I um einen bestimmten Betrag fiel, er um einen entsprechenden Betrag in II stieg (Abb. 14). Dann gab er den Kindern, die ihm zusahen, mehrere Blätter, auf denen der Apparat abgebildet war, und ließ sie die Wasserspiegel in den beiden Gläsern mit Buntstiften einzeichnen, wie sie sukzessive in jedem Intervall erschienen, bis I leer und II voll war.

Der nächste Schritt war, die Zeichnungen, die jedes Kind während der Beobachtung der sukzessiven Veränderungen der Wasserspiegel gemacht hatte, durcheinanderzumischen und es zu bitten, sie wieder in die richtige Reihenfolge zu bringen. Piaget fand, daß die jüngsten Kinder (etwa fünf oder sechs) Schwierigkeiten hatten, die Blätter zu ordnen, obwohl sie die sukzessiven Wasserspiegel beobachtet und gezeichnet hatten. Wie er mehrfach bemerkt, »konstituiert eine Folge von Wahrnehmungen an sich noch keine Wahrnehmung der Folge«.[12] Diese Kinder hatten offensichtlich die Reihenfolge der Vorgänge nicht begriffen, wenn sie auch die verschiedenen Wasserspiegel selbst beobachtet und eingetragen hatten. Andere Kinder hatten keine Schwierigkeiten, die Zeichnungen in serieller Ordnung zu arrangieren.

Als Schlußschritt des Experiments schnitt Piaget die Zeichnungen jedes Kindes auseinander, so daß alle I und II durcheinandergemischt waren, und forderte es auf, sie wieder richtig zu ordnen. Hier hatten die Sechs- bis Neunjährigen (Durchschnittsalter sieben Jahre, acht Monate) große Schwierigkeiten. Die meisten konnten I und II getrennt richtig arrangieren, aber sie nicht einander zuordnen. Sie kombinierten mitunter Paare von I und II nach bloßer Schätzung, konnten sich aber nicht an die Doppelreihe der sinkenden Wasserspiegel in I, korreliert mit steigenden Wasserspiegeln in II erinnern oder sie rekonstruieren. Manche Kinder paarten niedrige Wasserspiegel von I und II, ohne daran zu denken, daß sie die umgekehrte Beziehung beobachtet hatten. Andere paarten die Extreme – also die umgekehrte Beziehung – richtig, die übrigen Paare hingegen wieder in direktem Verhältnis. Ein Junge erkärte auf Befragung: »Das Wasser geht herauf, und nachher geht es wieder herunter.«[13] Piaget war zunächst überrascht, da acht- und neunjährige Kinder Stöcke oder Puppen nach der Länge serienmäßig ordnen können, wie wir gesehen haben. Nach sorgfältigen Befragungen kam er schließlich zu dem Ergebnis, daß die Schwierigkeit in der gleichzeitigen Abfolge zweier entgegengesetzter Bewegungsrichtungen lag – die eine steigend, die andere fallend.

Eine derartige Operation ist logisch durch die oben diskutierte Matrix dargestellt (Kapitel 7). Es handelt sich um die Multiplikation einer doppelten Reihe, die, anders als die Gläser in der obigen Illustration, umgekehrt proportional ist; wenn eine Reihe zunimmt, nimmt die andere ab. Die Kinder begriffen intuitiv die allgemeine Sachlage, waren aber unfähig, die beiden Vorgänge in die richtige Beziehung zueinander zu setzen. Dazu wäre Reversibilität nötig – jenes Charakteristikum operationalen Denkens, welches gestattet, zeitlich rückwärts zu gehen und vergangene Vorgänge zu rekonstruieren. Wenn nur eine Serie beteiligt ist, ist die zeitliche Sequenz dieselbe wie die räumliche (die Wasserspiegel in diesem Fall). Aber wenn zwei verschiedene Reihen einander zugeordnet werden sollen, fällt es den Kindern sehr schwer, Simultaneität (die Koordination von Vorgängen, die gleichzeitig ablaufen) herzustellen. Piaget fand, daß seine Versuchspersonen erst zwischen acht und neun Jahren Vorgänge in Reihen ordnen und dann eine Reihe mit einer anderen in Beziehung bringen konnten. Durch diese zeitliche Sukzession der Ereignisse entwickelten sie allmählich den Zeitbegriff. Dies führte Piaget zu der Schlußfolgerung, »daß die Operationen der Reihenbildung und Doppel-Reihenbildung (Reihen zuordnen, ›cosériation‹) die Voraussetzungen für die Konstruktion der Zeit – oder der Ordnung der gleichzeitigen Stellungen – bilden und nicht ihr Ergebnis sind.«[14] Aber Zeit ist nicht nur die Sukzession der Ereignisse, in einem anderen Aspekt ist sie Dauer, die Länge von Zeitintervallen. Wir erwähnten bereits die Kinder, die meinten, schnelleres Zeichnen oder das schnellere Ticken des Metronoms beanspruche mehr Zeit als die langsameren Bewegungen. Mit demselben Flaschen-Experiment studierte Piaget die Entwicklung der Erkenntnis, daß Geschwindigkeit der Zeit umgekehrt proportinal ist – mit anderen Worten, schnellere Bewegung = weniger Zeit. Um zu zeigen, wie sich die Vorstellung der Zeit von der der Geschwindigkeit oder der Entfernung löst, verwendete er die Zeitintervalle, die das Wasser brauchte, um von I nach II zu fließen (ausgedrückt als I_1II_1 für das erste Intervall, I_2II_2 für das zweite, usw.). Nun waren diese Intervalle alle gleich, aber wegen der Birnenform des oberen Gefäßes fiel hier der Wasserspiegel erst langsam und dann, an der engeren Stelle, schneller. Im unteren Glas dagegen stiegen die Spiegel gleichmäßig an, da es zylindrisch geformt war. Piaget markierte diese Intervalle (A, B, C, usw.) deutlich auf den beiden Gläsern und fragte die Kinder dann, ob die für die jeweiligen Veränderungen der Wasserspiegel benötigten Zeiten gleich oder verschieden seien. Er fand, daß seine jüngsten Versuchspersonen der Ansicht waren, die deutlicher wahrnehmbare Niveauveränderung beanspruche mehr Zeit (das Wasser in I »muß weiter gehen« oder »es tropft schneller hinunter»). Wieder, wie bei den Erhaltungsexperimenten, unterlagen die Kinder der perzeptuellen Illusion größerer Entfernung oder Aktivität und setzten dies mit längerer Zeitdauer gleich (Abb. 15).

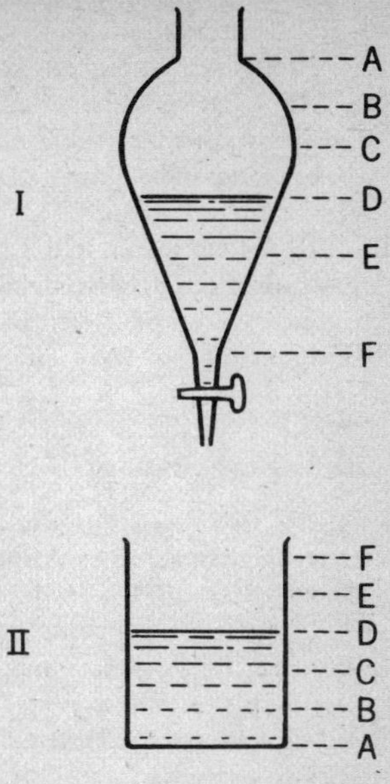

Abb. 15

Kinder des zweiten Stadiums, fand Piaget, begannen intuitiv zu erfassen, daß Zeit und Geschwindigkeit umgekehrt proportional sind. Dies könnte, dachte er, auf Erfahrungen wie Wettrennen mit anderen Kindern zurückzuführen sein, wenn zwei Kinder gleichzeitig starten und stoppen, aber nicht am selben Punkt stehen bleiben, weil eines schneller gelaufen ist als das andere. Als Ergebnis solcher Beobachtungen lernen die Kinder, den Energieaufwand vom fraglichen Zeitintervall abzuspalten und erkennen, daß Zeit der Geschwindigkeit umgekehrt proportional ist. Ein weiteres Problem, das auf dieser zweiten Stufe gelöst werden mußte, war die Gleichheit der Zeitintervalle. Die Kinder merkten nicht, daß das Wasser ebenso lang brauchte, in der oberen Flasche von Marke A zu Marke B zu fallen, als es brauchte, in der unteren Flasche von Marke A zu Marke B zu steigen. Daß die oberen Marken entsprechend der Form des Gefäßes ungleich weit voneinander entfernt, die Abstände unten aber gleich waren, machte den jüngeren Kindern viel Kopfzerbrechen. Einige meinten, die Niveaus unten stiegen schneller, andere, daß »es viel schneller heruntertropft«, oder »es braucht weniger Zeit herunterzutropfen als zu steigen«. Ein Junge behauptete, die Länge der Zeitintervalle könnte nur in identischen Gläsern verglichen werden; ein anderer: »Es war nicht dieselbe Zeit, weil wir nicht mit derselben Geschwindigkeit gingen«. Auch wenn man erklärte, daß in jedem Zeitintervall gleiche Wassermengen überflössen und daß die Fließgeschwindigkeit konstant sei, hatten Kinder im Stadium II Mühe, zu verstehen, daß auch die Zeitintervalle gleich seien. Ein Neunjähriger schloß endlich, geführt von Piagets Fragen: »Ach, es ist dasselbe Ding . . . weil's dieselbe Zahl ist« – womit er die Wassermenge meinte.

Kinder im Stadium III jedoch waren in der Lage, die Gleichheit der Zeitintervalle logisch abzuleiten, entweder weil die ausgeflossenen Wassermengen gleich waren oder weil Beginn und Ende des Ausfließens gleichzeitig erfolgten. Wie ein Junge sagte: »Das Wasser fällt und steigt in derselben Zeit . . . während dies hier leer wird, wird das da voll.« Wie die älteren Kinder das Problem anpackten, wird durch folgendes Protokoll beleuchtet:

Lad (8;7): »Ist (1_1 1_2) und (II_1 II_2) die gleiche Zeit? – *Ja, das ist die gleiche Zeit, weil es in die gleiche Länge eingeteilt ist.* – Ist es die gleiche Höhe? – *Nein, hier (I_1 I_2) ist es dünner, aber es ist auch dicker (= breiter).* – Und das (I_1 I_3 und II_3 II_5)? – *Natürlich, weil zwei gleiche Mengen in diese gleichen Teile Wasser gegossen wurden.* – Und (I_2 I_3) und (I_6 I_7)? – *Ja natürlich, das ist immer die gleiche Zeit.* – Warum? – *Weil das die gleiche Menge Wasser ist* (zeigt auf II_2 II_3 und II_6 II_7). – Und wenn man das (II_6 II_7) wieder zurückgießen würde? – *Das würde eine Schicht geben wie die (I_6 I_7).*«[15]

Lad läßt sich offensichtlich durch die verschieden großen Intervalle bei I und II nicht täuschen. Sein Denken zeigt die für das operationale Stadium charakteristische Flexibilität und Reversibilität. Er kann zeitlich zurückgehen und sagen, was geschehen würde, wenn das Wasser in II_6II_7 nach I zurückgegossen würde. Kinder dieses Alters (acht oder neun), sagt Piaget, sind nun reif, den Begriff der isochronen Zeit, die in stets gleichen, wiederkehrenden Intervallen gemessen wird, zu erfassen. Sie haben folgende Sequenz logischer Operationen vollzogen:

1. Die Seriation (Reihenbildung) von vorher und nachher, oder das Ordnen von Ereignissen in Sequenzen, oder $A \rightarrow B \rightarrow C$, $I_1 \rightarrow I_2 \rightarrow I_3$. Eingeschlossen in diese Seriation ist die Ko-Seriation gleichzeitiger Ereignisse, wie bei dem Flaschenexperiment.

$$\begin{array}{ccccc} I_1 & \rightarrow & I_2 & \rightarrow & I_3 \\ \downarrow & & \downarrow & & \downarrow \\ II_1 & \rightarrow & II_2 & \rightarrow & II_3 \end{array}$$

2. Die einschließende Beziehung von Zeitintervallen, welche Zeitdauer konstituiert.

$$AB < AC < AD$$

3. Die Koordination von Zeiten als Intervalle zwischen Ereignissen mit der Sequenz der Sukzession dieser Ereignisse.

$$\underbrace{A\rightarrow B}\underbrace{\rightarrow C}$$

$$\underbrace{AB\rightarrow BC}$$

$$AC$$

4. Wenn diese Operationen durchgeführt sind, kann der Begriff der Messung erfaßt werden.

$$AB = BC = CD$$
$$AC = 2\ AB,\ AD = 3\ AB$$

Das Kind, das die Gleichheit synchroner Zeiten logisch ableiten kann, ist nun imstande, eine Zeitskala aufzubauen. Wenn jede Wassereinheit fünf Minuten an Zeit entspräche, könnte man mit dem Zubehör dieses Experiments ein Stundenglas bauen. Statt dessen benützte Piaget eine große Sanduhr und eine Stoppuhr. Er ließ die Kinder verschiedene Tätigkeiten ausführen (z. B. um den Tisch herumgehen, Murmeln in einen Krug legen) und fand wieder, daß die Jüngsten Zeit und Geschwindigkeit gleichsetzten. Sie behaupteten, der Sand falle schneller, wenn sie aktiver seien, also mehr Arbeit = mehr Zeit. Auch wenn man sie aufforderte, den Sekundenzeiger der Stoppuhr zu beobachten, den sie mit gleichbleibender Geschwindigkeit vorrücken sahen, erklärten die Kleinen, daß sich der Zeiger schneller bewege als sie selbst. Dieses egozentrische Denken zeigte, daß die Fünfjährigen noch keine Vorstellung von konstanter gemessener Geschwindigkeit hatten; sie meinten, der Uhrzeiger bewege sich in Übereinstimmung mit ihrem jeweiligen Tun, nicht nach einem konsistenten Schema.

Mit etwa sechs Jahren jedoch fingen Piagets Versuchspersonen an, sich mit der Konstanz der Uhr abzufinden, zögerten aber noch bezüglich des Sandes.

Map (6;6): »Ist der Sand gleich schnell oder mehr oder weniger schnell geronnen? – *Schneller . . . nein, gleich . . . Nein.* – Gleich oder schneller? – *Gleich.* – Warum hast du gemeint, schneller? – *Man könnte es nur meinen, aber das kommt, weil man schneller geht!* – Und bei der Uhr? – *Immer das Gleiche.* – Braucht sie die gleiche Zeit, wenn du schnell gehst, wie wenn du langsam gehst? – *Die gleiche Zeit.*«[16]

Piaget sagt, daß das Kind erst mit sieben oder acht Jahren den Begriff sukzessiver Zeitintervalle erfassen kann, die mit gleichen Abständen, welche sukzessive auf dem Zifferblatt einer Uhr zurückgelegt werden, korrelieren. Mit anderen Worten, Kinder können erst etwa im zweiten Schuljahr mit einigem Verständnis die Uhrzeit lernen.

Sicherlich gibt es mechanisches Lernen und die Assoziation gewisser Ziffern auf der Uhr mit spezifischen Ereignissen oder Fernsehsendungen. Aber die Stunden, welche Erstklaßlehrer damit verbringen, Zifferblätter auf Papier zu drucken, damit ihre Schüler die Zeiger richtig einsetzen, könnten bestimmt nützlicher angewendet werden. Ich selbst erinnere mich gut an die Frustration, die es bedeutete, einer Klasse kluger Sechsjähriger die Zeit einzupauken. Sie lernten so schnell lesen, warum nur diese Schwierigkeiten mit Stunden und Minuten? Es ist schade, daß Piagets Untersuchungen über die Zeit nicht eher übersetzt wurden – man hätte sich eine Menge Arbeit ersparen können!

Piaget beschreibt noch viele weitere geniale Experimente in seinem Buch; alle führen zu dem Ergebnis, daß der Begriff der Zeit auf dem der Geschwindigkeit beruht. Naive Zeit wird bloß gelebt; kleine Kinder leben nur in der Gegenwart. Aber sobald sie lernen, Ereignisse zu ordnen und die Zeitintervalle zwischen ihnen wahrzunehmen, entwickeln sie ein intuitives Verständnis von Zeit auf der Grundlage der Sukzession von Ereignissen und der Dauer von Intervallen. Solange die Ereignisse innerhalb einer gegebenen Zeit stattfinden, können sie nach ihrer Position im Raum geordnet werden. Die Zeichnungen von Wasser, das vom oberen Glas in das untere fließt, könnten besser nach räumlichen als nach zeitlichen Gesichtspunkten angeordnet werden. Aber um Zeit selbst zu messen, die Länge des Intervalls, in dem Ereignisse geschehen, müssen die Zeitintervalle auf Geschwindigkeiten bezogen werden. So kommen wir auf eine fundamentale Bedingung zurück. Zeit kann nur gemessen werden durch die Bewegung von Körpern, die gleiche Entfernungen in gleichen Intervallen zurücklegen, das heißt, mit einer konstanten Geschwindigkeit. Ob es sich um die Schwingungen eines Uhrpendels handelt oder um die Bewegung der Erde um die Sonne, Zeit hängt von Geschwindigkeit ab; dies ist Piagets Antwort auf Einsteins Frage. Geschwindigkeit ist die Grundlage des Zeitverständnisses und geht diesem in der Entwicklung des kindlichen Denkens voraus. Wir betrachten daher im nächsten Kapitel die Entwicklung des Begriffs der Geschwindigkeit.

Anmerkungen

1 J. Piaget: The Construction of Reality in the Child. Basic Books, New York 1954, S. 320 (Übers.).
2 Ebda., S. 335.
3 Ebda., S. 346.
4 J. Piaget: Die Bildung des Zeitbegriffs beim Kinde. Walter, Olten 1974, S. 282.
5 Ebda., S. 284.
6 Ebda., S. 290f.
7 Ebda., S. 293.
8 Ebda., S. 309.
9 Ebda., S. 310.
10 Ebda., S. 326.
11 Ebda., S. 331.
12 Ebda., S. 29.
13 Ebda., S. 33.
14 Ebda., S. 48.
15 Ebda., S. 101.
16 Ebda., S. 253f.

17 Bewegung und Geschwindigkeit

Der Begriff der Geschwindigkeit in seiner Beziehung zwischen der zurückgelegten Entfernung und der verflossenen Zeit taucht bei Kindern nach Piaget erst mit neun oder zehn Jahren auf. Es ist eine ziemlich schwierige Vorstellung, die sich erst in der Periode der formalen Operationen, gegen elf oder zwölf, stabilisiert. Aber schon sehr früh im Leben ist eine primitive Intuition von Geschwindigkeit, die auf Vorbeigehen und Überholen beruht, vorhanden. Das Baby macht Erfahrungen mit Bällen, die an ihm vorbeirollen, oder mit Gegenständen, die ihre Position im Raum ändern, und es hat gelernt, Ereignisse, die einander in serieller Ordnung folgen, vorwegzunehmen. Wie wir bei den Studien über die Zeit sahen, ist diese praktische Erfahrung jedoch noch lange kein operationales Denken. Die Tatsache, daß das Kind eine Reihe von Wahrnehmungen hat, bedeutet nicht, daß es sie als Reihe wahrnimmt.

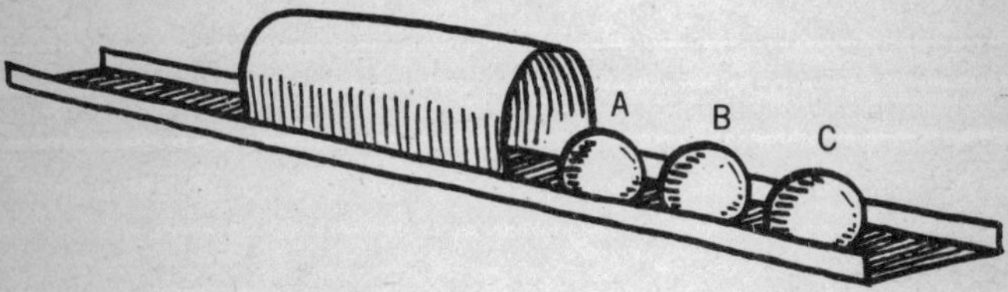

Abb. 16

Diese Tatsache demonstrierte Piaget sehr klar durch Experimente, welche zeigten, wie das Kind einen Sinn für Reihenfolge im Raum entwickelt. Er rollte farbige Holzkugeln durch einen Tunnel aus Pappe, und zwar erst A (rot), dann B (braun) und zuletzt C (gelb). Nun ließ er die Kinder vorhersagen, in welcher Ordnung die Kugeln am Tunnelende erscheinen würden (Position 2). Dann ließ er die Kugeln zurücklaufen, so daß sie in der Ordnung CBA herauskamen, und stellte dieselbe Frage (Abb. 16). Er fand, daß selbst die jüngsten Kinder die ABC-Ordnung voraussagen konnten. Aber wenn die Bälle in die entgegengesetzte Richtung rollten (Position 1), konnten sie sich die umgekehrte Folge, CBA, nicht vorstellen und waren höchst überrascht, wenn C zuerst erschien.

Auch die mittlere braune Kugel B stiftete Verwirrung. Junge Kinder sagten häufig, daß der braune Ball zuerst hervorkommen werde, damit er »an die Reihe käme«. Sie verstanden nicht, daß die Beziehung »dazwischen« unabhängig von der Bewegungsrichtung existiert.

Dann variierte Piaget das Experiment. Er rollte die Kugeln in den Tunnel, so daß sie unsichtbar waren, und ließ dann das Kind an der entgegengesetzten Seite des Tisches, als es vorher gesessen hatte, Platz nehmen und seine Voraussagen machen. Er stellte fest, daß jüngere Kinder ihre absolute Position mit relativer Position verwechselten und erwarteten, die Bälle würden in umgekehrter Reihenfolge, als sie hineingerollt waren, herauskommen – als ob sie die Seiten gewechselt hätten, nicht das Kind! In einer weiteren Variation drehte Piaget den Tunnel um 180 Grad. Dies geschah vor den Augen der Kinder, nachdem die Bälle in ABC-Ordnung in den Tunnel gerollt worden waren. Nun sollten die Versuchspersonen vorhersagen, in welcher Reihenfolge die Bälle herauskommen würden. Da die ABC-Ordnung durch die halbe Drehung umgekehrt worden war, kamen die Kugeln in CBA-Ordnung heraus. Wenn der Tunnel um volle 360 Grad gedreht wurde, gab es natürlich keine Veränderung und die Bälle kamen in direkter Ordnung hervor. Aber die jüngeren Kinder wurden durch diese Veränderungen hoffnungslos verwirrt, wie folgendes Protokoll beweist:

An (4 Jahre): »Welche Kugel wird zuerst aus dem Tunnel kommen? – *Die rote (A).* – Und dann? – *Die braune (B) und die gelbe (C).* – (Demonstration) Und wenn sie nun zurückkommen, welche ist dann die erste? – *Die rote, die braune, die gelbe.* – Schau! (Demonstration.) – *O, nein, es ist die gelbe, dann die braune und die rote!* – Warum? – *Weil, wenn sie zurückkommen, ist's die gelbe.* – Schön. Und jetzt, schau, ich dreh den Tunnel um . . . Welche ist diesmal die erste? – *Die rote, die braune und die gelbe.* – Schau! (Demonstration) – *Es ist die gelbe!* – Warum? – *Weil ich's nicht wußte.* – Wir fangen nochmal an. – *Es wird die gelbe sein.* – (Demonstration) Warum? – *Weiß nicht.*«[1]

Abb. 17

Bei einem anderen Experiment dieser Art ließ Piaget drei kleine Holzpuppen an einem Draht hinter einem Schirm vor- und rückwärts schweben (Abb. 17). Die erste war blau, die zweite grün, die dritte gelb. Die Ergebnisse waren weitgehend dieselben; Kinder im Stadium I waren unfähig, die umgekehrte Reihenfolge vorherzusagen, in der die Puppen erscheinen würden. Folgendes Beispiel zeigt die feste Überzeugung einer Viereinhalbjährigen, daß die mittlere Puppe (grün) zuerst erscheinen werde, trotz Piagets Bemühungen, sie eines Besseren zu belehren:

Ros (4;6): »Welche kommt zuerst heraus? – *Blau (A), dann grün (B), dann gelb (C).* – Und wenn sie zurückkommen? – *Blau, grün, gelb (während er zur Demonstration geht).* – Nein, gelb, grün, blau. – Schau, jetzt, ich laß sie umkehren . . . Welche kommt zuerst heraus? – *Blau.* – (Demonstration.) Richtig. – *Nein.* – Warum nicht? – *Weil sie hinter der gelben ist. Das Stückchen Draht hat sich umgedreht.* – (Neuer Versuch.) – *Gelb.* – (Demonstration.) – *Ja.* – Warum? – *Weil es sich andersherum gedreht hat.* – Und danach? – *Grün.* – Warum? – *Weil die nach der gelben kommt.* (Kehrt mehrmals um.) Welche kommt zuerst? – *Blau (A) oder gelb (C) oder grün (B)?* – Kann die grüne zuerst kommen? – *Ja.* – Wie müßte sie sich da anstellen? . . . (Läßt fünf- oder sechsmal umkehren). Welche meinst du nun? – *Grün.* – Was ist das? . . . Schau (zeigt das Drahtgestell und die drei Puppen). – *Sie kann nicht.* – Warum? – *Wegen dem Draht.* – Und jetzt? (Läßt mehr als zehnmal umkehren.) – *Diesmal die Grüne!* – Warum? – *Sie ist umgekehrt.* – War sie vorne? – *In der Mitte.* – Und wenn du umkehrst, kann diese eine zuerst kommen? – *Ja.* – Schau! – *Nein.* – Und jetzt? (Noch einmal fünf Umkehrungen.) Kann die Grüne die erste sein? – *Ja.*«[2]

Diese Experimente zeigen, daß präoperationale Kinder von vier Jahren an eine primitive Ahnung von der direkten Reihenfolge haben, daß sie diese Reihenfolge aber nicht umkehren können. Sie erleben im Geist die Ereignisse genau wie sie sie wahrgenommen haben noch einmal, können sich aber eine Inversion nicht vorstellen. Es ist jene Starrheit des Denkens, die das präoperationale Denken charakterisiert und die wir schon beim Krabbelkind gesehen haben, das sein Spielzeug lieber da sucht, wo es zuerst versteckt wurde, nicht da, wo es es zuletzt gesehen hat. Auch wenn das Kind erkennt, daß es unrecht hat, versteht es nicht, warum; es ist, etwa im obigen Beispiel, unfähig, einzusehen, daß B immer in der Mitte sein wird.

Im zweiten Stadium jedoch können Kinder von sechs oder nahe daran die umgekehrte Reihenfolge der Puppen auf der Rückreise vorhersagen und fangen an, die Unveränderlichkeit der mittleren Position zu begreifen.

Chri (5;4): »Schau auf die Perlen, wie sie in den Tunnel hineingehen. Wie kommen sie auf der anderen Seite heraus? – *Rot (A) zuerst, dann schwarz (B) und blau zuletzt (C).* – Gut. Und jetzt laß ich sie zurückkommen. So? – *Blau (C) zuerst, dann schwarz (B), dann rot (A).* – Warum ist es jetzt anders?

– *Weil du von der anderen Richtung kommst.* – Schön. Jetzt schau: ich laß sie hineingehen wie vorher, wie auf deiner Zeichnung, dann dreh ich den Tunnel herum. Welche kommt zuerst? –*Rot (A).* – Warum? – *Weil der Draht andersrum geht.* – Und dann? – *Schwarz (B) und blau (C).* – Schau: jetzt gehen sie hinein und ich dreh den Tunnel so (halbe Drehung). Welche kommt zuerst? – *Rot (A).* – Ist das richtig? – *Nein. Es ist blau, weil du sie andersrum gehen hast lassen.* – Fangen wir nochmal an! Welche zuerst? –*Rot (A), weil der Draht hier ist.* – Schau! – *O, nein, blau, weil es ja andersrum gedreht war.* – (Noch einmal dasselbe.) Und jetzt? – *Blau.* (richtig) – Und jetzt paß auf, jetzt dreh ich es zweimal um, nicht nur einmal. Welche kommt zuerst? – *Blau.* – Warum? – *Weil du es andersrum gedreht hast.* – Schau! – *O nein, rot! Ich dachte, sie kämen an der anderen Seite heraus.* – (Mehrere Umdrehungen.) Welche ist es jetzt? – *Rot oder blau.* – Warum? – *Oder vielleicht schwarz.* – Warum? – *O, nein, schwarz nicht, weil das in der Mitte ist.*«[3]

Es gibt immer noch Schwierigkeiten mit den Drehungen des Tunnels, sogar bei den Siebenjährigen. Manche kommen bei bis zu drei oder vier halben Drehungen mit, sind aber dann erschöpft und machen Fehler. Andere können folgen, wenn die Drehungen gleichmäßig aufeinander folgen, sind aber verloren, wenn der Experimentator von einer Zahl zur anderen springt, wie im folgenden:

Pia (7 Jahre): »*Gelb (C), denn vorher war es die blaue (A).* – (Zwei halbe Drehungen oder 360 Grad.) – *Blau oder gelb.* – Schau! (Eine halbe Drehung, langsam, und noch eine halbe Drehung.) – *Blau (A), weil es damit angeht, und wenn du es einmal drehst, ist es gelb (C) und wenn du's noch einmal drehst, ist es wieder blau (A).* – Viermal? – *Blau (A), weil es geht: blau, gelb, blau, dann gelb und wieder blau.* – Fünfmal? (Er rechnet es noch einmal umständlich aus.) – *Gelb.* – Sechsmal? – *Blau.* – Dreimal? – *Blau* (falsch). – Elfmal? – *Blau* (falsch). – Und schwarz (B)? – *Nein, weil das immer in der Mitte ist, es kann nicht herauskommen, wegen der zwei daneben.*«

Erst im Stadium III können die Kinder operational mit diesen Richtungs- und Positionsveränderungen umgehen. Nun können sie auch verallgemeinern, daß die ABC-Folge mit geraden Zahlen von Drehungen um 180 Grad einhergeht, die CBA-Folge mit ungeraden, auch wenn ihnen die Kategorien »gerade« und »ungerade« vielleicht noch nicht bekannt sind. Ein kleiner Junge neckte Piaget, indem er sagte, er könne durch die Pappe hindurchschauen.[5]

Hier sehen wir die typische Entwicklung des Denkens des Kindes von dem Stadium an, in dem das Experiment beobachtet, aber nicht verstanden wird, bis zur abstrakten Generalisation und Umkehrung der Gedankenkette. Piaget zeigte an Hand dieser Beispiele die Rolle der Erfahrung bei der Herstellung mathematischer Beziehungen auf. Es sind Experimente, bei denen das Kind in Wirklichkeit Erfahrungen mit sich selbst macht, mit seinem eigenen Tun, seinem Richtungssinn, weniger mit den Objekten, mit denen es umgeht.

Bei dem Experiment mit den farbigen Kugeln z. B. bewegt sich das Kind im Verhältnis zu den Objekten und beobachtet dann die Veränderungen, die dadurch stattfinden. So baut es seine Vorstellungen von Ordnung, Zahl und Raum auf.

Nach Piaget beruht die einfachste Vorstellung sowohl von Geschwindigkeit als auch von Bewegung auf dieser Vorstellung von Ordnung. Wenn ein Körper, der sich parallel zu einem anderen Körper bewegt, diesen überholt, bemerkt das Kind, daß sich der überholende Körper schneller bewegt, weil er seine Position zu dem ihm anfangs vorangehenden Körper geändert hat. In seiner für ihn charakteristisch gründlichen Art studierte Piaget dieses Phänomen in einem dreiteiligen Experiment. Fürs erste stellte er zwei Tunnels, einen längeren und einen kürzeren, so nebeneinander auf, daß die Enden einer Seite nebeneinander lagen. Kleine hölzerne Männchen konnten an einem Draht so durch den Tunnel gehen, daß sie gleichzeitig starteten und im selben Moment aus den anderen Enden der Tunnels herauskamen. Das Kind, das schon gesagt hatte, welcher Tunnel länger war, wurde nun gefragt, welches Männchen schneller liefe. Die kleinen Kinder im Stadium I pflegten zu sagen, daß sie gleich schnell gingen, da sie gleichzeitig wieder herauskämen. Piaget fragte dann immer: »Ist nicht ein Tunnel länger als der andere?« und sie stimmten zu. »Nun«, meinte Piaget dann, »gingen sie gleich schnell?« Und die Kinder gaben zurück: »Ja, weil sie gleichzeitig herauskamen.«

Nun entfernte Piaget die Tunnels, so daß seine kleinen Versuchspersonen die Männchen sehen konnten. Wenn sie zuschauen konnten, wie eins das andere überholte, stimmten sie überein, daß das Überholende schneller lief als das andere. Zuletzt stellte Piaget die Tunnels wieder auf und wiederholte das Originalexperiment. Und wieder beharrten die jungen Kinder auf ihrer ursprünglichen Behauptung: die zwei Männchen bewegten sich gleich schnell.

Jos (5;6): »Sie gingen zur selben Zeit los? – *Ja.* – Und sie stoppten auch gleichzeitig? – *Ja.* – Ging eine von den zwei Puppen schneller als die andere? – *Nein.* – Sind die Tunnels gleich lang? – *Nein, dieser ist kleiner und der da größer.* – War dann eine von den Puppen schneller? – *Nein.* – Schau nochmal zu! (Er wiederholt das Experiment.) – *Ja, gleiche Geschwindigkeit.* – Ist in dem kleinen Tunnel die Straße kürzer? – *Ja.* – Und sie kommen gleichzeitig an? – *Ja.* – Geht dann eines schneller als das andere? – *Nein.* – Macht es keinen Unterschied, wenn ein Tunnel länger ist als der andere? – *Natürlich nicht!* – Welches ist die längere Straße? – *Diese hier.* – Geht dann eines von beiden schneller, wenn sie gleichzeitig ankommen? – *Nein.*«

(Die zwei Wege unter den Tunnels werden mit Kreide markiert, die Tunnels entfernt.) »Wenn sie gleichzeitig starten und gleichzeitig stoppen, geht dann eines schneller als das andere? – *Ja – das erste geht schneller, weil sein Weg länger ist.* – (Wir wischen die Kreide weg und stellen die Tunnels wieder auf.) Starten und stoppen sie miteinander? – *Ja.* – Geht eines schneller als das andere? – *Nein.* – Warum? – *Sie stoppen gleichzeitig.*«[6]

Hier klingt das Urteil des Kindes: »Das erste geht schneller, weil sein Weg länger ist«, wie ein intuitives Erfassen der Geschwindigkeit auf der Grundlage der Beziehung zwischen der verflossenen Zeit und der zurückgelegten Entfernung. Aber die Tatsache, daß es zu seinem anfänglichen Irrtum zurückkehrt, wenn es die Männchen nicht mehr sieht, beweist, daß seine Intuition mehr praktischer als intellektueller Art ist. Überholen ist für es einfach Umkehrung der Reihenfolge; dies ist die primitive frühe Vorstellung von Geschwindigkeit.

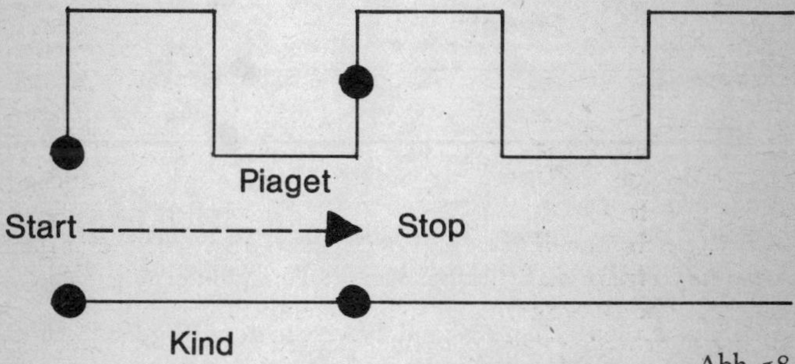

Abb. 18

Um die Vorstellungen »ferner« oder »näher« (die Reihenfolge der Ankunftspunkte) von der Vorstellung der Länge (des Intervalls zwischen den Ausgangs- und Ankunftspunkten) zu trennen, entwarf Piaget das folgende Experiment, das zu sehr interessanten Ergebnissen führte. Mit Schnur, die er um in ein Brett geschlagene Stifte spannte, machte er zwei »Straßen«, eine gerade und eine winklige, wie in Abb. 18. An jeder Schnur stellte eine Holzperle einen Wagen dar, der die Straßen entlanggleiten konnte. Piaget führte seinen Wagen auf der abgewinkelten Straße, das Kind auf der geraden. Piagets Anweisungen lauteten: »Ich fahre jetzt diese Straße entlang und du auf deiner genau dieselbe Entfernung wie ich. Du fährst über genausoviel Straße wie ich.« Piaget führte dann seine Perle über zwei Abschnitte, wie in der Abbildung zu sehen ist, und das Kind im Stadium I führte die seine Piaget gegenüber. Wenn Piaget sagte, daß er nun »den ganzen langen Weg« gegangen sei, entgegnete ihm ein Fünfeinhalbjähriger: »Es ist ebenso weit, weil der da (A_2) hier ist und der andere (A_1) dort.«

Piaget kehrte nun um, fuhr mit seiner Perle bis zum nächsten Abschnitt und stoppte mitten in einer rechtwinkligen Linie, wie in

Abb. 19. Wieder stoppte das Kind parallel zu Piagets Position. Schließlich führte Piaget seinen »Wagen« rechtwinklig zur Straße des Kindes und hielt wie in Abb. 20. Das brachte das Kind in Verlegenheit, und es sagte: »Aber ich bin da«, oder fuhr selbst nur ein winziges Stückchen. Wenn Piaget ihm erklärte, daß es viel weiter gefahren sei, oder es fragte: »Sind wir gleich weit gefahren?« entgegnete das Kind: »Ja, weil wir einander gegenüber sind.«

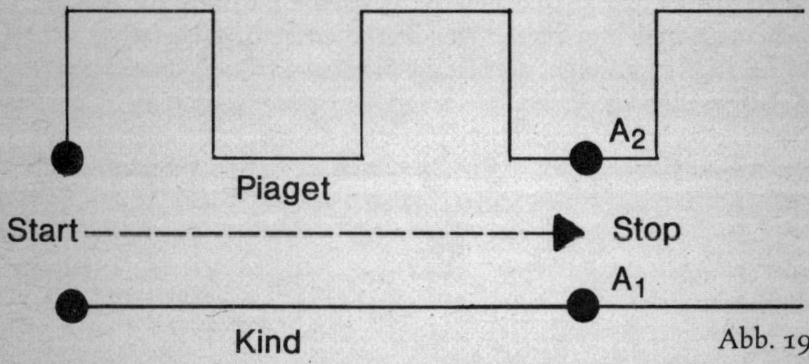

Abb. 19

Mit anderen Worten, für Kinder unter sechs bedeutete »die gleiche Entfernung zurücklegen« einfach, einander nicht überholen. Entfernung war durch Aneinander-vorbei-Gehen definiert, nicht durch räumlichen Abstand. So versuchte es Piaget mit einem Lineal aus Pappe, das die Kinder im Stadium II manchmal benützten, aber ganz ungenau. Meist zogen sie es vor, die Entfernung durch Augenmaß abzuschätzen. Allmählich aber zeigten sich Fortschritte bei den älteren Versuchspersonen, bis die etwa Sieben- bis Achtjährigen die durchlaufenen Entfernungen vergleichen und genau abmessen konnten.

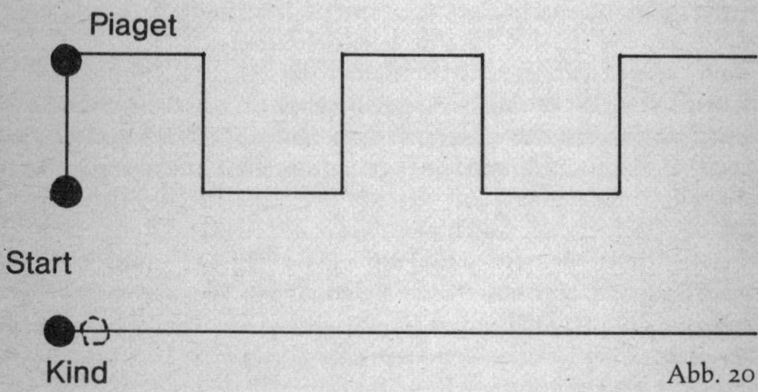

Abb. 20

Nachdem Piaget auf diese Weise die Bedeutung der Reihenfolge und der zurückgelegten Entfernungen studiert hatte, wendete er sich der Untersuchung relativer Bewegungen zu. Er benützte je zwei Spielzeugautos, die sich parallel zueinander bewegten, wobei aber das eine weiter hinten startete und schneller fuhr, so daß es das andere überholte. Der Abstand zwischen den beiden Wagen wurde immer kleiner, bis sie gleich waren, dann wurde er wieder größer. Doch wenn die zwei Autos gleichzeitig stoppten, behaupteten die Kinder im Stadium I, sie seien gleich schnell gefahren. »Es ist, als beurteile das Kind Geschwindigkeit nur nach dem Endpunkt, ohne sich um die zurückgelegte Entfernung zu kümmern«, bemerkt Piaget.[8] Dieses Experiment zeigt einmal mehr, daß die primitive Intuition von Geschwindigkeit sich nur auf die Reihenfolge der Positionen, nicht auf verbrauchte Zeit oder zurückgelegte Entfernung bezieht. Wenn Piaget das Verhältnis der Geschwindigkeiten der Autos von 2:1 auf die mehr in die Augen fallenden Geschwindigkeitsraten 4:1 oder 6:1 steigerte, gaben die Kinder vom Stadium I kurz zu, daß ein Wagen schneller liefe. Aber einen Augenblick später fielen sie wieder in ihre vorherigen Irrtümer zurück, weil diese besser in ihre intuitive Logik paßten.

Eri (5;0)(Blau holt gegen rot auf): »Geht einer schneller? – *Beide gleich.* – Woher weißt du das? – *Weil einer so schnell lief wie der andere.* – Ging einer über eine längere Entfernung? – *Ja, der blaue.* – Lief dann einer schneller als der andere? – *Nein.*«

(Rot überholt blau): »Lief einer schneller? – *Einer war weiter vorn, der rote.* – Lief der schneller? – *Ein bißchen. Er lief nicht schnell, aber er war weiter vorn.* – Und der blaue? – *Nicht so schnell, er blieb hinten.*«

(Rot hat blau fast eingeholt, er fährt fast zweimal so schnell): »*Der Blaue war weiter vorn, der Rote war hinten.* – Ging einer schneller? – *Blau.* – Wo ist er abgefahren? – *Von hier!* – Machte einer einen längeren Weg? – *Nein, ja, rot.* – Kannst du sagen, ob einer schneller war? – *Der Rote war langsamer und der Blaue schneller.* – Warum? – *Weil ich sehen kann, daß der da weiter vorne ist als der andere.* – Wer ist den längeren Weg gefahren? – *Der Rote.* – Welcher war schneller? – *Der Blaue.* – Warum? – *Weil er vor den anderen ist.*«[9]

Das Denken des Kindes hat hier große Ähnlichkeit mit dem, welches wir bei den Erhaltungsexperimenten mit Ton beobachteten. Seine Aufmerksamkeit zentriert sich auf die Haltepunkte, als wären sie absolute Größen; es ist unfähig, auch die Startpunkte oder die insgesamt zurückgelegten Strecken in seine Überlegungen einzubeziehen. Wenn es durch die dramatische Vermehrung der Geschwindigkeit eines Wagens gezwungen wird, seine Aufmerksamkeit der durchmessenen Entfernung zuzuwenden, geht es durch eine Periode des Un-gleichgewichts, genau wie das Kind, das sich abwechselnd auf die Länge und Dicke des Tons zentriert. Endlich, mit etwa neun oder zehn Jahren, kann es beide Positionen – Start sowohl als Stop – gleichzeitig im Kopf behalten. Wenn die Wagen gleichzeitig starten und stoppen und einer dabei eine längere Strecke gefahren ist, kann es daraus schließen, daß er schneller fuhr. Diese Experimente erklären, daß Kinder frühestens erst in der vierten Klasse Rechenprobleme lösen können, bei denen sie die Formel: Geschwindigkeit + Zeit = Entfernung anwenden müssen. Für viele Kinder würde die Verwendung solcher Spielzeugautos, wie Piaget sie benützte, viele Beziehungen klarer machen als das Lesen über sie in einem arithmetischen Übungsbuch.

Piaget schildert noch viele weitere Experimente, bei denen er Körper mit ungleichen Geschwindigkeiten benützte und solche, die sich nach verschiedenen Richtungen hin bewegten, oder Körper, deren Geschwindigkeit zunimmt, um zu zeigen, wie Kinder den Begriff Geschwindigkeit auf der Grundlage des Verhältnisses zwischen Entfernung und Zeit entwickeln. Im Abschlußkapitel seines Buches *The Child's Conception of Movement and Speed* zählt er methodisch sechs verschiedene Arten von Operationen auf, die er verwendet, angefangen mit Operationen des Einfügens und Herausnehmens und gipfelnd in metrischen Operationen. Diese gestatten durch die Einführung wiederholbarer Einheiten Messungen von Abständen und Zeitintervallen und führen so zum Begriff der Geschwindigkeit: Geschwindigkeit = Entfernung: Zeit ($V = S : T$).

Bemerkenswerterweise läuft die Entwicklung der beiden Begriffe »Zeit« und »Geschwindigkeit« weitgehend parallel. Beide beruhen auf einer primitiven Ordnungsvorstellung: Ordnung von Ereignissen bei der Zeit, Ordnung der Positionen bei der Geschwindigkeit. Piaget setzt auseinander, daß das Kind das Ei-oder-Henne-Problem, das den Physikern Kopfzerbrechen machte, vermeidet, indem es Geschwindigkeit auf der Grundlage von Überholen oder Vorbeigehen beurteilt. Für das Kind ist Zeit eine Koordination von Geschwindigkeiten; aber Geschwindigkeit ist unabhängig von Zeit und beruht auf der Reihenfolge durchlaufener Positionen im Raum. Wenn es nicht nur die Reihenfolge des Vorbeigehens, sondern auch die zurückgelegte Entfernung berücksichtigen kann, ist es reif für den operationalen Begriff der Geschwindigkeit als einer Beziehung zwischen Raum (Entfernung) und Zeit.

Anmerkungen

1 J. Piaget: The Child's Conception of Movement and Speed. Basic Books, New York 1970, S. 6 (Übers.)
2 Ebda., S. 7.
3 Ebda., S. 16f.
4 Ebda., S. 24.
5 Ebda., S. 28.
6 Ebda., S. 123.
7 Ebda., S. 61.
8 Ebda., S. 163.
9 Ebda., S. 157f.

18 Erziehungswesen

Die Erziehung ist heute in einer ungeheueren Krise. Lehrer streiken, Studenten inszenieren Rebellionen, Eltern greifen die Schulbehörden an und lehnen ihre Budgets ab, und 1970 wurde sogar der Erziehungsbeauftragte der Vereinigten Staaten vom Präsidenten entlassen.

Mitten in all dem Aufruhr stellt Piaget mit kühler vernünftiger Stimme ein paar harte Tatsachen ins Licht und versucht die mit soviel Emotion umnebelten Streitfragen zu klären. *Science of Education and the Psychology of the Child*, veröffentlicht 1970, ist eine Übersetzung zweier Aufsätze, die 1935 und 1965 geschrieben wurden. In ihnen bietet er die in vielen Jahren der Beobachtung an Kindern und der Teilnahme am akademischen Leben gesammelte Weisheit an. Hier wird nichts beschönigt; Piaget ist der Ansicht, daß viele Lehrer mit archaischen erzieherischen Methoden arbeiten und daß ihre Schüler, soweit sie sich nicht aktiv von ihnen abwenden, passiv in Unterrichtsstunden sitzen, die sie sinnlos und unwichtig finden. Lernen, weit davon entfernt, interessant und herausfordernd zu sein, wird zu einer Kette langweiliger Fakten, völlig abgetrennt von ihrem Denken und Fühlen. Ist es ein Wunder, daß die jungen Menschen unmutig werden und sich abwenden?

Piaget setzt auseinander, daß wir einige grundlegende Fragen über Erziehung immer noch nicht klar beantwortet haben.

1. *Welches ist das Unterrichtsziel?* Nützliches Wissen anzuhäufen? Wenn ja, »nützlich« in welchem Sinn? Wieviel muß ein kleines Mädchen, das Kosmetikerin werden will, von den Kriegen in Frankreich und Indien wissen? Sollen wir für unsere Studenten einen Pflichtlehrplan aufstellen? Sollen sie obligate Prüfungen in den Hauptfächern ablegen? Sollen sie kreativ und neuartig denken lernen? Sollen sie erfahren, wie man neue Informationen prüft, verifiziert und kritisiert? Oder sollen sie eine Tatsachenreihe in der vom Lehrer für erforderlich gehaltenen Reihenfolge herunterrasseln können? Sollen wir die Ziele der Lehrer oder die Ziele der Studenten oder alle beide erwägen?

2. *Was sollen wir lehren?* Welche Wissensgebiete sollen Teile des Lehrplans sein, und auf welchem Niveau? Welche Gebiete sind wichtig, welche irrelevant? Sollen wir die Klassiker hinauswerfen, um Platz für das Studium der Negerkulturen zu bekommen? Sollen

wir in der Grundschule Schönschreiben lehren? Ist Sexualerziehung Aufgabe der Schule oder der Eltern?

3. *Wie sollen wir lehren?* Sind sprechende Schreibmaschinen und programmierte Lernmaschinen erfolgreicher als Lehrer? Sollen wir strukturierte Klassenzimmer haben oder »individualisiertes Lernen«? Sollen wir lesen nach der Lautier- oder der »Ganzwort«-Methode lehren?

Das sind nur drei der Fragen, die unser heutiges Erziehungswesen noch nicht beantwortet hat. Und nach Piaget können sie auch erst dann beantwortet werden, wenn die Erzieher durch experimentelle Forschungen für klare Informationen gesorgt haben. Für ihn ist es »geradezu unglaublich, daß die Pädagogen auf diesem experimentell so gut zugänglichen Gebiet . . . keine konsequenten und methodischen Versuche unternehmen und sich damit begnügen, die Fragen durch Anschauungen und Meinungen zu erhellen, deren ›gesunder Menschenverstand‹ in Wirklichkeit eher dem Gefühl als echten Motiven entspringt.«[1] Um die Wirksamkeit unserer erzieherischen Methoden zu beurteilen, können wir uns lediglich auf die Schulnoten und gewisse wettbewerbsmäßige Prüfungen, wie die der Collegebehörden, verlassen. Damit aber begeben wir uns in einen Circulus vitiosus, denn ein Großteil der in den Schulen geleisteten Arbeit geschieht im Hinblick auf diese Prüfungen. Wie können sie dann als gerechtes Kriterium für die Wirksamkeit unseres Erziehungswesens betrachtet werden? Was getan werden *sollte*, sagt Piaget, ist, nach mehreren Jahren zu testen und zu untersuchen, wieviel von jenem Prüfungsstoff geblieben ist, wenn die Examina vergessen sind. Oder noch besser wäre, »einen Vergleich zu ziehen zwischen den Ergebnissen von Schule ohne Prüfungen (in denen der Schüler von den Lehrern nach der während des Jahres geleisteten Arbeit beurteilt wird) und denen gewöhnlicher Schulen (in denen die Aussicht auf Prüfungen möglicherweise zugleich die Arbeit der Schüler und die der Lehrer selbst verfälscht).«[2]

Die Tatsache, daß die erzieherische Forschung auf diese fundamentalen Fragen »bisher geschwiegen« hat, ist nach Piaget ein stummes Zeugnis für »das erschreckende Mißverhältnis, das noch immer zwischen dem Umfang bzw. der Bedeutung der Probleme und den zu ihrer Lösung eingesetzten Mitteln besteht.«[3]

Obwohl immer mehr Kinder in unsere Schulen strömen, deren Zukunft von der Beantwortung dieser und andere Fragen abhängt, findet nach Piaget in den Erziehungswissenschaften nur die armseligste Grundlagenforschung statt, und dieser Anblick beunruhigt ihn. Warum wohl ist das so, fragt Piaget. Warum hinkt die Erziehungswissenschaft hoffnungslos hintennach, in einem Zeitalter, wo Soziologie, Psychologie, Anthropologie und anderer Sozialwissenschaften eine breite Basis wissenschaftlicher Erkenntnisse gelegt haben? Die Antwort lautet klar und ehrlich: Erziehung wird nicht als Wissenschaft betrachtet, Lehrer zu sein, ist deshalb ein zweitrangiger Beruf. Der Lehrerstand hat keinen hohen sozialen Status und mangelhaftes intellektuelles Prestige. Wegen der verhältnismäßig niedrigen Gehälter ist es schwierig, Wissenschaftler für den Erzieherberuf zu gewinnen. Weder von sich selbst noch von jemand anderem wird der Lehrer als Spezialist in Techniken und wissenschaftlicher Kreativität angesehen, »sondern als der schlichte Vermittler eines Wissens, das jedem zugänglich ist. Mit anderen Worten: Man ist der Meinung, daß ein guter Lehrer – wenn er über eine elementare Allgemeinbildung verfügt sowie über einige Rezepte, um sie seinen Schülern einzutrichtern – liefert, was man von ihm erwartet.«[4]

Es ist klar, daß die Öffentlichkeit (einschließlich »gewisser erzieherischer Autoritäten« und der meisten Lehrer selbst) das Lehren nicht als schwierig und komplexe Wissenschaft anerkennt. Statt, wie der Arzt, unter der Jurisdiktion professioneller Verbände zu arbeiten, die aus anderen Ärzten bestehen, ist der Lehrer gezwungen, sich nach Programmen und Methoden zu richten, die die Schulverwaltung oder das Ministerium diktieren. Diese Körperschaften bestehen aus Damen und Herren, die, sollten sie überhaupt jemals innerhalb eines Klassenzimmers unterrichtet haben, dieser Tätigkeit baldmöglichst entflohen. Die Lehrer sind deshalb im Vergleich mit anderen Spezialisten außerordentlich behindert durch eine Bürokratie, die wenig Zeit übrig hat für die Forschung, die das Erziehungswesen so dringend benötigt. Wenn man außerdem die beruflichen Zusammenkünfte von Erziehern etwa mit medizinischen oder psychologischen Symposien vergleicht, kann man sich, wie Piaget sagt, »über den für gewöhnlich herrschenden Mangel an wissenschaftlichem Elan[5] bei der Diskussion erzieherischer Probleme nur wundern«. Die Verfasserin, die an vielen pädagogischen Konferenzen teilgenommen hat, war wegen dieses »Mangels an wissenschaftlichem Elan« oft dem Einschlafen nahe.

Der letzte Vorwurf, den Piaget gegen den Lehrstand erhebt, ist auch der schwerste; er richtet sich gegen die Lehrerhochschulen, die oft von anderen Universitätseinrichtungen getrennt sind und »nicht die geringste direkte Verbindung mit der Forschung haben«. Obwohl sich die Situation in den Vereinigten Staaten von den europäischen Verhältnissen, von denen Piaget ausgeht, etwas unterscheidet, trifft es doch zu, daß das herkömmliche System der Lehrerbildung einen unheilvollen Effekt auf die Erziehungswissenschaft hat. »Zu dieser Entwicklung kam es vor allem deshalb, weil man ›die Volksschullehrerschaft‹ von den wissenschaftlichen Strömungen isolierte und sie von der Atmosphäre experimenteller Arbeit – wie die Universität sie geboten hätte – ausschloß.«[6] So quälen sich die zukünftigen Lehrer dahin, um die vorgeschriebenen Punkte zu sammeln, und erledigen mühsam ein einziges abgetrenntes Stückchen Forschung, das sie dann mit einem erleichterten Seufzer einreichen, um nie mehr etwas dergleichen zu unternehmen. Zwar findet Piaget freundliche Worte für die amerikanischen »Departments of Education«, die weniger isoliert seien als die europäischen Lehrerhochschulen, vermerkt aber doch sehr genau, daß Kinderpsychologie oft am Education Department gelehrt wird. Das heißt, daß die Departments für Experimentalpsychologie ihre Forschungen an Ratten betreiben, »was sich schon öfters als schädlich erwiesen hat«.[7]

Ein weiterer Nachteil, den er nicht beschönigt, »bildet die Gelegenheit für Mathematiker, Physiker, Biologen usw., die in ihrem Fach wenig Erfolg haben, in den Abteilungen für Erziehungswesen als Lehrbeauftragte für die Didaktik der Mathematik, Physik oder Biologie Unterschlupf zu finden, was der pädagogischen Forschung nicht immer förderlich ist«.[8]

Niemand leugnet, daß es in den Departments für Erziehung tüchtige, schöpferische Professoren gibt, aber die Zahl der mittelmäßigen ist viel größer, die im Kleinkram der Methoden und Stundenpläne versinken.

Das Grundproblem ist nach Piaget, daß die Erzieher sich mehr für den Unterricht interessieren als für die Kinder. Ihre Konzentration, ihr Training ist auf Methoden und Lehrpläne ausgerichtet. Ihr Wissen von Kinderpsychologie ist oft oberflächlich, ihr Interesse an der geistigen und emotionalen Entwicklung des Kindes begrenzt. Lehrer möchten, daß sie vortragen und die Kinder zuhören; aber das ist, wie wir gesehen haben, das Gegenteil davon, wie Kinder tatsächlich lernen! Immer wieder hörten wir auf diesen Seiten Piaget sagen, daß »Erkenntnisse sich aus dem Handeln ableiten ... Einen Gegenstand erkennen heißt, in bezug auf ihn handeln und ihn transformieren ... Erkennen bedeutet also, die Wirklichkeit an Transformationsstrukturen zu assimilieren, und eben diese Strukturen entwickeln die Intelligenz im Sinne einer direkten Fortsetzung des Handelns.«[9]

Angefangen beim Baby, das hinter seinem versteckten Spielzeug herkriecht und dabei die Vorstellungen vom Raum und von der Objektkonstanz aufbaut, bis zu dem Kind, das zählt, reiht und mißt und dabei Zahl-, Ordnungs- und Raumbegriffe bildet, wird alles Wissen aus den Aktionen abgeleitet, die das Kind an den Objekten tätigt und dann in seinem Gehirn organisiert. Kinder lernen nicht dadurch, daß sie passiv in ihren Bänken sitzen und dem Lehrer zuhören, ebensowenig wie sie schwimmen lernen, indem sie in Reihen am Ufer sitzen und Erwachsenen beim Schwimmen zusehen. »Sofern der Zweck der Erziehung eher darin besteht, die Intelligenz zu formen als das Gedächtnis vollzupfropfen, ferner Forscher heranzubilden und nicht lediglich ›Gebildete‹ – von dieser Warte aus hat der traditionelle Unterricht einen manifesten Mangel.«[10]

Auch die neueren Methoden – Erklärungen, von Demonstrationen durch den Lehrer begleitet – sind nicht so wirksam, sagt Piaget, als wenn das Kind selbst die Möglichkeiten entdeckt oder erfindet, mit den Objekten umzugehen. Man kann beweisen, daß sogar die Erinnerung der Kinder an einen Turm aus Bausteinen differiert, je nachdem, ob sie (a) den Turm nur angeschaut haben, (b) beobachteten, wie ein Erwachsener den Turm baute, (c) ihn selbst errichtet haben. Die Erinnerungen sind im letzten Fall deutlich überlegen, während zwischen (a) und (b) kein großer Unterschied besteht. Das zeigt, meint Piaget, »daß man den ganzen Informations- und Bildungswert einbüßt, den das eigene Handeln bietet, wenn man dem Kind vorführt, statt es selbst handeln zu lassen.«[11]

Es ist diese Art Grundlagenforschung, die das Erziehungswesen bitternötig hat, sagt Piaget. Wenn die Lehrerstudenten systematisch dazu angehalten würden, Kinder zu beobachten und zu befragen, würden sie viel mehr darüber lernen, wie sich die kindliche Intelligenz entwickelt und wie sie angeregt werden können, selber nachzudenken. Aber die Lehrerstudenten sind ja genau derselben Art passiven Lernzwangs unterworfen wie ihre zukünftigen Schüler; sie können semesterlang Vorlesungen über Kinderpsychologie besuchen und Examina darüber bestehen, ohne auch nur einem wirklichen Kind gegenübergestanden zu sein. Piaget ist überzeugt, daß das Studium der Kinderpsychologie allein nicht genügt – die Lehrer müssen tatsächlich ihre eigenen Forschungen anstellen, »um zu sehen, wie schwierig es ist, selbst von den Kindern verstanden zu werden und zu verstehen, was die Kinder eigentlich sagen wollen«.[12] Die Lehrer haben die Illusion, wenn sie vor einer Klasse stehen, daß sie ihre Schüler verstehen und sich ihnen verständlich machen. Nur die Durchführung experimenteller Forschungen wird sie davon überzeugen können, wie weit sie von der Wahrheit entfernt sind. Kinder können oft glatt verbalisieren, ohne einen richtigen Begriff davon zu haben, worüber sie sprechen. Daher kommt es, daß die Intelligenz von Mittelklasse-Kindern von den Lehrern manchmal überschätzt wird, während sie das sprachlich unterentwickelte Ghettokind häufig unterschätzen.

Piaget meint, daß alle Lehrer aktiv forschen, statt nur über

Forschungen lesen sollten. Er beschreibt das Primärschul-Trainingsprogramm in Genf, welches verlangt, daß alle Lehrerstudenten an einem mindestens ein Jahr lang dauernden Forschungsprogramm teilnehmen. Jeder Nachmittag wird in den Schulen zugebracht, in denen die Studenten in Zweier- oderDreiergruppen unter Aufsicht eines erfahrenen Forschungassistenten arbeiten. Die angehenden Lehrer lernen, wie man Kinder fragt, wie man die Fakten ausschreibt und Erfolg oder Fehlschlag des Experiments bewertet. Dies, sagt Piaget, ist ein intellektuelles Training, das sie zwingt, die Komplexität der beteiligten Probleme zu verstehen, bei weitem gründlicher als irgendeine wissenschaftliche Vorlesung. »In der und durch die Forschung hört der Beruf des Lehrers auf, einfach ein Metier zu sein, und geht sogar über das Niveau einer gefühlsmäßigen Berufung hinaus, um sich zur Höhe jedes Berufs zu erheben, der zugleich auf Fertigkeit und Wissenschaft basiert.«[13]

Piaget ist unerbittlich in seiner Forderung, daß nicht nur die Primärlehrer, sondern alle Lehrer diese Art Training brauchen. Die Ausbildung der Lehrer an höheren Schulen legt viel Gewicht auf Stoff und Lehrmethoden, vernachlässigt aber oft die Psychologie der Kinder, die unterrichtet werden sollen. Je begeisterter der Lehrer von seinem Fach ist, beobachtet Piaget, desto weniger interessiert er sich wahrscheinlich für seine Schüler. »Es kommt häufig vor, daß künftige naturwissenschaftliche Lehrkräfte eine durchaus nicht verheimlichte Verachtung für die Entwicklungspsychologie hegen, bis man ihnen die epistemologische Tragweite der Entwicklungsgesetze klarzumachen vermag.«[14] In anderen Worten, es kann notwendig werden, Naturwissenschaftler zu überzeugen, daß es eine »Embryologie der Intelligenz« gibt, die sich naturgesetzlich entwickelt, ganau wie in anderen Wissenschaften. Wenn die beim Erwerb von Wissen beteiligten formativen Prozesse einmal verstanden sind, können sie zu den Spezialgebieten des Lehrers in Beziehung gesetzt werden und ihm dann helfen, wirksamer zu unterrichten. So ist der Mathematiker daran interessiert, wie Kinder Zahlenbegriffe oder die Grundbegriffe der Geometrie entwickeln; der Chemielehrer kann viel aus der Beobachtung von Kindern beim Umgang mit Chemikalien lernen, wie in Inhelders und Piagets Experiment mit den vier Flaschen. Dieses Verstehen der geistigen Prozesse ihrer Schüler ist für sie, wie Piaget glaubt, genau so wichtig, wie es für eine Kindergärtnerin wichtig ist, die symbolische Bedeutung des Spiels zu verstehen, oder für einen Grundschullehrer, die moralische Bedeutung der Kooperation zu verstehen, die er in der Klasse sich herausbilden sieht.

Wenn wir uns nun von der Lehrerausbildung dem Zustand der Schulen zuwenden, so ist Piaget ganz für die »neuen Erziehungsmethoden« im Gegensatz zu den traditionellen Ansätzen. Häufig erwähnt er »die aktive Schule« im Gegensatz zu der, in welcher die Kinder »kognitive Passivität« erfahren. Durch seine Tätigkeit bei der UNESCO hatte Piaget internationalen Einfluß auf die öffentliche Erziehung. Seine Theorien nahmen Gestalt an in den britischen »Infant schools«, in der »Entdeckungsmethode«, im »individualisierten Lernen«, der »personalisierten Erziehung«, der »induktiven Methode«, dem »perzeptuell-motorischen Training« und zahlreichen anderen Ansätzen. Was er unter »aktiver Methode« im wesentlichen versteht, ist, daß Kinder die Freiheit haben sollten, für sich zu forschen, zu fragen und zu entdecken, sowohl auf sensomotorischer Basis für junge Kinder als auch auf der Basis der verinnerlichten Aktion oder des Denkens auf dem operationalen Niveau. Kinder müssen miteinander reden, denn so lernen sie. Der Lehrer ist nicht dazu da, vorzutragen und zu demonstrieren, sondern zu beobachten und Fragen zu stellen, um, wie Piaget bei seinen Experimenten, den Kindern Anstöße zum Denken, zum Entdecken neuer Lösungen und zum Aufbau neuer Denkstrukturen zu geben. Auf einem Treffen des International Bureau of Education in Genf hörte Piaget einmal einen Kanadier erzählen, in seiner Provinz hätten sie gerade beschlossen, daß jede Klasse zwei Klassenzimmer haben solle – eines, in dem der Lehrer ist, und eines, in dem er nicht ist. Piaget zitiert dies als die beste Idee, die er jemals von einem Lehrer gehört hätte! Er hat ein starkes Gefühl dafür, daß Kinder an ihrer eigenen Erziehung aktiver teilnehmen sollten, denn was sie am dringendsten benötigen, ist nicht Faktenwissen, sondern unabhängiges Denken und Entscheiden. Vieles von dem, was wir die Kinder heute lehren, wird nicht mehr aktuell sein, wenn sie die Schule verlassen, aber kritische Einsicht und schöpferische Ideen veralten nie. Piaget sagte einmal:

> Das vornehmlichste Erziehungsziel ist, Menschen zu schaffen, die fähig sind, neue Dinge zu tun, nicht einfach das zu wiederholen, was andere Generationen taten – Menschen, die schöpferisch, erfinderisch, die Entdekker sind. Das zweitwichtigste Erziehungsziel ist, Geister heranzubilden, die kritisch sind, verifizieren können und nicht alles annehmen, was man ihnen anbietet. Die große Gefahr droht heute von Schlagworten, Kollektivmeinungen, gebrauchsfertigen Denkmodellen. Wir müssen imstande sein, ihnen individuell zu widerstehen, sie zu beurteilen, zu unterscheiden zwischen dem, was bewiesen ist und was nicht. So brauchen wir Schüler, die aktiv sind, die frühzeitig lernen, selbst herauszufinden, was an einer Sache ist, teils durch eigene spontane Aktivität, teils durch Material, was wir ihnen beschaffen; die frühzeitig lernen, zu beurteilen, was durchführbar ist und was einfach die erste Idee ist, die ihnen beikommt.

Als Beispiel einer »aktiven Schule« wollen wir uns eine der britischen »infant schools« (fünf bis sieben Jahre) näher ansehen, wo

Piagets Theorien Anlaß zu einer grundstürzenden Revolution waren. Nach Rosemary Williams, Hauptlehrerin an der Westfield Infants School in Leicestershire, haben die Lehrerinnen sehr viel Freiheit, »so daß sie als Individuen lehren können und die Kinder spüren, daß sie als Individuen lernen«.[16]

Sie schilderte Klassenzimmer voller Kinder, die eifrig lesen, schreiben, zeichnen, bauen und Tiere pflegen. Auf den Gängen sind naturkundliche Objekte, Zeichnungen und Kunstgegenstände ausgestellt; hier gibt es Werkbänke, Bauten aus Spielbausteinen und Spielzeugvorräte. Die Kinder kommen herein und tun, was sie gerade wollen. Die einen lesen still für sich oder hören einem anderen Kind in der Bücherecke zu. Andere gehen in die Kleiderecke oder zu den Arbeitstischen. Hier wartet alles mögliche Material auf sie – an den Zähltischen etwa Knöpfe zum Zählen, Perlen zum Auffädeln, Zucker oder Mehl zum Abwiegen, Zahlenreihen, Lineale und käufliches Lernmaterial, wie Sternblocks oder Cuisenaire-Stäbe. Die Kinder können sich frei bewegen und miteinander sprechen. Die Lehrerin geht herum, hört zu, fragt, hilft beim Buchstabieren oder Lesen, gibt Ratschläge. Ihre Aufgabe ist viel weniger systematisch als die einer traditionellen Schullehrerin, aber sensitiver und schöpferischer. Sie muß wissen, wann sie ein Kind trödeln und träumen lassen muß und wann es zu einer intensiveren Arbeit angehalten werden soll. Sie klagt nicht über Kinder, die Unordnung machen, denn jedes Kind muß aufräumen, wenn es fertig gespielt hat. In einer solchen Schule gibt es viel geschäftigen Lärm, aber die Kinder dürfen einander nicht belästigen. In dieser Umgebung lernen Kinder schnell, weil sie lernen wollen. Sie beschäftigen sich nach eigener Wahl und sind nicht gezwungen, still an einem Tisch zu sitzen und in verdummender Langeweile zuzuhören, während die Lehrerin redet.[17]

Nur in einer derartigen Umgebung, wo die angeborene Neugier und der Wissensdrang des Kindes angeregt werden, kann nach Piaget echte Erziehung stattfinden. »Die wesentlichen Funktionen der Intelligenz bestehen im Begreifen und im erfinderischen Denken, mit anderen Worten darin, Strukturen zu konstruieren, indem man die Realwelt strukturiert.«[18] Das Kind ordnet durch seine »persönlichen Forschungen« Objekte zu Reihen, Klassen und Zahlen und erwirbt so Einsicht in die logischen Gruppierungen von Klassen und Beziehungen, die wir bereits erörterten. Daß es sich für seine eigenen Experimente interessiert, heißt nicht, daß es sich dabei nicht anstrengt; im Gegenteil, es arbeitet gern härter an einem Projekt, das es selbst gewählt hat, wie jeder weiß, der Kinder beobachtet hat. Doch verlangt diese Lehrmethode auch vom Lehrer mehr Anstrengung, ». . . weil die aktiven Methoden in ihrer

Anwendung um einiges schwieriger sind als die geläufigen rezeptiven Methoden«[19] wie Piaget zugibt. Der Lehrer muß fähig sein, viel mehr Aktivitäten im Auge zu behalten, als wenn er vor der Klasse stünde und allen gemeinsam vortrüge. Er muß erfahrener sein, kreativer und besser ausgebildet, mit gründlicher Kenntnis der emotionalen und intellektuellen Entwicklung des Kindes. »Das Unglück der Pädagogik – wie übrigens auch das der Medizin und vieler anderer Fächer, die zugleich auf einer Fertigkeit und einer Wissenschaft beruhen – ist nämlich, daß die besten Methoden die schwierigsten sind.«[20]

Piaget sieht manche modernen Unterrichtshilfen in ziemlich düsterem Licht. Er glaubt, daß viele Erzieher mit unzulänglichem psychologischen Hintergrund dazu neigen, »aktive Methoden« mit »intuitiven Methoden« zu verwechseln. (Wir wiesen darauf hin, daß intuitives Denken auf Wahrnehmung beruht und dem Irrtum unterworfen ist.) So erzeugt seiner Meinung nach die Verwendung audio-visuellen Materials, wie Filme und Fernsehen, eher »figurative Prozesse« als echte operationale Prozesse. Das heißt, sie führen zu Wahrnehmungen oder geistigen Bildern, die nur präzise Kopien des Gesehenen sind, aber kein wirklich flexibles, umkehrbares, stabiles Verstehen. Dieselbe Art routinemäßigen Lernens sieht Piaget in den programmierten Lernmaschinen. Skinners »Lehrmaschinen«, sagt er, sind ein großer Erfolg, wenn man unter Erfolg lediglich die verbale Reproduktion der gewünschten Antwort versteht.

Sentimentale und melancholische Gemüter haben es beklagt, daß man Lehrer durch Maschinen ersetzen kann. Uns jedoch scheinen diese Maschinen in erster Linie den großen Dienst zu erweisen, unwiderlegbar zu demonstrieren, was für einen mechanischen Charakter die Funktion des Lehrers in der Auffassung des traditionellen Unterrichtswesens hat: Wenn der Unterricht lediglich dem Ziel dient, korrekt wiederholen zu lassen, was korrekt dargelegt worden ist, versteht es sich von selbst, daß die Maschine diese Bedingungen korrekt erfüllen kann.[21]

Bei der Diskussion dringender Reformen im Erziehungswesen tritt Piaget energisch für die Abschaffung der Examina ein. Er betrachtet sie als schädlich: »Sie konzentrieren einen Großteil der Tätigkeiten, die der Formung der Intelligenz und der Erlernung von Verfahrensmethoden gewidmet werden sollte, auf die Erziehung ephemerer und meist reichlich artifizieller Resultate.«[22]

Er hält Examensnoten für »veränderlich, verhältnismäßig willkürlich, ohne konkrete Bedeutung«. Gute Examensnoten hängen vom Gedächtnis ab, und zwar von einer Art Gedächtnis, die im wirklichen Leben wenig wichtig, ja in der Tat ein »geistiges Artefakt« ist. Man fragt sich, ob Piaget sich mit den Forderungen vieler

Studenten, die Zwischenprüfungen wegfallen zu lassen, einverstanden erklären würde. Jedenfalls ist er der festen Überzeugung, daß die gebräuchlichen Paukmethoden Zeitverschwendung sind. »Das einzige ernstzunehmende Examen«, sagt er, »wäre . . . jenes, das der Schüler mit Benützung seiner Bücher und seiner Unterlagen ablegen würde und das eine Fortsetzung bereits gelieferter Arbeiten wäre, mit anderen Worten ein Ausläufer seiner alltäglichen Arbeit.«[23]

In seiner würdevollen sachverständigen Art erhebt Piaget dieselben Vorwürfe gegen das Schulwesen, die von John Holt, Jonathan Kozol, Jerome Bruner, Georg Dennison, Charles Silbermann und vielen anderen in diesem Lande ausgesprochen wurden – um die Scharen junger Leute von den City-Slums bis zu den Universitäten, die gegen das »erzieherische Establishment« rebellieren, gar nicht zu erwähnen. Zwei New Yorker College-Professoren haben den Schulen kürzlich vorgeworfen, daß sie die Intelligenz gewaltsam unterdrücken und die Kreativität lähmen, während die »Wissensexplosion« dringend verlangt, daß die Studenten ihren Verstand und ihre Talente auf die wirksamste Weise gebrauchen können.[24] Zu einer Zeit, in der die ganze Welt nach neuen Wegen der Kindererziehung ruft, um den Forderungen steigender Populationen und schrumpfender Lehrerzahlen zu begegnen, weist Piaget auf manche längst fälligen Veränderungen hin. Unsere Schulsysteme, sagt er, wurden von Konservativen geschaffen, denen mehr an den traditionellen Praktiken gelegen war als an der Ausbildung erfinderischer und kritischer Geister. »Vom Standpunkt der gegenwärtigen Bedürfnisse der Gesellschaft betrachtet, sind aber eben diese Schemata gesprengt worden, um umfassenderen und flexibleren Systemen und aktiveren Methoden Platz zu machen.«[25] Aber die Lehrer, die nie »eine Gelegenheit zu Initiative und noch weniger zu Forschung und Entdeckung« hatten, sind dadurch in ihrem gegenwärtigen niedrigen Status gefangen.

> Und gerade in dem Moment, da sich eine pädagogische Umwälzung vollzieht, die zweifellos zu den wesentlichsten der Geschichte zählt – weil sie sich auf das Kind und den Jugendlichen und auf diejenigen ihrer Eigenschaften konzentriert, die für die Gesellschaft von morgen am wertvollsten sein werden –, verfügen die Lehrer der verschiedenen Schultypen weder über eine ausreichend fundierte Erziehungswissenschaft, die ihnen eine persönliche Aktivität für den Fortschritt dieser Disziplin gestatten würde, noch über das solide Ansehen, das mit diesem zugleich wissenschaftlichen, praktischen und für die Gemeinschaft wesentlichen Wirken verbunden wäre: so übt ihre Position keinerlei Anziehungskraft aus, und ihre Rekrutierung wird immer schwieriger.[26]

Das Problem der Lehrerbildung ist somit das Schlüsselproblem, von dessen Lösung das Schicksal der Schulen abhängt. Piaget hat uns gezeigt, wie dieses Problem gelöst werden muß – indem man den Lehrern mehr Initiative, mehr Freiheit und eine bessere Grundlage in Kinderpsychologie und Forschung gibt. Jeder, der heute in öffentlichen Schulen Forschungen betreiben wollte, weiß wie schwer es ist, die Erlaubnis zu erhalten, mit einer Gruppe von Kindern zu arbeiten. Vorschläge versinken im Sumpf des Bürokratismus, Schulleiter haben Angst, Eltern um ihre Zustimmung zu bitten. Seit den Tagen Deweys haben die Schulen dem »Lernen durch Tun« Lippendienste gezollt – aber größtenteils ist das ein Klischee. Piaget zeigte uns in seinen gründlichen und gewissenhaften Studien des Kindes, daß wörtliches Verstehen oberflächlich und »verbildend« ist; Lernen kommt für Kinder wie für ihre Lehrer nur durch eigene Aktivität. Die Fähigkeit und der Eifer zu lernen, den jedes Kind von Natur aus mitbringt, ist unsere wichtigste erzieherische Hilfsquelle. Wenn wir lernen können, dieses Potential zu entwickeln statt es zu unterdrücken, können wir die Probleme der Verzweiflung in den Slums und der Rebellion an den Universitäten, die unser Land heute beunruhigen, lösen. Dies ist Piagets Botschaft.

Anmerkungen

1 J. Piaget: Psychologie und Pädagogik, in: Theorien und Methoden der modernen Erziehung. Molden, Wien – München – Zürich 1972. (Zit. nach Fischer Taschenbuch, Bücher des Wissens, Bd. 6263. Fischer Taschenbuch Verlag, Frankfurt 1974, S. 12 f.)
2 Ebda., S. 13.
3 Ebda., S. 14.
4 Ebda., S. 16.
5 Ebda., S. 18.
6 Ebda.
7 Ebda., S. 20.
8 Ebda.
9 Ebda., S. 31.
10 Ebda., S. 48.
11 Ebda., S. 36.
12 R. E. Ripple/V. O. Rockcastle (Hg.): Piaget Rediscovered: A Report of the Conference on Cognitive Studies and Curriculum Development. School of Education, Cornell University, Ithaca. N. Y. 1964, S. 40 (Übers.).
13 J. Piaget: Psychologie und Pädagogik, in: Theorien und Methoden der modernen Erziehung. Molden, Wien – München – Zürich 1972. (Zit. nach Fischer Taschenbuch, Bücher des Wissens, Bd. 6263. Fischer Taschenbuch Verlag, Frankfurt 1974, S. 109.)
14 Ebda., S. 111.
15 R. E. Ripple/V. O. Rockcastle (Hg.): Piaget Rediscovered a.a.O., S. 40.
16 Aus einem Vortrag, gehalten an der Conference of the National Association of Independant Schools 1969, bei der die Autorin eine Diskussion über »Individualizing the Elementary Classroom« moderierte.

17 Weiteres Material über die britischen Schulen siehe in der guten Artikelreihe von Joseph Featherstone in The New Republic, 19. August, 2. und 9. September 1967. Nachdrucke sind erhältlich bei The New Republic, 1244 19th Street, N. W., Washington, D.C. 20036. Siehe auch »An English Lesson for America«, vom gleichen Verfasser, in The New York Times Book Review, 20. September 1970.

18 J. Piaget: Psychologie und Pädagogik a.a.O., S. 30.

19 Ebda., S. 62.

20 Ebda.

21 Ebda., S. 69.

22 Ebda., S. 93.

23 Ebda.

24 N. Postman/Ch. Weingartner: Teaching as a Subversive Activity. Delacorte Press, New York 1969 (Übers.).

25 J. Piaget: Psychologie und Pädagogik a.a.O., S. 104.

26 Ebda., S. 105.

Umriß von Piagets Perioden der kognitiven Entwicklung

Sensomotorische Periode (0 bis 2 Jahre)

Stadium I (0–1 Monat): Charakterisiert durch neonatale Reflexe und ungeschickte, unkoordinierte Körperbewegungen. Stufe des völligen Egozentrismus ohne Unterscheidung zwischen Selbst und äußerer Realität; kein Wahrnehmen des Selbst als solchen.

Stadium II (1–4 Monate): Neue Reaktionsmuster bilden sich zufällig durch Kombinationen primitiver Reflexe. Die Faust des Babys findet zufällig den Weg in den Mund durch eine Koordination von Armbewegung und Saugen.

Stadium III (4–8 Monate): Neue Reaktionsmuster werden koordiniert und absichtlich wiederholt, um interessante Veränderungen in der Umwelt aufrechtzuerhalten.

Stadium IV (8–12 Monate): Komplexere Koordinationen der vorherigen Verhaltensmuster werden gebildet, motorische sowohl als auch perzeptuelle. Babys schieben Hindernisse beiseite oder benützen die Hand der Mutter als Mittel zu einem gewünschten Zweck. Entwicklung antizipatorischen und zweckgerichteten Verhaltens; Beginn des Suchens nach verschwundenen Objekten.

Stadium V (12–18 Monate): Bekannte Verhaltensmuster werden auf verschiedene Weise abgewandelt, als wollte das Kind verschiedene Resultate beobachten. Entwicklung gerichteten Greifens nach einem Ziel und neuer Mittel-zum-Zweck-Manipulationen, um ein gewünschtes Objekt zu erreichen.

Stadium VI (1½–2 Jahre): Verinnerlichung sensomotorischer Verhaltensmuster und Beginn der symbolischen Repräsentation. Erfindung neuer Mittel mehr durch innere Experimentation als durch äußeren Versuch/Irrtum.

Präoperationale Periode (2 bis 7 Jahre)

Charakterisiert durch egozentrisches Denken, ausgedrückt in Anismus, Artifizialismus, Realismus und magische Omnipotenz.

Vorbegriffliches Stadium (2–4 Jahre): Entwicklung perzeptueller Konstanz und Darstellung durch Zeichnung, Sprache, Träume und Symbolspiel. Anfänge der ersten über-generalisierten Versuche zur Begriffsbildung, bei denen Repräsentanten einer Klasse nicht von der Klasse selbst unterschieden werden (z. B. alle Hunde werden mit dem Namen des Hundes bezeichnet, den das Kind besitzt).

Perzeptuelles oder intuitives Stadium (4–7 Jahre)

Prälogisches Denken auf der Grundlage von Wahrnehmungen, die nicht durch Reversibilität gemildert sind (z. B. Oma mit neuem Hut wird nicht als Oma erkannt). Versuch und Irrtum können zu einer intuitiven Entdeckung der korrekten Beziehung führen, aber das Kind kann nicht gleichzeitig mehr als ein Attribut berücksichtigen (z. B. braune Perlen können nicht gleichzeitig Holzperlen sein).

Konkret operationale Periode (7 bis 11 Jahre)

Charakterisiert durch Denken, welches logisch und umkehrbar ist. Das Kind versteht die Logik der Klassen und Beziehungen und kann Reihen sowie Teil/Ganzes-Beziehungen koordinieren, die mit konkreten Dingen zu tun haben.

Formal operationale Periode (von 11 Jahren aufwärts)

Charakterisiert durch die Logik der Lehrsätze, die Fähigkeit, von einer Hypothese aus zu allen ihren Schlußfolgerungen weiterzudenken, wenn sie auch nur theoretisch sind. Dies impliziert Operationen zweiter Ordnung, oder Denken über Gedanken und Theorien, nicht mehr nur über konkrete Realitäten.

Erklärung der Fachausdrücke

Adaptation. Eine biologische Funktionsweise, die alle Formen und Ebenen des Lebens charakterisiert. Sie entsteht aus dem Zusammenspiel von Assimilation und Akkommodation, das beständig stattfindet. Assimilation ist der von außen nach innen gerichtete Prozeß des Aufnehmens aller Arten von Reizen und Informationen aus der Umwelt, die dann verarbeitet und in die bestehenden Strukturen des Organismus eingegliedert werden. Akkommodation ist der von innen nach außen gerichtete Prozeß der Einstellung auf neue und sich wandelnde Bedingungen der Umwelt, so daß präexistente Verhaltensmuster modifiziert werden, um mit neuen Informationen oder Situationen fertig zu werden.

Affekt. Der emotionale Aspekt des Verhaltens, zu dem Gefühle, Motivationen, Interesse und Worte gehören.

Akkommodation. Siehe Adaptation.

Angeborene oder neonatale Reflexe. Verhaltensmuster, die bei der Geburt vorhanden sind, wie Saugen und Umklammern.

Animismus. Der Glaube des Kindes, daß alles in der Natur mit Leben und Absicht erfüllt ist, wie es selbst (z. B. die Sonne begleitet es, um es zu behüten, der Wind bläst, um es abzukühlen).

Anpassung. Siehe Adaptation.

Artifizialismus. Der Glaube des Kindes, daß menschliche Wesen natürliche Phänomene hervorbringen, wie die Sonne, den Mond, Seen, Flüsse, Berge.

Assimilation. Siehe Adaptation.

Dezentrierung. Der sekundäre und fortlaufende Aspekt der perzeptuellen Aktivität, durch welchen Irrtümer oder Verzerrungen der Wahrnehmung korrigiert werden. Die Wahrnehmung konzentriert sich zuerst auf den auffälligsten Aspekt des Reizes bis zum Ausschluß aller anderen; die Dezentrierung, die Konzentration auf Sekundäraspekte und ihre Eingliederung in die totale Wahrnehmung führt zu einer modifizierten und genaueren Wahrnehmung.

Egozentrismus. Unbewußtheit aller Dinge außerhalb der eigenen unmittelbaren Erfahrung. Sie zeigt sich am klarsten bei Säuglingen, die nicht einmal ihre eigenen Hände und Füße als Teile ihres Körpers empfinden und nicht erfassen, daß Gegenstände existieren, wenn sie nicht in ihrem Gesichtsfeld sind. Egozentrisches Denken besteht während der ganzen Kindheit; es zeigt sich darin, daß das Kind das Bestehen anderer Gesichtspunkte als seiner eigenen nicht begreift und seine eigenen Wünsche, Befürchtungen und Sehnsüchte in seine Umwelt projiziert.

Elementarirrtümer. Irrtümer in der Wahrnehmung, die unter gewissen Bedingungen zur Überschätzung von Reizen führen.

Equilibration. Der Prozeß, durch den Assimilation und Akkommodation so geregelt werden, daß ein Zustand inneren Gleichgewichts (Equilibrium) aufrecht erhalten wird. Dadurch wird der Organismus vor der Überwältigung durch neue, unverständliche Informationen, die er nicht assimiliert hat, geschützt und übernimmt sich nicht in dem Versuch, sich an eine zu schnell sich ändernde Umgebung zu akkommodieren.

Erfahrung. Piaget verwendet das Wort zur Bezeichnung der physischen und empirischen Erfahrungen der Kinder, die auf dem Weg über ihre Sinnesorgane und Muskeln zu ihrem Wissen von der Welt beitragen.

Erhaltung. Die Fähigkeit, zu verstehen, daß Objekte oder Quantitäten trotz Veränderungen ihrer Erscheinung »erhalten« bleiben. (Z. B. eine Tasse Milch ist dieselbe Menge, ob man sie nun in ein hohes, schlankes Glas oder in eine breite, flache Schale gießt.)

Formale Operationen. Siehe Operationen.

Genetische Epistemologie. Das Studium der Entwicklung der Arten des Wissens; Anfänge und Entfaltung.

Gerichtetes Greifen. Die experimentelle Variation eines bekannten Verhaltensmusters, um zu beobachten, was geschehen wird. Tritt während des zweiten Jahres der sensomotorischen Entwicklung auf.

Gruppierungen. Organisierte Denkstrukturen, die umkehrbar und logisch sind in dem Sinn, daß jedes Element auf jedes andere Element bezogen ist. Hierzu gehört die Logik der Klassen und Beziehungen. Charakteristisch für die Periode der konkreten Operationen.

Hypothetisch-deduktives Denken. Folgerndes Denken, das alle logischen Konsequenzen einer Hypothese ausarbeitet. Es beruht mehr auf Theorien als auf Fakten und ist charakteristisch für die Periode der formalen Operationen.

INRK-Gruppen. Logisch-mathematische Gruppen, die durch vier Transformationsmöglichkeiten charakterisiert sind: *I*dentität, *N*egation, *R*eziprozität und *K*orrelation. Sie kommen vor bei Denkprozessen in der Periode der formalen Operationen.

Intuitives Denken. Charakteristisch für das präoperationale Kind zwischen vier und sieben Jahren. Beruht auf unmittelbarer Wahrnehmung, kann aber durch Versuch/Irrtum zu richtigen Schlüssen führen.

Kognition. Bezieht sich auf jede Intelligenztätigkeit, wie Denken, Wissen, Erinnern, Wahrnehmen, Erkennen und Verallgemeinern.

Kognitiver Konflikt. Eine Periode der Beunruhigung und des gestörten Gleichgewichts, verursacht durch die Assimilation neuer Information, die nicht mit vorher erworbenem Wissen harmoniert. Das Kind muß dann auf einem höheren Denkniveau akkommodieren, um sich die neue Information einzuverleiben und das geistige Gleichgewicht wiederherzustellen (siehe Equilibration).

Kollektiver Monolog. Die egozentrischen Gespräche präoperationaler Kinder, die zueinander sprechen, aber sich wenig darum kümmern, was das andere Kind sagt, sondern ihre eigene Gedankenfolge ausspinnen.

Kollektiver Symbolismus. Spiel, bei dem die Kinder verschiedene Rollen annehmen und diese mit vollem Bewußtsein ihrer verschiedenen Rollen ausspielen.

Kompensatorisches Spiel. Das Phantasiespiel des Kindes, bei dem es Furcht, Zorn und andere Emotionen allmählich soweit abreagiert, daß es mit ihnen fertig werden kann (z. B. Kinder, die vor einer Operation stehen, spielen »Krankenhaus«).

Konkrete Operationen. Siehe Operationen.

Ludischer Symbolismus. Der spielerische Symbolismus kindlicher Phantasiespiele, bei denen Objekte verwendet werden, um andere nicht vorhandene Objekte darzustellen (z. B. ein Stock wird als Gewehr benützt und eine Stoffpuppe als Baby).

Moralischer Realismus. Die Meinung des kleinen Kindes, daß die Schwere der Strafe von dem angerichteten Schaden abhängen solle, ohne Rücksicht auf die Absicht (z. B. es ist böser, sechs Gläser unabsichtlich zu zerbrechen als eines absichtlich, weil sechs Gläser mehr kosten als eines).

Moralität der Kooperation. Bezieht die Motive und den Verantwortlichkeitsgrad des schuldigen Kindes in die Beurteilung der Tat ein. Strafe beruht nicht ausschließlich auf dem Ausmaß des angerichteten Schadens. Dies ist charakteristisch für die Periode der konkreten Operationen.

Moralität des Zwanges. Beruht auf dem moralischen Realismus. Die Strafe wird nach dem Ausmaß des angerichteten Schadens bemessen, ohne Berücksichtigung der Absicht. Die härteste Strafe ist die gerechteste. Charakteristisch für präoperationale Kinder.

Nachahmung. Der Versuch des Kindes, sich auf die Umwelt einzustellen. Sie beruht primär auf der Akkommodation des Kindes an die Beobachtung seiner Umgebung, ob es sie versteht (d. h.

assimiliert) oder nicht. Aufgeschobene Nachahmung – Nachahmung einer Handlung, die in der Vergangenheit beobachtet wurde. Beweis für die sich herausbildende Erinnerungsfähigkeit des Kindes.

Objektkonstanz. Eine intellektuelle Errungenschaft der sensomotorischen Periode, in der das Baby lernt, daß Objekte und Menschen unabhängig von seiner Wahrnehmung existieren.

Operationen. Die verinnerlichten Aktivitäten des Geistes im Gegensatz zu den sensomotorischen oder physischen Aktivitäten des Körpers. Charakterisiert durch logische gedankliche Prozesse, welche umkehrbar sind. *Konkrete Operationen* befassen sich mit konkreten, bestehenden Dingen und beinhalten Ordnung, serielle Zusammenstellungen und Klassifikationen wie auch mathematische Prozesse. *Formale Operationen* oder Operationen zweiter Ordnung befassen sich mit logischen Lehrsätzen und hypothetischem Denken auf der Grundlage theoretischer Konstrukte, seltener konkreter Objekte.

Perzeption. Siehe Wahrnehmung.

Perzeptualkonstanz. Die Fähigkeit, Objekte als nach Größe, Form und Farbe konstant wahrzunehmen, auch wenn sie in geänderter Umgebung, die sie anders erscheinen läßt, gesehen werden. (Z. B. ein Mann wird als lebensgroß erkannt, auch wenn man ihn in der Ferne erblickt, so daß er viel kleiner erscheint.)

Perzeptuelle Aktivität. Der fortdauernde Aspekt der Wahrnehmung, bei dem die oft ungenaue erste Wahrnehmung modifiziert und korrigiert wird, indem andere Aspekte des Reizes beachtet und alle Wahrnehmungen in ein genaueres Ganzes integriert werden (siehe Dezentration).

Perzeptuelles Denken. Beruht auf unmittelbaren Erscheinungen. Charakteristisch für das präoperationale Kind, das nur einen Aspekt des Reizes auf einmal ins Auge faßt (siehe intuitives Denken).

Präoperational. Jene Periode der frühen Kindheit, die dem Auftauchen logischer, reversibler Operationen vorangeht. Charakterisiert durch egozentrisches Denken und alogische Intuitionen auf der Grundlage von Wahrnehmungen.

Realismus. Der Glaube des Kindes, daß alles, was für es real ist, wie Träume, Gefühle oder Vorstellungsbilder, objektive Realität besitzt und von anderen Menschen geteilt wird.

Reifung. Das Auftauchen von Entwicklungsmustern, die im Organismus angelegt sind und in feststehender Reihenfolge bei jeder normalen Entwicklung erscheinen.

Repräsentation. Der Prozeß, durch den ein Bild, Zeichen oder Symbol dazu benützt wird, äußere Realität darzustellen. Beim

Symbolspiel kann etwa das Kind Eicheln benützen, um nicht vorhandene Schüsseln zu repräsentieren. Erinnerungen sind verinnerlichte Bilder, Wörter verbale Zeichen, welche von der Gesellschaft geteilte Bedeutungskomplexe repräsentieren.

Reversibilität. Ein Kennzeichen logischer Operationen, das dem Geist gestattet, seine Aktivität umzukehren und in Gedanken rückwärts zu gehen, um vorher beobachtete Phänomene mit gegenwärtigen Bedingungen zu koordinieren (z. B. wenn $2+2=4$, muß $4-2=2$ sein).

Schema. Geistige Struktur oder Verhaltensmuster, das aus der Integration einfacherer, primitiverer Einheiten in ein erweitertes und komplexeres Ganzes entsteht (z. B. viele verschiedene Fingerbewegungen werden zu der komplexen Fertigkeit des Klavierspiels koordiniert).

Sensomotorisch. Bezieht sich auf Lernen auf der Grundlage von Information, die durch physische Exploration und sinnliche Reizung empfangen wird.

Soziale Vermittlung. Eine Form des Lernens, die auf verbaler Instruktion und Erfahrungen sozio-kultureller Art beruht.

Stadien. Entwicklungsebenen, die durch immer komplexere und besser integrierte Denk- oder Verhaltensmuster charakterisiert sind. Fallen in der Regel mit bestimmten chronologischen Altersstufen zusammen.

Symbolisches Spiel. Die »So-tun-als-ob«-Phantasien des Kindes, bei denen Assimilation überwiegt, da das Kind Objekte benützt, um in seinem Spiel andere Objekte darzustellen, die nicht vorhanden sind, die es aber verstehen oder mit denen es vertraut werden möchte (z. B. das Kind benützt Blätter und Zweiglein als Papier und Bleistift, wenn es »Schule« spielt).

Symbolische Repräsentation. Bezieht sich auf Objekte, die verwendet werden, um andere Objekte darzustellen wie beim Symbolspiel (siehe auch Repräsentation).

Topologie. Das Studium räumlicher Beziehungen und Formen ohne Größe oder Gestalt. Beschäftigt sich mit offenen und geschlossenen Figuren, wie einer einfachen geschlossenen Kurve, die eine Ebene in ein Innerhalb und ein Außerhalb teilt.

Umkehrbarkeit. Siehe Reversibilität.

Verinnerlichung. Die allmähliche Unterscheidung zwischen äußeren Aktionen und den geistigen Vorstellungen, die sie ersetzen (z. B. die Tätigkeit des laut Zählens, wobei man jeden von fünf Bausteinen berührt, wird als Begriff der Zahl fünf verinnerlicht).

Vorbegriffe. Die ersten verschwommenen Versuche des Kindes, zu verallgemeinern, wobei Repräsentanten einer Klasse mit der Klasse als ganzem verwechselt werden. Vorbegriffliches Denken charakterisiert das Kind zwischen zwei und vier Jahren.

Wahrnehmung. Der direkte und unmittelbare erste Eindruck von wahrgenommenen Objekten oder Situationen (siehe Zentrierung).

Zentrierung. Der erste, unmittelbare Aspekt der Wahrnehmung, bei dem sich der Wahrnehmende auf die auffälligsten Merkmale des Wahrgenommenen zentriert oder konzentriert, bis zum Ausschluß der übrigen Aspekte (siehe Dezentrierung).

Zirkularreaktion. Die Wiederholung eines sensomotorischen Reaktionsmusters, bis es sich zu einem neuen Schema verstärkt und konsolidiert. Später kann es mit Variationen wiederholt werden, um andere Wirkungen hervorzubringen.

Literaturnachweis

A. Ames Jr.: Visual Perception and the Rotating Trapezoidal Window, in: *Psychological Monographs,* H. 65/7 (1951).

A. L. Baldwin: Theories of Child Development. Wiley & Sons, New York 1968.

J. S. Bruner: Der Prozeß der Erziehung. Schwann, Düsseldorf 1970.

J. S. Bruner/R. Olver/P. Greenfield u. a.: Studies in Cognitive Growth. Wiley & Sons, New York 1966.

W. Dennis: Piagets Questions Applied to a Child of Know Environment; in: *Journal of Genetic Psychology,* H. 60 (1942).

D. Elkind: Children and Adolescents: Interpretive Essays on Jean Piaget. Oxford University Press, New York 1970.

D. Elkind: Giant in the Nursey – Jean Piaget, in: *The New York Times Magazine,* Mai 1968.

J. H. Flavell: The Developmental Psychology of Jean Piaget. Van Nostrand Co., Princeton, N. Y. 1963.

E. Gibson/V. Olum: Experimental Methods of Studying Perception Children, in: P. Mussen (Hg.): Handbook of Research Methods in Child Development. Wiley & Sons, New York 1960.

B. Inhelder/J. Piaget: The Early Growth of Logic in the Child. Norton, New York 1969.

B. Inhelder/J. Piaget: The Growth of Logical Thinking from Childhood to Adolescence. Basic Books, New York 1958.

N. J. Lieberman: Playfulness: An Attempt to Conceptualize a Quality of Play and the Player, in: *Psychological Reports,* H. 19 (1966).

L. G. Marsh: Approach to Mathematics. A. & C. Black Ltd., London 1969.

J. Piaget: Autobiography, in: E. G. Boring: History of Psychology in Autobiography, Bd. 4. Clark University Press, Worcester/Mass. 1952.

J. Piaget: Die Bildung des Zeitbegriffs beim Kinde. Walter, Olten 1974.

J. Piaget: The Child's Conception of Movement and Speed. Basic Books, New York 1970.

J. Piaget: The Child's Conception of the World. Littlefield, Adams & Co., Totowa, N. Y. 1965.

J. Piaget: The Construction of Reality in the Child. Basic Books, New York 1954.

J. Piaget: Die Entwicklung der Erkennens. Klett, Stuttgart 1973.

J. Piaget: How Children Form Mathematical Concepts, in: R. C. Anderson and D. P. Ausubel (Hg.): Reading in the Psychology of Cognition. Holt, Rinehart and Winston, New York 1965.

J. Piaget: The Mechanism of Perception. Basic Books, New York 1969.

J. Piaget: Das moralische Urteil beim Kinde. Walter, Olten (Zürich) 1954. (Auch Suhrkamp Taschenbücher Wissenschaft, Bd. 27.)

J. Piaget: Nachahmung, Spiel und Traum. Die Entwicklung der Symbolfunktion beim Kinde. Klett, Stuttgart 1969.

J. Piaget: Das Erwachen der Intelligenz beim Kinde. Klett, Stuttgart, 2. Aufl. 1973.

J. Piaget: Psychologie der Intelligenz. Walter, Olten, 5. Aufl. 1972.

J. Piaget: Sprechen und Denken des Kindes. Schwann, Düsseldorf 1972.

J. Piaget/B. Inhelder: Die Entwicklung der elementaren logischen Strukturen. 2 Bde. Schwann, Düsseldorf 1973.

J. Piaget/B. Inhelder: Gedächtnis und Intelligenz. Walter, Olten 1974.

J. Piaget: Sechs psychologische Studien, in: Theorien und Methoden der modernen Erziehung. F. Molden, Wien – München – Zürich 1972. (Auch Fischer Taschenbuch, Bücher des Wissens, Bd. 6263.)

J. Piaget/B. Inhelder: Die Psychologie des Kindes. Walter, Olten, 2. Aufl. 1973.

J. Piaget/B. Inhelder/A. Szeminska: Die natürliche Geometrie des Kindes. Klett, Stuttgart 1973.

J. Piaget/A. Szeminska: Die Entwicklung des Zahlbegriffs beim Kinde. Klett, Stuttgart 1965.

N. Postman/Ch. Weingartner: Teaching as a Subversive Activity. Delacorte Press, New York 1969.

M. A. S. Pulaski: Play as a Function of Toy Structure and Fantasy Predisposition, in: *Child Development*. H. 41 (1970).

R. E. Ripple/V. O. Rockcastle (Hg.): Piaget Rediscovered: A Report of the Conference on Cognitive Studies and Curriculum Development. School of Education, Cornell University, Ithaca, N. Y. 1964.

R. W. Russell/W. Dennis: Studies in Animism: I. A Standardized Procedure for the Investigation of Animism; in: *Journal of Genetic Psychology*, H. 55 (1939).

J. Sigel/F. H. Hooper (Hg.): Logical Thinking in Children: Research Based on Piaget's Theory. Holt, Rinehart and Winston, New York 1968.

J. L. Singer: Daydreaming: An Introduction to the Experimental Study of Inner Experience. Random House, New York 1966.

C. und M. B. Stern: Children Discover Arithmetic. Harper & Row, New York 1971.

D. P. Weikart: The Cognitively Oriented Curriculum. A Framework for Preschool Teachers, in: *Education Daily*, Dez. (1970).

G. Wolinsky: Piaget's Theory of Perception, in: *Training School Bulletin*, 62 (1965).

Verzeichnis der Werke Piagets in deutscher Übersetzung

J. Piaget: Abriß der genetischen Epistemologie. Walter, Olten 1974.
J. Piaget: Der Aufbau der Wirklichkeit beim Kinde. Klett, Stuttgart 1974.
J. Piaget: Die Bildung des Zeitbegriffs beim Kinde. Walter, Olten 1955.
J. Piaget: Biologie und Erkenntnis. Über die Beziehungen zwischen organischen und kognitiven Prozessen. S. Fischer, Frankfurt 1974.
J. Piaget: Die Entwicklung des Erkennens. Klett, Stuttgart.
Bd. I: Das mathematische Denken (1972)
Bd. II: Das physikalische Denken (1973)
Bd. III: Das biologische Denken. Das psychologische Denken. Das soziologische Denken (1973).
J. Piaget: Entwicklung des Zeitbegriffs beim Kinde. Suhrkamp Taschenbücher Wissenschaft 77.
J. Piaget: Erkenntnistheorie der Wissenschaften vom Menschen. Hauptströmungen der sozialwissenschaftlichen Forschung. Ullstein Bücher 2950.
J. Piaget: Das Erwachen der Intelligenz beim Kinde. 2. Aufl., Klett, Stuttgart 1973.
J. Piaget: Das moralische Urteil beim Kinde. Suhrkamp Taschenbücher Wissenschaft 27.
J. Piaget: Das moralische Urteil beim Kinde. Walter, Olten 1954 (vergriffen).
J. Piaget: Nachahmung, Spiel und Traum. Die Entwicklung der Symbolfunktion beim Kinde. Klett, Stuttgart 1969.
J. Piaget: Psychologie der Intelligenz. 5. Aufl. Walter, Olten 1972.
J. Piaget: Sprechen und Denken des Kindes. Schwann, Düsseldorf 1972.
J. Piaget: Der Strukturalismus. Walter, Olten 1973.
J. Piaget: Theorien und Methoden der modernen Erziehung. Fischer Taschenbuch, Bücher des Wissens 6263.
J. Piaget: Theorien und Methoden der modernen Erziehung. Molden, Wien – München – Zürich 1972.
J. Piaget: Urteil und Denkprozeß des Kindes. Schwann, Düsseldorf 1972.
J. Piaget: Weisheit und Illusionen der Philosophie. Bibliothek Suhrkamp 362.
J. Piaget/B. Inhelder: Die Entwicklung der elementaren logischen Strukturen. 2. Bde. Schwann, Düsseldorf 1973.
J. Piaget/B. Inhelder: Die Entwicklung der physikalischen Mengenbegriffe beim Kinde. Klett, Stuttgart 1969.
J. Piaget/B. Inhelder: Die Entwicklung des räumlichen Denkens beim Kinde. Klett, Stuttgart 1971.
J. Piaget/B. Inhelder: Gedächtnis und Intelligenz. Walter, Olten 1974.

J. Piaget/B. Inhelder: Die Psychologie des Kindes. 2. Aufl. Walter, Olten 1973.
J. Piaget/B. Inhelder/A. Szeminska: Die natürliche Geometrie des Kindes. Klett, Stuttgart 1973.
J. Piaget/A. Szeminska: Die Entwicklung des Zahlbegriffs beim Kinde. Klett, Stuttgart 1972.

Bitte umblättern:

auf den nächsten Seiten informieren wir Sie über weitere interessante Fischer Taschenbücher.